Peter Wick / Kerstin Offermann

Ökumenische Bibelwoche 2018/2019
Arbeitsbuch

Mit Paulus glauben

Exegesen, Bibelarbeiten und Anregungen
zum Hohelied der Liebe

Texte zur Bibel 34

neukirchener
verlag

Wir haben uns bemüht, alle Rechteinhaber ausfindig zu machen und zutreffend zu benennen. Wir bitten um Kontaktaufnahme, sollten Rechte nicht oder nicht ausreichend angegeben sein. Die Rechtsansprüche bleiben gewahrt.

Zur 81. Bibelwoche 2018/2019
herausgegeben von der Arbeitsgemeinschaft Missionarischer Dienste in der EKD, der Deutschen Bibelgesellschaft und dem Katholischen Bibelwerk e.V., Stuttgart

Bibliografische Information der Deutschen Nationalbibliothek:
Die Deutsche Nationalbibliothek verzeichnet diese Publikation in der Deutschen Nationalbibliografie; detaillierte bibliografische Daten sind im Internet über http://dnb.d-nb. de abrufbar.

© 2018 Neukirchener Verlagsgesellschaft mbH, Neukirchen-Vluyn
Alle Rechte vorbehalten
Umschlaggestaltung: Grafikbüro Sonnhüter, www.sonnhueter.com
unter Verwendung eines Bildes von © Erich Krian: „Seht auf die, die so leben, wie ihr uns zum Vorbild habt." POM/09/08 (PK 1219) - 16.09.2016, Mischtechnik auf Papier, 24 x17 cm
Lektorat: Ernst Neumann, Bonn
DTP: Breklumer Print-Service, www.breklumer-print-service.com
Verwendete Schriften: Clan, Swift
Gesamtherstellung: cpi books, Ebner & Spiegel, Ulm
Printed in Germany
ISBN 978-3-7615-6551-3

www.neukirchener-verlage.de

Inhalt

Zum Geleit

Freude steckt an. So könnte man über die Auslegung des Philipperbriefes schreiben. „Freuet euch in dem Herrn allewege, und abermals sage ich euch: Freuet euch" (Phil 4,4) heißt es an zentraler Stelle in diesem Brief. Wenn Sie sich in den Philipperbrief vertiefen, so wie es die aktuelle Bibelwoche vorschlägt, werden Sie diesen Grundton der Freude heraushören.

Freude steckt an. Im Zusammenhang des Briefes wird deutlich, dass es nicht um die Freuden geht, die Menschen einander bereiten oder die man gar kaufen kann. Vielmehr ist die Freude begründet im Evangelium Jesu Christi. „Jesus Christus erniedrigte sich selbst" (Phil 2,8). Gott ist nicht in der Ferne, sondern in Jesus Christus ist er den Menschen ganz nah gekommen.

Freude steckt an. Das bleibt kein Gefühl, erst recht kein abstrakter theologischer Gedanke. Die Freude am Evangelium prägt den Alltag. Deswegen hat der Philipperbrief eine durchaus praktische Gewichtung, mit vielen Anleitungen, Mahnungen zur Lebensgestaltung der Christen: „Seid unter euch gesinnt, wie es der Gemeinschaft in Christus Jesus entspricht" (Phil 2,5).

Freude steckt an. In diesen Strom der Freude dürfen wir eintauchen, wenn wir uns in der ökumenischen Bibelwoche dem Philipperbrief zuwenden. Sei es in der Kleingruppe eines Bibelgesprächskreises, in einer Veranstaltung der gesamten Gemeinde, beim Bibelsonntag oder in der persönlichen Bibellese.

Nicht nur Textarbeit sollte die Bibelwoche bestimmen, sondern auch die Impulse, die die Gemeinde zum tieferen Verständnis führen wollen. Das vorliegende Arbeitsbuch gibt dazu hilfreiche Anregungen: Illustrationen aus der Kunst, Materialhinweise und methodische Ideen. Auch die beiliegende DVD ist in diesem Jahr noch reicher bestückt. Schauen Sie unbedingt, welche Schätze dort noch zu finden sind, insbesondere auch Anregungen zur Gestaltung des Bibelsonntags (zusätzliche Informationen finden sich auf der Homepage: www.bibelsonntag. de). Hier gibt es auch Anregungen für eine Jugendbibelwoche oder „Meine Woche mit der Bibel" für das persönliche Bibelstudium. Auf der DVD findet man übrigens auch vier weitere Übersetzungen des Philipperbriefes. Sie dürfen bei dieser Bibelwoche gewiss sein: Die Freue steckt an.

Ich danke allen, die die ausgewählten Textabschnitte bearbeitet haben, und nenne dabei besonders Prof. Dr. Peter Wick. Kompetenz und Sorgfalt ist der Arbeit an den Texten jederzeit abzuspüren, aber auch die Leidenschaft, sie für die Gemeinde aufzubereiten und fruchtbar zu machen. Die Fertigstellung des Heftes koordinierte Kerstin Offermann, Referentin für bibelmissionarische Arbeit in der AMD.

Ein ganz besonderer Dank geht in diesem Jahr an Kirchenrat i. R. Klaus Teschner. Über viele Jahre hinweg hat er die Texte der Bibelwoche für das sogenannte Gemeindeheft geschrieben. Gemeindeheft heißt diese Ausgabe, weil sich dort Auslegungen in komprimierter und anwenderfreundlicher Weise aufbereitet finden. Interessanterweise höre ich gerade von vielen Pfarrern, dass sie gern gerade auf diese Bibelwochen-Arbeitshilfe zurückgreifen. Schon lange im Ruhestand, hat Klaus Teschner mit großer Leidenschaft jedes Jahr aufs Neue die Texte der Bibelwoche ausgelegt. Es war sein großer Wunsch, noch diese Auslegung zum Philipperbrief zu schaffen. Wohl weil das Thema „Freude steckt an" das große Lebensthema von Klaus Teschner war, in seinem Wirken als Theologe und Kirchenleiter für Mission und Kirche. Vielen Dank, verehrter Bruder Klaus Teschner.

Dr. Erhard Berneburg, Generalsekretär der Arbeitsgemeinschaft Missionarische Dienste
Berlin, im Mai 2018

Vorwort

Mit Paulus glauben – Im Titel der ökumenischen Bibelwoche zum Philipperbrief klingt an, worum es in dieser ökumenischen Bibelwoche gehen wird: Gemeinschaft unter Christinnen und Christen, Gemeinschaft mit Jesus Christus, Vorbilder im Glauben, Biografie und Glaubenswachstum.

Damit: Herzlich willkommen zur ökumenischen Bibelwoche 2018/2019!

Neu dabei ist in diesem Jahr *„Meine Woche mit der Bibel"*, ein individueller Zugang zu den Texten der ökumenischen Bibelwoche. Zu jedem Text finden Sie dort einen Gedankenanstoß und Anregungen dazu, wie der Bibeltext im Alltag weiterklingen kann. Gerne können Sie dieses Material begleitend zu Ihrer Gemeindebibelwoche auf die Homepage Ihrer Gemeinde stellen. Ein Blick auf die DVD lohnt sich!

Zum ersten Mal gibt es Material für eine ökumenische Bibelwoche per Messenger-Dienst, begleitend zur Jugendbibelwoche. Beides finden Sie auf der DVD.

Auch ein neues Kreativheft aus der Reihe *praise&pray* zum Philipperbrief finden Sie auf der DVD. Sie können es zur Gestaltung einer Einheit nutzen oder den Teilnehmenden als kleines Geschenk und Anregung für das private Bibellesen mitgeben. Als kreative Inspiration finden Sie auf der DVD auch wieder mehrere Bible Art Journalings zu unseren Bibeltexten.

Auf unserer Homepage hat sich eine Menge getan! Haben Sie schon die Fülle von Material auf der neuen Homepage der ökumenischen Bibelwoche entdeckt? Schauen Sie doch mal rein unter www.bibelwoche.de.

Es sei denen herzlich gedankt, die einen wichtigen Beitrag zu der Erarbeitung dieses Materials geleistet haben: Herzlichen Dank an Prof. Dr. Peter Wick für seine erhellenden Auslegungen der Bibeltexte, für seine Geduld und sein Engagement und für seine offene, freundliche und zugewandte Art. Herzlichen Dank an alle Autorinnen und Autoren dieses Buches, an die Teilnehmerinnen und Teilnehmer der Workshops, an unseren neuen Lektor Ernst Neumann, der sich unerschrocken und gelassen auf den komplizierten Entstehungs-Prozess dieses Materials eingelassen hat. Ein herzlicher Dank geht an Erich Krian für seine anregenden Bilder. Herzlichen Dank an Tabea Becker für die Bibleartjournalings, an den Arbeitskreis ökumenischer Bibelsonntag, an die Arbeitsgemeinschaft Christlicher Kirchen (ACK) für ihr Engagement und ihre Ideen, an die Deutsche Bibelgesellschaft, das Evangelische Missionswerk und die Agentur Altepost für die freundliche Überlassung von Ideen und Material. Herzlich danken möchten wir auch noch einmal unserer langjährigen Lektorin Frau Nicole Rupschus. Wir wünschen ihr für ihre neuen Aufgaben von Herzen Gottes Segen!

Nun wünsche ich Ihnen eine gute, gewinnbringende Lektüre und eine gesegnete, anregende Bibelwoche in Ihrer Gemeinde!

Herzlichst Ihre

Kerstin Offen

Kerstin Offermann

1. Es wird persönlich!

Der Philipperbrief ist ein sehr persönlicher Brief voller Emotionen. Überall da, wo Emotionen ins Spiel kommen, wird es mehrdeutig und komplex. Vielleicht ist das ein Grund dafür, dass die Deutungen des Philipperbriefs weit auseinandergehen. Die *persönliche und gefühlvolle Seite von Paulus* erlaubt es auch den Leserinnen und Lesern des Philipperbriefs, ihre eigenen Gefühle und ihre Sicht der Dinge einzubringen. Diesen Effekt hat Paulus beim Schreiben des Briefes ausdrücklich beabsichtigt. Er will die Philipper in sein Leben und Denken einbeziehen. Die Gemeinschaft zwischen den Philippern und Paulus soll intensiviert werden. Die Adressaten des Briefes sollen durch das Hören oder Lesen des Briefes mit Paulus verbunden, ja verflochten werden. Und von vornherein sind auch Christinnen und Christen anderer Gemeinden mit im Blick (Phil 4,21). Auch wenn Paulus beim Schreiben nicht an Gemeinden im Mitteleuropa des 21. Jahrhunderts gedacht haben dürfte, so ist sein Brief doch grundsätzlich offen und ermöglicht eine Gemeinschaft mit Christinnen und Christen weit über die räumlichen und zeitlichen Grenzen der Gemeinde in Philippi hinaus, bis zu uns, denn wir alle sind verbunden „in Christus". Der Philipperbrief ist also bestens geeignet für eine ökumenische Bibelwoche, die Menschen dazu ermutigen will, die Bibel sehr persönlich zu nehmen. Hier ist jede und jeder kompetent. *Was spricht mich an? Wo komme ich vor?* Welche Gefühle weckt das bei mir? Was in meinem Leben entspricht oder was widerspricht dem, was Paulus schreibt? Diese Fragen kann nur jeder für sich beantworten, oder wir alle gemeinsam, wenn es dabei um unsere Gemeinde, um unsere ökumenische Gemeinschaft geht. So wird es bei der ökumenischen Bibelwoche in diesem Jahr also persönlich! Denn auch Paulus wird sehr persönlich! Der alte Haudegen lässt sich ins Herz blicken.

2. Die Bibelwoche im Überblick

In diesem Jahr geht es um *Gemeinschaft* und um einen *Lebensentwurf der sich an Jesus Christus orientiert*, es geht um Liebe und um Freude, um *Vorbilder* und um *Glaubenswachstum*. Wagen Sie schon mal einen Blick auf die Bibelwoche in der Zusammenstellung. Sie finden die **Übersicht** auf der DVD sowie, wenn Sie weiterblättern, hinten im Buch.
Durch die freundliche Unterstützung vieler ist das Material wieder sehr vielfältig und lebensnah geworden. Die klare Struktur im Aufbau hilft Ihnen dabei, schnell das zu finden, was Sie suchen: biblisch theologische Reflexion, thematische Brücken in den Alltag, pfiffige Ideen zur Umsetzung oder Bibelarbeiten zur sofortigen Anwendung. Lesen Sie gerne selektiv und suchen Sie das heraus, was Sie brauchen. Aber natürlich lohnt es sich auch, das Buch als Ganzes von der ersten bis zur letzten Seite zu lesen, um alle Aspekte mitzubekommen.

3. Aufbau von Texte zur Bibel

In einer gewohnten Mischung aus Theologie und Didaktik finden Sie in diesem Buch anregende *Gedanken und Ideen zur Umsetzung*. Wie immer gehen wir davon aus, dass Sie das Buch eklektisch verwenden und nur Teile daraus wahrnehmen und anwenden werden. Das ist durchaus so gedacht!

Der Auslegung von Prof. Dr. Peter Wick zu jeweils einem der sieben Texte folgen Themen und Bausteine für den Text heute, eine komplett ausgearbeitete Bibelarbeit und ein Bild von Erich Krian mit einer anschließenden Bildinterpretation. Außerdem finden Sie in diesem Buch und auf der DVD noch das Material zum ökumenischen Bibelsonntag, Medienempfehlungen zur Bibelwoche, die Jugendbibelwoche mit begleitender Messengerdienst-Gruppe, „Meine Woche mit der Bibel", ein kreatives Bibelarbeitsheft „praise&pray", einen Gemeindebriefartikel, das Plakat zur Bibelwoche und eine Fülle an Materialien und Ideen.

4. Alternativer Aufbau der Bibelwoche:

Prof. Wick macht in seiner Auslegung des Philipperbriefes plausibel, dass der Brief eine von Paulus *bewusst konzipierte Doppelstruktur* hat. Die Aufteilung der sieben Texte zur ökumenischen Bibelwoche folgt zwar schlicht dem Brief in seiner vorliegenden Gestalt, allerdings wäre es auch genauso gut denkbar und ohne größeren Aufwand möglich, dieser Struktur des Briefes im Aufbau der Bibelwoche zu entsprechen. Dann wäre der Aufbau folgender:

1. Abend: Proömium, Prä- und Postskript; Phil 1,1–11 + 4,12–23; zusammen mit dem erzählenden Text aus Apostelgeschichte 16 (vgl. dazu die Einleitung von Prof. Wick, sowie die entsprechenden Abschnitte der Texte 1 und 7)
2. Abend: Hymnus Phil 2,5–11 (vgl. Text 2)
3. Abend: Abschnitte 1+6; Phil 1,12–26 + 3,1–16 (vgl. Texte 1 und 4)
4. Abend: Abschnitte 2+7; Phil 1,27–30 + 3,17–21 (vgl. Texte 2 und 5)
5. Abend: Abschnitte 3+8; Phil 2,1–4 + 4,1–3 (vgl. Texte 2 und 5)
6. Abend: Abschnitte 4+9; Phil 2,12–18 + 4,4–9 (vgl. Texte 3 und Text 6)
7. Abend: Abschnitte 5+10; Phil 2,19–30 + 4,10–20 (Vgl. Texte 3 und Text 7)

Die Struktur und ihrer Textzusammenstellung finden Sie übersichtlich in den Tabellen von Prof. Dr. Wick auf Seite 15 + 16 dargestellt, sowie auf der DVD in der Datei „Textparallelen".

In dir ist Freude in allem Leide

In dir ist Freu - de in al - lem Lei - de, o du
Durch dich wir ha - ben himm - li - sche Ga - ben, du der

sü - - ßer Je - su Christ! hil - fest von Schan - den,
wah - - re Hei - land bist; Zu - dei - ner Gü - te

ret - test von Ban - den. Wer dir ver - trau - et, hat wohl ge -
steht un - ser G'mü - te, an dir wir kle - ben im Tod und

bau - et, wird e - wig blei - - ben. Hal - le - lu - ja.
Le - ben; nichts kann uns schei - - den. Hal - le - lu - ja.

Text: Cyriakus Schneegaß 1598
Melodie: Giovanni Giacomo Gastoldi 1591
Satz: Konrad Thome

2. Wenn wir dich haben, kann uns nicht schaden Teufel, Welt, Sünd oder Tod; du hast's in Händen, kannst alles wenden, wie nur heißen mag die Not. Drum wir dich ehren, dein Lob vermehren mit hellem Schalle, freuen uns alle zu dieser Stunde. Halleluja. Wir jubilieren und triumphieren, lieben und loben dein Macht dort droben mit Herz und Munde. Halleluja.

Das Lied zur Bibelwoche finden Sie auch als PDF auf der DVD.

Psalm zur Bibelwoche – Christushymnus

Er, der in göttlicher Gestalt war,
hielt es nicht für einen Raub,
Gott gleich zu sein,

sondern entäußerte sich selbst
und nahm Knechtsgestalt an,

ward den Menschen gleich
und der Erscheinung nach
als Mensch erkannt.

Er erniedrigte sich selbst
und ward gehorsam bis zum Tode,
ja zum Tode am Kreuz.

Darum hat ihn auch Gott erhöht
und hat ihm den Namen gegeben,
der über alle Namen ist,

dass in dem Namen Jesu sich beugen sollen aller derer Knie,
die im Himmel und auf Erden
und unter der Erde sind,

und alle Zungen bekennen sollen,
dass Jesus Christus der Herr ist,
zur Ehre Gottes, des Vaters.

Lutherbibel, revidiert 2017, © 2016 Deutsche Bibelgesellschaft, Stuttgart

Sven Körber / Katjana Pogorzelski / Stephan Zeipelt

Einleitung zur Jugendbibelwoche – Praxisentwürfe für Jugendliche

Auch in diesem Jahr laden wir Jugendliche und junge Erwachsene zur Ökumenischen Bibelwoche ein – mit einem Programm, das sie altersgerecht anspricht. In vier Praxisentwürfen bieten wir die Möglichkeit, sich mit einzelnen Themen aus dem Philipperbrief zu beschäftigen. Dabei ist ein kleiner Pool von Ideen und Bausteinen entstanden.

1. „Wenn ich an euch denke" – Gemeinschaft leben (vgl. Philipper 1,1-11)

Paulus schreibt an die Gemeinde in Philippi. Er ist ihnen sehr verbunden und bekräftigt nun die Gemeinschaft mit ihnen. Gleichzeitig möchte er, dass ihre Liebe immer reicher und tiefer wird.

In dieser Einheit wollen wir schauen, wie wir heute christliche Gemeinschaft leben. Was ist uns wichtig im gemeinsamen Miteinander?

2. „Bis in den Tod am Kreuz" – Jesus als Maßstab (vgl. Philipper 2,5-11)

In besonderer Weise zeigt Paulus, wie Jesus Liebe gelebt hat: Der Herr wird Knecht. Mehr noch, Jesus begibt sich in die tiefsten Tiefen der Menschen, ist uns nahe – und wird darum von Gott erhöht.

Wir wollen in dieser Einheit unser eigenes Bild von Jesus in den Blick nehmen: Wie beschreibe ich das Handeln Jesu? Kann und will ich mich an ihm orientieren?

3. „Von Christus ergriffen" – Vorbilder im Glauben (vgl. Philipper 3,4-16)

Paulus wird immer wieder sehr persönlich. Er erzählt aus seiner Vergangenheit, davon dass Jesus in seinem Leben immer wichtiger geworden ist – und dass er auf seinem Glaubensweg noch nicht am Ziel ist.

In dieser Einheit sollen Vorbilder im Glauben zu Wort kommen. Menschen, die aus ihrem Leben mit Christus berichten und „Zeugnis" geben.

4. „Eure Gaben empfangen" – Gemeinschaft erleben (vgl. Philipper 4,10-23)

Und noch einmal: Paulus erfreut sich an der engen Verbundenheit mit den Philippern. Er ist dankbar für alles gegenseitige Unterstützen. Für ihn ist Gemeinschaft ein Geben und Nehmen, sie dient der Ehre Gottes.

Haben wir uns am Anfang darüber ausgetauscht, was uns im gegenseitigen Miteinander wichtig ist, so wollen wir nun ganz praktisch für einander sorgen, Gemeinschaft feiern und Gott loben.

Wie sind die einzelnen Einheiten aufgebaut?

Jede Einheit ist ähnlich aufgebaut. Zuerst bietet eine Verlaufsskizze einen schnellen inhaltlichen Überblick. Neben einer Materialliste und Hinweisen zur Gestaltung gibt es noch eine kurze thematische Zusammenfassung.

Anschließend beginnt der eigentliche Praxisentwurf. Nach einem kurzen Rückblick auf die letzte Einheit wird mit einem Türöffner als Aufwärmaktion begonnen. Eine (spielerische) Aktion führt ins Thema ein. Ein kurzer Impuls fasst den Text(abschnitt) aus dem Philipperbrief in der Bibel zusammen. Danach greifen die Teilnehmer selber zur Bibel: Lest die Bibel.

Von da aus können die Teilnehmenden eine Brücke ins eigene Leben schlagen: Werdet aktiv. Jede Einheit endet mit einer kreativen Gebetsidee: Sprich mit Gott.

Für jede Einheit sollten ca. 90 Minuten eingeplant werden.

Parallel zu diesen vier Einheiten ermutigen wir, sich mit allen Teilnehmenden per Messenger-Dienst in einer geschlossenen Gruppe auszutauschen. Dazu bieten wir ergänzendes Material an, in dem alle weiteren Textabschnitte des Philipperbriefes thematisiert und besprochen werden. So wird auch die Möglichkeit gegeben, dass Teilnehmende sich zwischen den Treffen näher mit den Themen und Texten beschäftigen.

Das Material kann unterschiedlich genutzt werden. Zum Beispiel als Themenabendreihe im Jugendkreis, integriert in den Konfirmandenunterricht oder als eine Reihe von Bibelarbeiten auf einer Freizeit. Gerne können bei der Durchführung auch eigene Ideen einfließen.

Das Programm wurde im Vorfeld in einer Testphase mit Jugendlichen ausprobiert. Einige Eindrücke der Teilnehmenden – gerade aus den Chat-Verläufen – haben wir festgehalten.

Das Material ist auf der DVD im Buch zu finden. Neben ausführlichen Mitarbeiterinfos sind auch die möglichen Chats für die Begleitung mit einem Messenger-Dienst zum Download bereit.

Über Feedback, Anregungen und Kritik freuen wir uns.

Einleitende Gedanken zu den Bildern von Erich Krian

Johannes Beer

Als ich mit meinem Bibelgesprächskreis den Philipperbrief las, erfreuten sich die Teilnehmenden an den Texten, aber ihnen fielen auf Nachfragen keine Bilder dazu ein. Die Geschichte der biblischen Bilder und Bibelillustrationen ist auf den Philipperbrief bezogen ausgesprochen dünn. Am ehesten finden sich noch Spruchkarten mit mehr oder weniger beziehungsreichen Motiven oder Symbolen. Eine aktuelle Internetrecherche bestätigte dies. Umso spannender ist es zu sehen, wie ein Künstler unserer Zeit auf diese Texte mit seinen Arbeiten reagieren könnte. Erich Krian ist ein Künstler, der keine Illustrationen macht, sondern ungegenständlich aus der Meditation der Texte heraus arbeitet. Er selbst schreibt dazu: *„Weil ich mir die Arbeiten zum Teil selber nicht (ganz) erklären kann, ziehen sie sich ihre Titel und Gedanken aus den mir vorliegenden Abschnitten des Philipperbriefes. Sie sind offen und kommen auf mich zu, als würden sie mich gesucht haben oder als ob ihre Linien und meine sich gekreuzt hätten. So tragen sie kleine Erkenntnisse und ungeklärte Ahnungen mit sich, die sich durch Empfindungen zeigen. Sie kommen meinen intuitiven Arbeiten, die sonst das Atelier durcheilen und sich finden lassen wollen, ganz nah.*
Meine Erfahrung ist, dass es mitunter Tage, Wochen dauert, um eine bildnerische Lösung zu finden. Eine solche schwebt einem vor Augen, aber um sie letztendlich gültig zu erfassen, braucht es den Mut des Wurfes, den Augenblick einer inneren Erkenntnis (Fügung?), die einen quasi leitet. Dabei gilt, sehr aufmerksam Schritt für Schritt zu beobachten und einzuskizzieren, was eine solche (Beobachtung) auf die Ebene der Reflexion lagert, um dann einfach zuzugreifen; den Entwurf, der immer auch ein Stück fremd ist, zulassen. In ihm zeigt sich dann die mögliche Gültigkeit der eigenen Arbeit. Das fordert mich stets heraus.
Auf mich und meine Art einer visuellen Erforschung lassen sich intuitive Vorgehensweisen beziehen. Sie sind sozusagen ohne Anfang oder Ende. Obwohl gerade das Ende sich im Malprozess deutlich, ja fast ‚warnend' zeigen muss, sollen die Werke nicht überfrachtet oder gar ‚kaputt geleitet' werden. Dass sie dann wiederum kein Ende erfahren, belegt die stete Neugierde, Unruhe, ein nächstes Werk schöpfen zu müssen.
Auf die vorliegenden Arbeiten zu den Philipperbriefen bezogen, bedeutet das für mich, eine Arbeit zu verfolgen, die sich dann mit den Zitaten aus den Briefen in Einklang bringen oder auch in der Form einer anderen Auseinandersetzung zeigen. Ich schenke diesen ‚lediglich' eine besondere Aufmerksamkeit. In dem Moment jedoch, in der meine Entscheidungen für die gegenseitigen Gedanken ihren Platz finden, haben sie einen endgültigen, dann auch nicht mehr verrückbaren Status.“

Erich Krian wurde 1948 in Dortmund geboren und hat an der Kunstakademie Düsseldorf bei Prof. Rupprecht Geiger und Prof. Gotthard Graubner Malerei studiert. Er lebt und arbeitet in Dortmund und Pompeiana (Ligurien, Italien). Weitere Informationen finden Sie auf der DVD zu diesem Buch.

Einleitung in den Philipperbrief

Peter Wick

Philippi ist die erste Stadt auf europäischem Boden, in der Paulus eine Gemeinde gegründet hat. Die Apostelgeschichte bietet einen ausführlichen Bericht davon (Apg 16,11–40). Philippi ist zur Zeit des Paulus eine römische Kolonie. In dieser Stadt galt das römische Stadtrecht. Ihre Bürger waren Bürger Roms. Das römische Bürgerrecht war mit hohem Ansehen verbunden und befreite von der Steuerpflicht.

Paulus schreibt dieser Gemeinde wahrscheinlich aus seiner Gefangenschaft in Rom. Dieser Brief ist der letzte erhaltene Gemeindebrief und vor allem der herzlichste, den wir von Paulus im Neuen Testament haben. Er handelt von ganz verschiedenen Themen, die Paulus stilistisch und inhaltlich kunstvoll miteinander verbindet.

1. Zur historischen Situation des Philipperbriefes

Paulus schreibt diesen Brief aus der Gefangenschaft. Schon lange wird darüber diskutiert, wo Paulus gefangen war. Der besonders sorgfältig gestaltete Brief zeigt, dass es dafür eine längere Gefangenschaft brauchte. In Frage kommen deshalb nur die ungefähr zweijährige Gefangenschaft des Paulus in Cäsarea (Apg 23,33–27,1), bevor er nach Rom verschifft worden ist, oder die daran anschließende Gefangenschaft in Rom, wo Paulus in einer Wohnung unter Hausarrest stand (Apg 28,16–31). Während es kaum Gründe dafür gibt, weshalb Paulus diesen Brief aus Cäsarea geschrieben haben könnte, wird in der Forschung immer wieder Ephesus vorgeschlagen. Paulus schreibt von sich selbst, dass er in Ephesus mit wilden Tieren gekämpft hat. Es ist möglich, dass dies nach einer Gefangenschaft und einer Verurteilung „ad bestias" in einem Amphitheater geschah (1Kor 15,32). In 2Kor 1,8–10 schreibt Paulus von großen Bedrängnissen in Asien (Kleinasien). Er und seine Begleiter haben damals gemeint, sie seien dem Tode geweiht. In 2Kor 11,23 weist er darauf hin, dass er oft in Gefängnissen war. Allerdings werden es oft kurze und deshalb für diesen Brief nicht relevante Gefängnisaufenthalte gewesen sein. Eine längere Gefangenschaft in Ephesus kann nur sehr indirekt und mit der Hilfe sehr hypothetischer Annahmen postuliert werden. Deshalb ist es am plausibelsten, von Rom als Abfassungsort des Philipperbriefes auszugehen. Dazu passt auch, dass Paulus ein Prätorium erwähnt, obwohl es auch in anderen Städten Einrichtungen geben konnte, die als Prätorium bezeichnet worden sind (vgl. zu Jerusalem Mk 15,16par; zum Prätorium des Herodes in Cäsarea s. Apg 23,35). Mit Klemens erwähnt er einen römischen Namen. Die Heiligen aus des Kaisers Haus, die die Gemeinde in Philippi ganz besonders grüßen, legen Rom als Abfassungsort nahe. Paulus wollte ursprünglich von Rom nach Spanien reisen (Röm 15,24.28). Im Philipperbrief will er, falls er freikommt, zurück nach Philippi gehen. Es ist gut möglich, dass Paulus in seiner mehrjährigen Gefangenschaft in Cäsarea und nun in Rom seine Reisepläne geändert hat und nochmals seine Gemeinden im Osten stärken will. Einen solch kunstvollen Brief hat Paulus kaum in Kettenhaft in einem Kerker schreiben können. Die dafür notwendige Muße hat er womöglich während des Hausarrestes in Rom gefunden.

Folgendes Szenario ist denkbar: Die Philipper haben erfahren, dass Paulus als Gefangener nach Rom gebracht wird. Sie sammeln Geld und bestimmen Epaphroditus zur Unterstützung des Paulus. Dieser wird nicht alleine mit einer erheblichen finanziellen Ausstattung gereist sein. Als er und seine Begleiter in Rom ankamen, wurde Epaphroditus schwer krank. Seine

Begleiter mussten nach Philippi zurückkehren und brachten einen ersten mündlichen Dank mit. Doch dieser Dank war getrübt durch den Kummer des Paulus und der Philipper um Epaphroditus und wegen ihrer Sorgen um Paulus. Als Epaphroditus wieder genesen war, schrieb Paulus diesen Brief und ließ ihn von Epaphroditus überbringen. Er versichert ihnen, dass er nun keinen Grund mehr zum Kummer habe und sie keinen mehr zur Sorge, denn seine Gefangenschaft und jeder erdenkbare Ausgang des Prozesses sei Grund zur Freude für sie und ihn. Den ganzen Brief baut er rhetorisch geschickt so auf, dass er in einen großen Dank und ein noch größeres Lob der Philipper mündet.

Die Reisezeit zwischen Philippi und Rom betrug wenige Wochen. Epaphroditus und seine Begleiter reisten nach Rom. Letztere reisten zurück. Nach seiner Genesung kehrte auch Epaphroditus nach Philippi mit dem Philipperbrief zurück.

Die Gemeinde in Philippi wird von keinen Irrlehrern bedroht. Doch sowohl die Philipper als auch Paulus kennen solche. Diese dienen als negative Vorbilder, um das strahlende Vorbild von Jesus Christus und das Lob der Philipper umso größer zu machen.

Der Philipperbrief ist ein kurzer Brief im Neuen Testament und ein großer biblischer Schatz. Mit ihm hat Paulus seiner Gemeinde und Christinnen und Christen eine Perle und einen wichtigen Beitrag zur Lebens-, Liebes- und Gemeinschaftsschulung der ganzen Menschheit geschenkt.

2. Aufbau und Stil des Briefes als Kunstwerk

Der Philipperbrief ist nicht nur kunstvoll aufgebaut, sondern dieser Aufbau dient dem ganzen Inhalt. Zehn Abschnitte bilden das Briefkorpus, das an die briefliche Danksagung anschließt. Dieses ist zugleich die eigentliche Rede, die auf das Vorwort folgt. Paulus behandelt dennoch nur fünf Themen, indem er jedes Thema in einem zweiten Durchgang wiederholt. Sowohl die Freude als auch die Gesinnung Christi, die sich im Weg von Jesus Christus ans Kreuz und seiner Erhöhung durch Gott zeigt, bilden je eines der zwei strukturellen und damit auch inhaltlichen Zentren dieses Briefes. Grafisch kann dieser große Parallelismus des Philipperbriefes folgendermaßen dargestellt werden:

1,1–2 **Briefkopf** (Präskript)		
1,3–11 Vorwort und briefliche Danksagung		
		(3,1a Freut euch im Herrn …)
1,12–26 **1. Abschnitt:** Selbstbericht (Gefangenschaft); Stichwörter: Leben und Tod Chance von „im Fleisch" 243 Wörter		3,1–16 **6. Abschnitt:** Selbstbericht (Berufung) Stichwörter: Leben und Tod Gefahr von „im Fleisch" 243 Wörter (ohne 3,1a)
Paulus zeigt, wie er die Gesinnung Christi in der Gefangenschaft lebt. Paulus ist ein Vorbild.		Paulus zeigt, wie er die Gesinnung Christi im Allgemeinen lebt. Paulus ist ein Vorbild.

1,27–30 2. Abschnitt Allgemeine ethische Weisung Wandel als Bürger Das Verderben der Gegner 82 Wörter Allgemeine Mahnung zur Gesinnung Christi		**3,17–21 7. Abschnitt** Allgemeine ethische Weisung Himmlisches Bürgerrecht Das Verderben der Gegner 90 Wörter Allgemeine Mahnung zur Gesinnung Christi. Explizite Aufforderung, Paulus und andere dabei zum Vorbild zu nehmen.
2,1–4 3. Abschnitt Konkrete Mahnung zur Gesinnung Christi Habt dieselbe Gesinnung! Erfüllt meine Freude! Ermahnung an alle! 58 Wörter ohne Hymnus	**2,5–11 Hymnus**: Jesus Christus, das Vorbild für die richtige Gesinnung Der Weg des Herrn Jesus Christus. Im Zentrum: Das Kreuz	**4,1–3 8. Abschnitt** Konkrete Mahnung der Gemeindeleitung zur Gesinnung Christi Habt dieselbe Gesinnung! Ihr seid meine Freude. Lob der Gemeinde. Ermahnung der Gemeindeleitung. 53 Wörter
2,12–18 4. Abschnitt Sie sollen die Gesinnung Christi als gehorsame Sklaven leben. Gott verfügt allein über euer Heil: Vollendet es mit Furcht und Zittern. Lebt als gehorsame Sklaven! 115 Wörter		**4,4–9 9. Abschnitt** Sie sollen die Gesinnung Christi wie ein gütiger Herrscher leben. Gott verfügt allein über euer Heil. Sorgt euch nicht. Lebt die Herrschertugenden. 101 Wörter
2,19–30 5. Abschnitt Timotheus und Epaphroditus leben die Gesinnung Christi. Sie sind Vorbilder. Ich sende euch Epaphroditus. Freut euch über ihn! 173 Wörter		**4,10–20 10. Abschnitt** Auch die Philipper leben die Gesinnung Christi. Großes Lob der vorbildlichen Philipper. 101 Wörter 169 Wörter
(3,1a Freut euch im Herrn …)		
		4,21–23 Postskript

Mit dieser Grafik kann auch besser verstanden werden, wie Paulus seine Mahnungen und sein Lob der Philipper aufbaut. Im thematischen Zentrum des Briefes steht Jesus Christus, der Weg, den er aufgrund seiner Gesinnung gegangen ist, und die Reaktion Gottes darauf. Paulus zeigt, wie er Christus als Vorbild nacheifert und er dadurch für die Philipper zum Vorbild wird. Das Gleiche gilt für Timotheus und Epaphroditus. In den je drei mittleren Abschnitten fordert er die Philipper explizit und implizit dazu auf, diese Gesinnung zu leben und dabei diesen Vorbildern nachzueifern. Im letzten Abschnitt lobt er die Philipper, indem er ihnen zuspricht, dass sie alles leben, was er ihnen in diesem Brief vor Augen gestellt und gefordert hat. Auch die Philipper leben die Gesinnung Christi vorbildlich. Der Dank für die Gabe steht am Schluss, um die größte Lobwirkung zu entfalten. Zugleich gilt weiterhin: In der Gemeindeleitung, insbesondere bei Euodia und Syntyche muss sich noch etwas in Richtung der Gesinnung Christi ändern.

3. Freundschaftsbrief und Lobrede

Ist es überhaupt möglich, dass Paulus einen Brief so kunstvoll gestaltet hat? Schon bei den ersten Versen des Philipperbriefes zeigt sich, dass Paulus nicht mit Formen und Stil seiner Zeit bricht, sondern diese übernimmt und sehr kreativ ausgestaltet. Der Philosoph Seneca, der Zeitgenosse des Paulus war, pflegt mit vielen Briefen seine Freundschaften, gibt moralische Wegweisung und präsentiert sich dabei selbst als Vorbild. Seinen eigenen Tod sieht er als die Chance, ein größtmögliches Vorbild zu sein. Diese Ähnlichkeiten zeigen, dass Paulus den Philipperbrief so schreibt, dass manches von seinem Inhalt für viele Zeitgenossen nicht einfach fremd wirken muss. Sie können ihn als einen kunstvollen Freundschaftsbrief erkennen.

Doch der Philipperbrief ist auch eine Rede. Nach den rhetorischen Lehrbüchern der Antike gibt es drei verschiedene Redentypen. Die Gerichtsrede will die Zuhörer dazu bringen, über Vergangenes zu urteilen: Was ist wirklich geschehen? Die beratende Rede will, dass die Zuhörer – natürlich immer im Sinne des Redners – über Zukünftiges entscheiden. Sie gehört vor allem in die Politik und will, dass jetzt gewisse Entscheidungen getroffen werden, damit die Zukunft besser und nicht schlechter wird. Die dritte Rede ist die Prunkrede. Sie dient nach Aristoteles dazu, Menschen ein Lob auszusprechen. Sie will das Ehrenhafte bei den Zuhörern herausstreichen, sie verweist auf deren Tugenden und, um dies noch zu verstärken, auf die Lasterhaftigkeit von anderen Menschen. Eine besonders beliebte Strategie ist dabei die Steigerung. Lob kann gesteigert werden durch den Vergleich mit berühmten Menschen.

Paulus zählt im Philipperbrief viele Tugenden auf, die durch die Gesinnung Christi erfüllt werden und wenn er sich und andere und vor allem Jesus Christus als Vorbild darstellt und den Philippern zuletzt zuspricht, dass sie diesem Vorbild ähnlich geworden sind. Es gibt auch beratende Elemente in diesem Brief, die unter anderem an die Gemeindeleitung gerichtet sind. Doch zuletzt schließt dieser Brief mit einem großen Lob der Philipper. Eine Prunkrede ist darauf ausgerichtet, dass der Zuhörer sie genießt und gerne immer wieder hört. Sie soll besonders artistisch ausgestaltet werden. Genau dies alles erfüllt der Philipperbrief mit seiner kunstvollen Form. Zeitgenössische Hörer müssen nicht die ganze Struktur erkannt haben. Doch Paulus hat seinen Brief so strukturiert, dass sie auf jeden Fall darin sein großes Lob der Gemeinde in Philippi erkennen.

Doch weshalb hat Paulus den Brief durch diesen großen thematischen und stilistischen Parallelismus gestaltet? Eine solche Form findet man nicht in den Rhetorikhandbüchern. Den Parallelismus als Stilfigur kennt Paulus vor allem aus den Schriften Israels. Offensichtlich bezieht er seinen Lobbrief stilistisch auch auf das Lob Gottes in den Psalmen, indem er fünf thematische Einheiten weiterer fünf thematischen Einheiten parallel gegenüberstellt (s. o. 2.). Doch wer in biblischer Tradition so etwas macht, spielt damit auch auf die beiden Gesetzestafeln mit den zehn Geboten an, die Moses vom Berg herunterbrachte. Bringt Paulus hier ein neues Gesetz, eine neue Tora? Nein, aber er arbeitet im Philipperbrief ganz besonders das Gebot der Liebe heraus, das für ihn alle anderen Gebote zusammenfasst (Röm 13,9) und Glaube und Hoffnung übersteigt (1Kor 13,13). Das Liebesgebot ist ein Gebot der Tora. Jesus sieht darin eine Zusammenfassung des Dekalogs und Paulus folgt ihm. Sicher hat nicht jeder Zuhörer diese Zusammenhänge erkannt, manche aber schon. Doch auch diese Strukturen aus der Hebräischen Bibel wirken in diesem Brief so mit den Inhalten zusammen, dass die Hörer auf jeden Fall erkennen können, dass das Lob Gottes das höchste Ziel und die selbstlose Agapeliebe der Weg zu diesem Ziel ist. Dieser Weg der Liebe hin zum höchsten Ziel geht oft nach unten und ist sehr spannungsvoll. Der Parallelismus erlaubt Paulus auch, diesen Spannungen eine angemessene stilistische Gestalt zu geben.

4. Liebe-Freude-Gemeinschaft – Zur Koinonia-Theologie des Paulus

Das Vorwort des Philipperbriefes zeigt an, dass Inhalt und Ziel dieses Briefes die Bekräftigung der Gemeinschaft (Koinonia) zwischen Paulus und den Philippern ist und Paulus die Liebeskompetenz der Philipper steigern will. Doch wie verhält sich die Koinonia zu den beiden Zentren (Liebe und Freude) des Briefkorpus?

Das Leben nach der Gesinnung Christi ist ein Leben in Liebe. Die Liebe, die bei Paulus im Vordergrund steht, ist die Agape. Agape ist die selbstlose, nicht berechnende, sich selbst hingebende Liebe. Somit ist der Weg von Jesus Christus zum Kreuz im Hymnus wie eine Definition von Agape. Wie in einer richtigen Definition kommt der Begriff Hymnus darin nicht vor, sonst aber im Brief schon (1,9.16; 2,1f.). Doch wer ebenso gesinnt sein will wie Christus, der braucht dazu nicht nur selbstlose Liebe, sondern auch eine Liebeskompetenz, die ihn jeweils die richtige Wahl treffen lässt. Der Mensch ist begrenzt und kann auch in Liebe nicht alles tun, sondern muss Prioritäten setzen und auf die anderen und auf sich selbst achten. Paulus gibt sich hier zum Vorbild und stellt mehrere Kriterien zur Verfügung. Er zeigt, wie er das Notwendigere dem Besten vorzieht. Er stellt die Maxime auf, dass man den anderen höher achten soll als sich selbst, und dabei auch auf seine eigenen Interessen schauen darf. Obwohl Paulus nichts von den Gemeinden angenommen hat, haben sich die Philipper in ihrer Kompetenz dafür entschieden, Paulus zu unterstützen.

Auch das Thema Gemeinschaft durchzieht den ganzen Brief. Paulus berichtet von sich und fokussiert zugleich den Brief auf die Philipper. Immer wieder setzt er die Philipper in Beziehung zu sich selbst und sich in Beziehung zu den Philippern. Das quantitative Verhältnis von der Fokussierung auf sich selbst und auf die der Philipper ist ausgeglichen. Mit ungefähr gleich vielen Wörtern berichtet er von sich (1. und 6. Abschnitt: 493 Wörter), wie er für die Thematisierung der Angelegenheiten der Philipper braucht (2.–4. und 7.–9. Abschnitt: 499 Wörter). Im fünften und zehnten Abschnitt werden die Verbindungen und die Gemeinschaft zwischen ihm und den Philippern zum Hauptthema.

Paulus entfaltet im Philipperbrief hintergründig seine Gemeinschaftstheologie. Sowohl Paulus als auch die Philipper haben einander Gaben gegeben. Er hat ihnen das Evangelium als Gabe gebracht. Sie haben ihm zur Unterstützung Epaphroditus und mehrfach Geld gegeben. Seine Gabe ist mit Selbsthingabe verbunden. Mit dem Evangelium hat er sich ihnen selbst hingegeben. Ja, er ist auch bereit, ihnen sein Leben hinzugeben. Er schreibt: „Aber wenn ich auch als Trankspende über dem Opfer und dem priesterlichen Dienst eures Glaubens ausgegossen werde" (2,17). Doch die Gaben der Philipper sind ebenfalls mit Selbsthingabe verbunden: Mit diesen haben sie Anteil genommen an Paulus und seiner Mission. Ihre „Schuld" (Dienstverpflichtung / *leitourgia*) ist ausgeglichen, indem ihre Gaben ebenso viel wiegen wie die von Paulus. Obwohl Paulus jetzt im Nachhinein so argumentiert, als ob er die Gaben ge-

geneinander aufrechnen kann (vgl. „Rechnung des Gebens und Nehmens"; 4,15), macht der ganze Brief klar, dass er nur von freiwilligen Gaben schreibt.

Gaben sind hier Gaben der Agape und damit Gaben der selbstlosen, den eigenen Reichtum und sich selbst hingebenden Liebe. Der Hymnus und damit das eine Zentrum des Briefes beschreibt, wie Jesus Christus sich mit dieser Liebe hingegeben hat. Doch die selbsthingebende Liebe schafft noch keine Gemeinschaft, weil sie niemanden verpflichtet oder zwingt. Erst wenn die Empfangenden selbst zu Gebern einer Gegengabe werden, kann Gemeinschaft entstehen. Doch dafür müssen die gegenseitigen Gaben von beiden Seiten angenommen werden. Paulus fordert eine ganz bestimmte Form der Annahme: Der Empfangende soll die Gaben mit Freude annehmen. Wie Paulus das Geben durch die Liebe näher bestimmt, so das Empfangen durch die Freude und damit durch das zweite Zentrum des Briefes.

Die beiden Zentren (3,1a und 2,5–11) bedingen das Hauptthema des Briefes, die Koinonia. Erst wenn zwei Personen oder Gruppen von ihrem Reichtum einander geben in Liebe und erst wenn beide Seiten diese Gaben in Freude annehmen, wächst Koinonia. Koinonia scheint noch mehr zu sein als Liebe, denn sie entwickelt sich aus gegenseitiger Liebe und freudiger Annahme von Liebe. Der Aufruf „freut euch im Herrn" bedeutet deshalb immer auch: „Nehmt alles, was Gott euch geschenkt hat und schenkt, dankbar an." Doch dann sollen die Beschenkten selbst zu Schenkenden werden, wie es Paulus nach seiner Berufung geworden ist, indem er das Evangelium ganz ohne Lohnanspruch weiter verschenkt hat. Als die Philipper Paulus Gaben gesandt haben, hat Paulus sich entschieden, diese Gaben mit Freude anzunehmen. Damit hat er sich für die Koinonia entschieden. Diese Entscheidung scheint für ihn nicht leicht gewesen zu sein, da er den Gemeinden das Evangelium als kostenfreies Geschenk gebracht hat. Wichtiges steht auf dem Spiel. Wenn Paulus die „Gegengabe" der Philipper annimmt, wird er seinem Prinzip „nichts für sich zu nehmen" untreu. Gemeinschaft verändert. Gemeinschaft führt zu einem gewissen Verlust von sich selbst. Eine zweite Gefahr besteht: Wenn die Gemeinden sich durch die Gabe des Evangeliums zur Gegengabe verpflichtet fühlen, dann geht der Geschenkcharakter und damit letztlich das Evangelium selbst verloren. Koinonia bleibt ein Risiko! Paulus und die Philipper sind dieses Risiko miteinander eingegangen.

Die selbstlose Liebesgabe verlangt keine Gegengabe, doch wenn aus einer Gabe Gemeinschaft entstehen soll, dann bedarf sie eben doch der Gegengabe. Mit den Philippern ist es zum Geben und Nehmen, zu Gabe und Gegengabe gekommen. Paulus hat zu keiner anderen Gemeinde so eine tiefe Gemeinschaft wie mit den Philippern, weil mit ihnen das Geben und Annehmen aufs Engste miteinander verbunden ist.

Gott hat im Hymnus Jesus Christus zum Lohn erhöht (deshalb!) und ihm seinen Namen als unverdientes Gnadengeschenk gegeben (2,9). Dieser Widerspruch wird durch die Liebe-Freude-Gemeinschaft aufgelöst. Wer die Gemeinschaft zwischen Paulus und den Philippern mit Distanz betrachtet, könnte den Eindruck bekommen, dass hier gerechnet worden ist. Die „Rechnung des Gebens und Nehmens" ist ausgeglichen. Doch wer die einzelnen Gaben betrachtet, sieht, dass diese freiwillig und ohne Forderung hin und her geflossen sind. Die Agape-Gemeinschaft besteht wie eine Handelsgemeinschaft aus Gabe und Gegengabe, doch beide werden ohne Zwang in beliebigem zeitlichem Abstand gegeben. Von der anderen Seite werden sie nicht eingefordert, dafür aber umso mehr mit Freude angenommen.

Die Losung des Lebens ist: Gib und nimm.
Jeder Mensch soll ein Spender und Empfänger sein. Wer nicht beides in einem ist, der
ist ein unfruchtbarer Baum.

aus: Martin Buber, Erzählungen der Chassidim,
© 1949, Manesse-Verlag, Zürich, in der Verlagsgruppe Random House GmbH, München

1 | Mit Gewinn – Philipper 1,1-26

1.1 Exegese

Peter Wick

1. Phil 1,1-2 Der Briefkopf oder das Präskript

1 *Paulus und Timotheus, Sklaven Christi Jesu, an alle Heiligen in Christus Jesus, die in Philippi sind, zusammen mit den Aufsehern und Dienern.* **2** *Gnade euch und Frieden von Gott, unserem Vater und dem Herrn Jesus Christus.*

Paulus schreibt einen Brief. Dieser ist zu seiner Zeit sofort als Brief zu erkennen, weil er sich an die Regeln des Briefschreibens hält. Ein Brief beginnt mit einem Präskript. Dieses besteht aus der Nennung des Briefschreibers, gefolgt von den Adressaten und einem Gruß. Paulus schreibt diesen Brief zusammen mit Timotheus. Wir überlesen Timotheus in der Regel. Paulus, das Genie, wird allein als Autor wahrgenommen. Doch für Paulus ist es offensichtlich wichtig, dass dieser Brief aus der engen Gemeinschaft mit seinem altbewährten Mitarbeiter entstanden ist. Die Gemeinschaft zwischen Paulus und Timotheus steht im Hintergrund dieses Briefes, auch wenn Paulus ab V.3 in der ersten Person Singular die Philipper anspricht und den Brief bis zuletzt (vgl. 4,18f.) aus der Ich-Perspektive schreibt.

Doch Paulus hält sich nicht nur an die formalen Vorgaben seiner Zeit, sondern er interpretiert sie sehr kreativ und eigenständig. Er hängt sich und Timotheus eine nähere Bezeichnung an. Sie sind Sklaven von Christus Jesus. Martin Luther hat den *doulos*, der hier im Text steht, in seine sklavenlose Zeit übertragen und mit Knecht übersetzt. Der *doulos* ist in der Antike der Sklave. Der Sklave ist nicht Herr über sich selbst, er ist unfrei. Innerhalb der Sklaven gab es große Unterschiede. Wer Sklave in den Bergwerken war, lebte unter unmenschlichen Bedingungen, die zu einem frühen Tod führten. Die Sklaven auf den Feldern mussten schwerste körperliche Arbeit leisten. Am besten ging es den Sklaven, die in den Häusern ihren Herren in vielfältiger Weise dienen mussten. Hier gab es Spezialisten, wie etwa Hauslehrer. Solche Sklaven gehörten zum Haus ihres Herrn. Der *Dominus* oder die *Domina* konnten mit ihren Sklaven und Sklavinnen tun und lassen, was sie wollten. Sie verfügten über ihr Leben. Was will Paulus mit dieser Selbstbezeichnung aussagen? Paulus und Timotheus sind Juden. Im jüdischen und biblischen Kontext dient die Bezeichnung „Sklave Gottes" als ehrenvolle Bezeichnung. Am bekanntesten ist der Sklave Gottes, dem mehrere Lieder im Buch Jesaja gewidmet sind (s. Jes 42,1-4; 49,1-6; 50,4-9; 52,13-53,12). Luther hat den Sklaven in den Knecht Gottes umgewandelt. Paulus und Timotheus sind Sklaven in Bezug auf den von Gott eingesetzten jüdischen Messias Jesus. Alles Beschriebene schwingt mit: Paulus und Timotheus haben die Ehre, Sklaven Gottes beziehungsweise Sklaven des Messias zu sein. Zugleich sind sie unfrei und müssen Sklavendienst leisten. Als Sklaven gehören sie zum Haushalt Gottes.

Paulus beginnt seine Briefe immer mit seinem eigenen Namen und braucht die angefügte nähere Bezeichnung oft dafür, um sich und seinen Dienst, aufgrund dessen er den Brief verfasst, näher zu beschreiben. In der Regel nennt er sich Apostel. Hier in diesem Brief macht er das nicht. Es wird sich zeigen, dass kein Wort ungeplant ist. Paulus schreibt in diesem Brief nichts Apostolisches: Er muss nichts am Glauben seiner Adressaten ergänzen oder korrigieren.

Die Philipper sind in puncto Glauben auf einem guten Weg. Doch der Sklave und der Sklavendienst werden in diesem Brief eine eminent wichtige Rolle spielen.

Die Adressaten sind alle Heiligen in Christus Jesus, die in Philippi sind. Alle Menschen, die an Jesus Christus glauben, werden von Paulus als Heilige bezeichnet. Allein durch Jesus Christus wird der Mensch heilig, allein durch den Glauben und die Gnade Gottes. So hat Martin Luther Paulus verstanden. Diese Erkenntnisse gewann er am Römerbrief und am Galaterbrief. In diesem Brief wird dies alles vorausgesetzt und im Präskript mit dieser Anrede auf den Punkt gebracht. Die Lehre von der Rechtfertigung des Sünders wird im Philliperbrief nicht behandelt. Er baut auf dieser Lehre auf und führt weit darüber hinaus. Bei den Adressaten gibt es eine merkwürdige Ergänzung. Die Aufseher und die Diakone werden ausdrücklich erwähnt. Aus dem Begriff Aufseher (*episkopos*) hat sich der Bischofstitel entwickelt, aus den Dienern (*diakonos*) der Diakon. Während Paulus sich in anderen Briefen selbst als *diakonos* bezeichnet (1Kor 3,5; 2Kor 3,6), erwähnt er in seinen Gemeindebriefen nie den *episkopos*. Aufseher gibt es sonst erst in den Pastoralbriefen (1Tim 3,2; Tit 1,7). Folgende Fragen lassen sich hier stellen: Erwähnt der Philipperbrief eine institutionelle, weniger Geist-orientierte Form der Gemeindeleitung als die anderen Gemeindebriefe? Wenn der Brief an alle Heiligen in Philippi gerichtet ist, weshalb muss die Gemeindeleitung explizit erwähnt werden? Diese ist doch Teil der Gemeinde und deshalb in „allen Heiligen" mitenthalten (s.u. Einheit 7 zu Phil 4,21).

Paulus spricht einen Gruß. Hier zeigt er besonders, wie kreativ er mit den ihm vorgegebenen Formen umgehen kann. Er entwickelt für seine Briefe eine eigene Grußformel. Normalerweise steht an dieser Stelle ein Gruß, der mit dem Wort „sich freuen" (*chairein*) oder „Freude" (*chara*) gebildet ist. So steht im Briefkopf des Jakobusbriefes nach dem Verfasser und den Adressaten nur *chairein* (sich freuen; Jak 1,1). Paulus ersetzt die Freude (*chara*) mit der ähnlich klingenden Gnade (*charis*). Gnade ist ein Schlüsselbegriff seiner Theologie. Aufgrund der Gnade Gottes sind die Menschen gerettet. Gott hat seine Gnade den Menschen durch seinen Sohn Jesus Christus geschenkt, der sich für sie am Kreuz in den Tod hingegeben hat. In Christus hat sich Gott selbst hingegeben. Doch die Gnade ist nicht das Ziel, sondern das Mittel. Gott will den Menschen durch die Gnade wiederherstellen, sodass der Menschen im Frieden mit Gott, seinen Mitmenschen und sich selbst in Fülle leben kann. Der Ausdruck für dieses Leben in Fülle ist in der hebräischen Kultur des Paulus „Schalom" (Frieden). Schalom ist der übliche Gruß, den man sich bei einer Begegnung wünscht. Im Segen „Gnade euch und Frieden von Gott, unserem Vater und dem Herrn Jesus Christus" fasst Paulus das Evangelium zusammen und spricht es seinen Adressaten zu. Durch die Gnade kann der Mensch wieder in Frieden und in Fülle leben. Gnade und Friede werden durch Gott und Jesus Christus garantiert. Paulus sieht Gott vor allem als Vater. Jesus Christus ist der Herr. Bedeutet dies, dass er Herrscher ist? Oder spielt dies auf den biblischen Gottesnahmen JHWH an, der in der Septuaginta (der griechischen Übersetzung der Hebräischen Bibel) mit „Herr" umschrieben wird? Wie sich im Hymnus zeigen wird (2,4–11), stellt Paulus den alttestamentlichen Bezug zum Gottesnamen bewusst her.

Paulus verwendet zuerst den Gruß aus der griechischen Kultur. Sein Auftrag ist es, als Jude zu den Völkern zu gehen. Deren gemeinsame Sprache ist das Griechische. Erst an zweiter Stelle kommt der Gruß aus seiner eigenen jüdischen Kultur. Dieser bleibt unverändert, der griechische aber wird transformiert. Auf formaler Ebene knüpft Paulus zuerst bei seinen Adressaten an, und bringt erst dann seine eigene Tradition ins Spiel. Die vorgegebene Kultur kann jedoch nicht einfach unverändert übernommen werden. Der erste Schritt ruft deshalb nach einer Transformation, der zweite nicht. Allein diese Grußformel zeigt, wie geplant und überlegt Paulus mit Form und Inhalt umgeht. Das Evangelium will an die bestehende Kultur anknüpfen und diese zugleich verändern, um ihr so das Neue und Fremde zu bringen.

2. Phil 1,3–11 Vorwort und briefliche Danksagung

3 *Ich danke meinem Gott bei jeder Erinnerung an euch,* **4** *allezeit, bei jedem Gebet für euch alle, indem ich das Gebet mit Freude verrichte* **5** *aufgrund eurer Gemeinschaft am Evangelium vom ersten Tag an bis jetzt,* **6** *weil ich genau darauf vertraue, dass derjenige, der ein gutes Werk in euch angefangen hat, es vollenden wird bis zum Tage Christi Jesu.*

In einem Brief folgt nach dem Briefkopf die briefliche Danksagung. Der Verfasser dankt etwa den Göttern, dass sein Adressat wohlauf ist. Eine Fürbitte um Gesundheit kann angefügt werden. Paulus bricht auch hier nicht mit den kulturellen Vorgaben der antiken Briefschreibekunst. Er richtet einen Dank an Gott und fügt ab V.9 noch eine Fürbitte an. Zugleich ist der Brief ab 1,3 nicht mehr nur ein Brief, sondern auch eine Rede. Die antike Redekunst (Rhetorik) folgt anderen Gesetzen. Eine Rede fängt mit einem Vorwort (Proömium) an. Im Vorwort muss vor allem das Wohlwollen der Zuhörer gewonnen werden, damit sie der Rede auch gerne folgen. Der Fachausdruck in den antiken Rhetorikhandbüchern heißt: *captatio benevolentiae*, das Erheischen des Wohlwollens. Dies wird unter anderem durch das Lob der Zuhörer erreicht. Zugleich geht es in einem Vorwort um die Herstellung von Aufmerksamkeit *(attentos facere)*, indem z. B. etwas besonders Wichtiges als Redeinhalt angekündigt wird. Die Herstellung von Empfänglichkeit *(docilem facere)* ist das dritte Ziel. Dies soll durch einen kurzen Hinweis auf den Inhalt (Inhaltsangabe) erreicht werden (M. Fuhrmann, Die Antike Rhetorik, München und Zürich 1987, 83ff).

Paulus verbindet hier Brief- und Redeformen miteinander und verwendet den brieflichen Dank zugleich als rhetorische *captatio benevolentiae*: Immer wenn er an die Philipper im Gebet denkt, muss er sofort anfangen zu danken, und zwar mit Freude! Die Philipper erzeugen in ihm eine freudige Dankbarkeit. Mit dieser Aussage stimmt Paulus die Philipper wohlwollend. Er schmeichelt seinen Adressaten, bleibt sich dabei aber treu. Auch an anderen Stellen lobt er seine Adressaten, jedoch nicht so innig und nah wie hier. Wenn es nichts zu danken gibt wie bei den Galatern, dann verzichtet er auch auf diesen Dank (vgl. Gal 1,6). Auch in der angespannten Beziehung zu den Korinthern ersetzt Paulus den Dank mit einem Lobpreis Gottes (2Kor 1,3f). Paulus passt seine Rhetorik den Fakten an, nicht umgekehrt.

Die Verbindung von brieflicher Danksagung und rhetorischem Vorwort wird auch die nächsten Verse prägen. Paulus dankt Gott immer wieder aufgrund der Gemeinschaft *(koinonia)* am Evangelium, die die Philipper pflegen. Koinonia ist das erste Wort, das sich auf den eigentlichen Inhalt des Briefes (ab V.12) direkt bezieht. Tatsächlich wird sich Koinonia als das zentrale und übergreifende Thema dieses Briefes erweisen. Die Gemeinschaft ist in diesen drei Versen bereits sehr dynamisch in Worte gefasst. Paulus steht durch das Gebet in Beziehung zu Gott. In dieser Beziehung bezieht er sich dankbar und freudig auf die Glaubenden in Philippi und betet für sie. Er ist so dankbar, weil die Philipper mit ihm zusammen Gemeinschaft am Evangelium haben, indem sie dieses leben und verbreiten. Die Gemeinschaft des Paulus mit den Philippern ist getragen von seiner Gottesbeziehung. Er vertraut Gott, dass die Philipper auf diesem guten Weg sind, weil Gott dies selbst von Anfang an in ihnen gewirkt hat. Gott aber vollendet das bis zum Tag Christi Jesu, was er angefangen hat. Der Tag Christi Jesu ist der Zeitpunkt der Parusie, der Wiederkunft Christi. An diesem Tag wird der jetzige Zeitenlauf zu seinem Ende kommen.

7 *Denn es ist für mich recht, so in Bezug auf euch gesinnt zu sein, weil ich euch im Herzen habe / weil ihr mich im Herzen habt: Sowohl in meinen Fesseln als auch in der Verteidigung und Bekräftigung des Evangeliums seid ihr alle meine Mitteilhaber der Gnade geworden.*

Paulus nimmt seine dankbare, freudige und vertrauende Haltung gegenüber den Philippern, die er in den Versen 3–6 formuliert hat, in 1,7 unter dem Begriff „so gesinnt sein" wieder auf. Er hat diese Gesinnung in Bezug auf sie. Das griechische Wort *phronein* bedeutet denken, urteilen, gesinnt sein, eine Gesinnung haben. Es wird zu einem Schlüsselwort des ganzen Briefes werden. Hier braucht es Paulus, um seine Ausrichtung auf die Philipper zu beschreiben.

Die Koinonia spielt weiterhin eine besondere Rolle. V.7 kann zweifach übersetzt werden: Paulus hat die Philipper (euch) im Herzen. Oder: Die Philipper haben Paulus (mich) im Herzen. Viele Übersetzungen bieten die erste Variante. Die alte Elberfelder–Übersetzung hat die zweite gewählt. Paulus und die Philipper sind innig miteinander verbunden. Sie sind Mitteilhaber – wörtlich Mitgemeinschafter (*synkoinonoi*). Sie nehmen Anteil sowohl an der Gefangenschaft des Paulus, die er hier im Brief zum ersten Mal erwähnt, in dem er diese als „meine Fesseln" umschreibt, als auch an der Verteidigung und Bekräftigung des Evangeliums. Sie unterstützen Paulus aktiv im Gefängnis und beteiligen sich an seinem Dienst der Ausbreitung des Evangeliums. Weil sie so eine Gemeinschaft pflegen, sind sie Mitteilhaber der Gnade geworden. Gnade (*charis*) ist für Paulus – wie oben gezeigt – die kürzestmögliche Formel für das ganze Evangelium. Doch die *charis* als Gabe kann auch zur Aufgabe werden (vgl. 2Kor 8,1–4). Paulus spricht den Philippern zu, dass sie nicht nur das Evangelium als Gabe empfangen haben, sondern es sich auch zusammen mit ihm als Aufgabe angeeignet haben.

8 *Denn Gott ist mein Zeuge, wie ich mich nach euch allen sehne mit der innigen Zuneigung Christi Jesu.*

Dieser Vers ist eine emotionale Steigerung gegenüber dem vorherigen. Gemäß 1,7 tragen Paulus und die Philipper einander im Herzen. Das Herz *(kardia)* ist in der Bibel das Zentrum des Menschen und der Sitz seines Willens. Das bedeutet: Paulus und die Philipper haben sich füreinander entschieden. In 1,8 spricht er von der innigen Zuneigung, die er von Jesus Christus empfangen hat und für sie hegt. Das griechische Wort für diese Form der Liebe bedeutet eigentlich „Eingeweide". Der Sitz der Gefühle ist im Bauch. Paulus sehnt sich mit einer tiefen, emotionalen Liebe nach den Philippern. Die Trennung schmerzt ihn. Er möchte bei ihnen sein. Diese Koinonia ist offensichtlich reich an tiefen Gefühlen.

9 *Und ich bete darum, dass eure Liebe noch mehr und mehr überfließt an Erkenntnis und jeder Art von Urteilsvermögen,* **10** *damit ihr prüfen könnt, worauf es ankommt, damit ihr rein und tadellos seid auf den Tag Christi hin,* **11** *erfüllt mit der Frucht der Gerechtigkeit, die durch Jesus Christus gewirkt wird zur Ehre und zum Lob Gottes.*

Nun ist Paulus bei der brieflichen Fürbitte. Gott soll noch etwas ändern bei den Philippern. Selbstverständlich schreibt er diesen Brief, um diese erbetene Veränderung durch seine Worte zu unterstützen. Doch für was betet er genau? Paulus betet nicht für mehr Liebe. Die Liebe der Philipper ist offensichtlich schon sehr groß. Er bittet um mehr Erkenntnis und Urteilsvermögen für ihre Liebe. Offensichtlich genügt Liebe *(agape)* alleine nicht, sondern Liebe braucht auch Kompetenz. Paulus möchte, dass die Philipper in ihrer Liebeskompetenz wachsen. Agape ist Selbsthingabe. Ein Mensch kann sich nur einmal total hingegeben, nämlich hingeben bis in den Tod. Ein Liebender kann sich nicht überall und für jeden gleich hingeben. Die Förderung der Liebeskompetenz ist ein wichtiges Thema des Briefes.

Durch die Fürbitte zeigt Paulus, dass dieses Thema sehr wichtig ist. Auf diese Weise kann er die Aufmerksamkeit seiner Adressaten steigern *(attentos facere)* und so die zweite Funktion eines Vorworts erfüllen. Die Empfänglichkeit seiner Zuhörer steigert er durch Anspielungen auf den Inhalt des Briefes *(docilem facere)*: Er kündigt als Inhalt des Briefes das Thema der Koninonia an und ergänzt es durch das der Liebeskompetenz. Zugleich gibt er zahlreiche weitere Anspielungen in 1,3–11 auf den Inhalt des ganzen Briefes. Die Verse 10 und 11 zeigen, welchem Ziel der Brief dienen will: Die Philipper sollen durch ihre Liebeskompetenz rein und tadellos bei der Wiederkunft Christi sein. Alles zusammen soll der Ehre *(doxa)* und dem Lob Gottes dienen. Das Leben des Paulus, das Leben der Philipper, ihre Gemeinschaft und ihr Dienst, der durch Jesus Christus Frucht der Gerechtigkeit bringt, und auch der ganze Brief sollen zur Verherrlichung *(doxa)* Gottes führen. In V.11 kommen so das Vorwort und die briefliche Danksagung mit einer Doxologie zum Abschluss. Nun beginnen die eigentliche Rede und das Briefkorpus.

3. Phil 1,12–26 Erster Selbstbericht von Paulus (1. Abschnitt des Briefkorpus)

12 *Ich will aber, dass ihr wisst, Brüder, dass meine Umstände mehr zur Förderung des Evangeliums gekommen sind,* **13** *so dass meine Fesseln offenbar geworden sind in Christus im ganzen Prätorium und bei allen anderen* **14** *und die Mehrheit der Brüder im Herrn Vertrauen gewonnen hat durch meine Fesseln und viel mehr wagen, das Wort furchtlos zu reden.*

Mit 1,12 fängt das eigentliche Briefkorpus an. Das Vorwort ist beendet und die eigentliche Rede beginnt. Paulus spricht die Philipper mit „Brüder" an und schließt in diesen Begriff auch die Schwestern mit ein. Gleich zu Beginn sagt er, aus welchem Anlass er angefangen hat, diesen Brief zu schreiben. Er will den Philippern mitteilen, wie es um ihn steht. Er ist gefangen und drückt dies mit der Wendung „meine Fesseln" aus. Offensichtlich wissen die Philipper von seiner Gefangenschaft und machen sich Sorgen. Paulus will ihnen zuerst und vor allem mit seinem Brief die Sorgen nehmen. Seine Lebensumstände nutzen der „Förderung des Evangeliums" mehr. Der Satz verlangt einen Vergleich: Die eigentliche notwendige Aussage „mehr zur Förderung als" lässt Paulus aus. Seine Adressaten können das selbst ergänzen. Sie sollen sich keine Sorgen machen um Paulus: Seine Gefangenschaft dient dem Evangelium mehr, als wenn er frei wäre. Sein Freiheitsverlust und sein Ungemach können positive Auswirkungen auf die Verbreitung des Evangeliums haben. Offensichtlich haben durch den erzwungenen Freiheitsverzicht des Paulus Menschen vom Evangelium gehört, die sonst nicht mit diesem in Berührung gekommen wären. Alle im Prätorium und noch viel mehr als diese wissen, dass da einer gefangen ist wegen des Messias. Das Prätorium ist in Rom der Sitz der Prätorianern, der kaiserlichen Garde. Allerdings gab es auch in den Provinzen Prätorien. Es spricht jedoch viel dafür, dass dieser Brief in Rom geschrieben worden ist (s.o. Einleitung: 1. Zur historischen Situation des Philipperbriefs). Dank der Gefangenschaft des Paulus hat die kaiserliche Elitegarde vom jüdischen Christus Jesus gehört. Doch das ist nicht die einzige Auswirkung der Gefangenschaft des Paulus. Das Evangelium wird nun häufiger verkündet, weil viel mehr Glaubende wagen, das Wort zu verbreiten. Die Gefangenschaft des Paulus fördert offensichtlich die Ausbreitung des Evangeliums. Bemerkenswert ist, dass Paulus sich selbst hier sehr passiv beschreibt. Er erwähnt nicht, dass er das Evangelium verkündet. Er präsentiert ein anderes Bild: Er ist seiner Freiheit beraubt, und deshalb tritt um ihn herum das Evangelium umso mehr in Erscheinung.

15 *Einige predigen Christus zwar auch aus Neid und Streit, einige aber auch aus gutem Willen.* **16** *Die einen verkündigen Christus aus Liebe, weil sie wissen, dass ich zur Verteidigung des Evangeliums bestimmt bin,* **17** *die anderen aus Selbstsucht, nicht rein, weil sie meinen, so meinen Fesseln Trübsal zu erwecken.*

Paulus führt seinen Selbstbericht weiter (bis 1,26). Offensichtlich sind ihm nicht alle Glaubensgeschwister in Rom wohlgesonnen. Einige verkünden das Evangelium auch zu seinen Ungunsten. Doch auch diese sind durch seine Gefangenschaft dazu veranlasst worden, das Evangelium mehr zu verkünden. Niemand verkündet ein falsches Evangelium. Sonst könnte sich Paulus nicht freuen (1,18), sondern er würde wie im Galaterbrief eine hypothetische Verfluchung aussprechen (Gal 1,8f.). Doch die einen verkündigen das Evangelium in Rom mit einer guten Gesinnung, die anderen mit einer schlechten; die einen aus gutem Willen und Liebe, die anderen aus Neid, Streit und Selbstsucht. Diese tun es nicht rein, was so viel bedeutet wie „nicht in lauterer Absicht". Sie wollen Paulus in seiner Gefangenschaft schaden. Offensichtlich ermutigt die Gefangenschaft des Paulus viele Christusanhänger in Rom, das Evangelium zu verkündigen. Zugleich sind die Meinungen über Paulus gespalten. Während die einen Liebe und Respekt gegenüber ihm als Gefangenen haben, nutzen andere seine Not aus, um sich selbst großzumachen. Sie tun dies, indem sie auf Kosten seines guten Rufs das Evangelium verkündigen. Alles spricht dafür, dass sie Rufschädigung betreiben. Offensichtlich ist Paulus in Rom umstritten und deshalb wird seine Gefangenschaft auch unterschiedlich beurteilt. Gegenüber den Philippern gewinnt Paulus seine Deutungshoheit über seine Gefangenschaft mit diesem Briefteil zurück.
Diese Zweiteilung der Meinungen über ihn stellt Paulus sprachlich kunstvoll dar. In V.15 schildert er das Problem: Die mit der negativen Haltung werden zuerst erwähnt, dann die mit der guten Absicht. In Vers 16 und 17 erwähnt er wieder beide, nun aber in umgekehrter Reihenfolge: Zuerst die mit der positiven Gesinnung, dann die mit der schlechten Gesinnung. Diese sorgfältig gestaltete Reihenfolge bildet ein Chiasmus (Negativ – Positiv; Positiv – Negativ) und betont rhetorisch den antithetischen Gegensatz in der Haltung zum gefangenen Paulus in Rom. In manchen Handschriften wurde diese rhetorische Figur aufgelöst, indem V.17 vor V.16 gestellt worden ist. Offensichtlich gab es ein Interesse, den Text auf Kosten der rhetorischen Kunst inhaltlich zu vereinfachen.

18 *Was denn? Wenn nur auf jede Weise, sei es aus Vorwand oder in Wahrheit Christus verkündigt wird, und darüber freue ich mich. Ich werde mich aber auch freuen.*

Paulus fasst seinen ersten Bericht über seine Gefangenschaft mit der rhetorischen Frage zusammen: „Was denn? Was macht es?" Paulus hat seine Freiheit verloren. Manche Glaubensbrüder beschädigen seine Ehre, die in der Antike als höchstes Gut gilt. Doch Paulus freut sich jetzt, weil all dies Leiden dazu geführt hat, dass viel mehr Menschen das Evangelium gehört haben, als wenn er in Freiheit geblieben wäre. Er wird sich aber auch in Zukunft freuen. Für die Freude in der Zukunft nennt er jedoch einen anderen Grund.

19 *Denn ich weiß, dass dieses mir zur Rettung ausschlagen wird durch eure Gebete und die Unterstützung des Geistes* **20** *entsprechend meiner sehnsüchtigen Erwartung und Hoffnung, dass ich durch nichts beschämt werden werde, sondern mit aller Freimütigkeit wie allezeit so auch jetzt Christus großgemacht werden wird an meinem Leib, sei es durch Leben oder durch Tod.* **21** *Denn mir ist Christus das Leben, das Sterben aber ist Gewinn.*

Paulus sieht die positiven Auswirkungen seiner Gefangenschaft auf die Verbreitung des Evangeliums. Doch er weiß, dass dieses Leiden auch für ihn positive Folgen haben wird. Allerdings begründet er diese Gewissheit nicht nur mit seinem eigenen Leiden, sondern auch mit der Fürbitte der Philipper und der Unterstützung durch den Geist Gottes. Sein zukünftiges Heil und seine Rettung (*soteria*) sieht er sowohl im Zusammenhang mit seinem eigenen Leiden als auch durch die Gemeinschaft mit den Philippern und den Beistand des Heiligen Geistes garantiert. Paulus argumentiert hier spannungsvoll. Einerseits weiß er um sein zukünftiges Heil. Seine Rettung in der Zukunft scheint ihm als Lohn für sein Leiden um Christi willen sicher zu sein. Sofort relativiert er diesen angedeuteten Lohngedanken wieder, indem er sich von der Gemeinschaft mit den Philippern und von Gott abhängig macht. Ohne ihre Unterstützung, ja ohne Gott selbst wird er diesen Lohn nicht erhalten.

In V.20 wird sein Wissen zur Hoffnung. Er hofft inständig, dass all sein Leiden ihn nicht beschämen kann. Rufmord bringt Schande über einen Menschen. Bei Paulus soll das anders sein, denn er erleidet diesen Rufmord um Christi willen. Er hofft, dass Christus großgemacht wird an seinem Leib, sei es durch Leben oder Tod. Weder Christus noch er sind das Subjekt dieses Geschehens. Christus wird großgemacht, aber nicht durch Paulus. Der Ort dieses Geschehens ist sein Körper, und zwar sowohl der lebendige als auch der tote. So kann das Subjekt nur das Leiden sein, beziehungsweise hinter dem Leiden Gott selbst, der dieses Leiden gebraucht. Paulus hofft darauf, dass alles, was mit und an seinem Leib geschieht, Christus verherrlicht. Paulus lebt sein Leben mit und durch Christus. In diesem Sinne ist sein Leben Christus. Das Sterben ist Gewinn, weil es das letzte große Leiden darstellt und deshalb den höchsten Lohn zur Folge hat, nämlich das ewige Leben in der vollen Gemeinschaft mit Jesus Christus. Paulus glorifiziert zuerst sein Leiden in der Gefangenschaft. Nun verherrlicht er sogar seine Todeserwartungen.

22 *Wenn aber das Leben im Fleisch, dieses mir Frucht der Arbeit bedeutet, weiß ich nicht, was ich wählen werde.*

Dem „Gewinn" durch den Tod stellt er nun die Konsequenzen des Weiterlebens gegenüber. Das Leben „im Fleisch" ist die Voraussetzung dafür, Frucht zu bringen. Auch wenn „Fleisch" durchaus ein problematischer Begriff für Paulus ist, so stellt das „Sein im Fleisch" doch die notwendige Voraussetzung dar, Frucht zu bringen. Hier nimmt Paulus ein Motiv auf, das bis in den ersten Schöpfungsbericht zurückreicht. Die Erde und die Lebewesen, die sie bevölkern, können Frucht bringen. Der Himmel, die Ewigkeit und Gott selbst sind nicht fruchtbar. Gott ist der Schöpfer, der fruchtbare Lebewesen schafft, aber die Fruchtbarkeit ist ihm nicht eigen. Er vermehrt sich nicht und gebiert keine Kinder. Der Himmel ist kein Ort der Fortpflanzung oder Vermehrung. Fruchtbarkeit ist eine spezielle Würde der Erde. Sie ist an diese unauflöslich gebunden. Die Arbeit von Paulus kann Früchte bringen, aber eben nur wenn er in seinem irdischen Leib bleibt – auch wenn dieser Leib vergängliches und von Sünde gezeichnetes Fleisch ist.

Paulus wählt hier eine riskante rhetorische Strategie. Er suggeriert, dass der Ausgang seines Prozesses von seiner Wahl abhängig sein könnte. Er hat sich bis jetzt noch nicht entschieden, ob er die Todesstrafe oder den Freispruch wählen wird.

23 *Von beiden Möglichkeiten werde ich bedrängt: Ich habe Lust mich aufzulösen und mit Christus zu sein, es ist sehr viel besser.* **24** *Das Bleiben aber im Fleisch ist notwendiger um euretwillen.*

Paulus steigert sich in eine Todessehnsucht hinein. Wenn er sich auflöst und stirbt, dann wäre er ganz zusammen mit Christus. Das wäre für ihn die beste Option. Er unterstreicht dies mit einem doppelt gesteigerten Komparativ. Zu sterben ist besser, viel besser, wörtlich: viel mehr besser. Doch dem Besten steht das Notwendigere gegenüber. Es wäre nützlicher für die Philipper, wenn er noch nicht sterben würde, sondern bliebe. Er muss sich entscheiden zwischen dem Besten und dem Nützlicheren und Notwendigeren. Eine solche Entscheidung braucht Kompetenz. Paulus bringt sich hier selbst als Beispiel für die im Vorwort erbetene Liebeskompetenz. Das Beste für ihn ist weniger wichtig als das Nützliche für die Philipper.

25 *Und darauf vertrauend weiß ich, dass ich bleiben und bei euch allen bleiben werde zu eurer Förderung und Freude des Glaubens,* **26** *damit euer Rühmen überfließe in Christus Jesus durch mich bei meiner Ankunft bei euch.*

Nachdem Paulus suggeriert hat, dass er zwischen Leben und Tod wählen wird, nimmt er dies rhetorisch wieder etwas zurück und redet davon, dass er weiß, wie sein Prozess ausgehen wird, indem er darauf vertraut, dass sein Dienst noch nicht vollendet ist. Er wird am Leben bleiben und dadurch dem Glauben der Philipper weiter dienen können. Mit einer Inklusio, einem rhetorischen Rahmen, verbindet er den Anfang und den Schluss seines Selbstberichtes. Wie seine schwierigen Umstände zur Förderung des Evangeliums in Rom dienen, so will er weiterleben und der Förderung des Glaubens der Philipper dienen. Paulus, der sich im Verlust der Freiheit und unter Anschuldigungen von Brüdern freut und sich auch erst recht freuen wird, wenn er sterben müsste, will bleiben und so der Glaubensfreude der Philipper dienen. Seine eigene Freude hängt eng mit seinem Leiden um Christi willen zusammen. Sein Dienst fördert die Freude der Philipper. Paulus zeigt in seinem Selbstbericht, wie eng er mit den Philippern verbunden ist. Er will vor allem ihre Sorgen um ihn zerstreuen und hat allen Grund zur Freude, sogar wenn es noch schlimmer kommt. In seiner innigen Ausrichtung auf die Philipper tut der Apostel so, als ob das Prozessurteil in seiner Hand liegen würde. Damit betont er, wie sehr er selbst in seinem Ungemach auf die Philipper ausgerichtet ist. Er ist mit ihnen auch von seiner Seite her mit tiefer Koinonia verbunden.

1.2 Der Text heute – Themen und Bausteine

Kerstin Offermann

1. Gemeinschaft

Kein anderer Paulusbrief ist in Stil und Inhalt so vom Thema **Gemeinschaft** geprägt wie der Philipperbrief. Paulus beschwört die Gemeinschaft mit den Philippern in einer Situation, in der er durch seine Gefangenschaft selbst zum Gelingen der Gemeinschaft nicht viel persönlich beitragen kann. Aus dem Brief spricht seine Sehnsucht. Er lässt einen Blick in sein zerrissenes Herz zu. Er ersehnt sich Rückenstärkung und Trost durch die Philipper.

Paulus betont aber auch die Gemeinschaft mit Jesus Christus sowohl für sich als auch für die Philipper. Beides hängt für ihn eng zusammen. Die Gemeinschaft mit Jesus Christus ist die Basis und die Quelle der Gemeinschaft mit den Philippern. Gemeinschaft mit Jesus Christus klingt recht abstrakt und ungreifbar. Gemeinschaft mit Jesus Christus zu erleben geschieht im Gebet, im Bibellesen, im Gottesdienst, im Abendmahl, in der Gemeinschaft mit andern Menschen, in Natur- oder Kunsterfahrung, durch Musik, durch Einsicht und Erkenntnis, durch Erfahrung von Bewahrung und Segen.

Legen Sie den Teilnehmern diese Möglichkeiten vor. Welche treffen auf die TN zu? Welche anderen Möglichkeiten ergänzen sie?

→ Das Thema Gemeinschaft wird in Themen und Bausteine 7.2 noch einmal aufgegriffen.

> „Geistliche Liebe kommt von Jesus Christus her, sie dient ihm allein, sie weiß, dass sie keinen unmittelbaren Zugang zum andern Menschen hat. Christus steht zwischen mir und dem andern."
>
> Aus: Dietrich Bonhoeffer, Gemeinsames Leben/Das Gebetbuch der Bibel, DBW Band 5, Seite 30

Die Gemeinschaft zwischen Paulus und den Philippern zeigt sich in ihren **konkreten Auswirkungen**: in Geschenken, Unterstützung, Briefen, Anteilnahme, Gefühlen gemeinsamer Vergangenheit und Zukunft.

Bitten Sie die TN für sich persönlich ein Blatt zu gestalten, in dessen Mitte sie sich selbst zeichnen, schreiben oder malen. Anschließend tragen sie die Personen ein, mit denen sie ihr Leben teilen. Wie nah stehen mir: Ehepartner – Kinder – Eltern – Verwandte - Freunde – Arbeitskollegen – Nachbarn – Hauskreis – Gemeinde – Gottesdienst ...Überlegen Sie mit den TN, was sie mit diesen Menschen verbindet: gemeinsame Geschichte, gemeinsame Aufgaben ...

Was tun sie, um die Verbindung zu erhalten oder zu intensivieren?
Wie viele der Personen sind auch Christinnen oder Christen?

Man könnte auch die **Geschichte der Gemeinde** anschauen (so wie auch Paulus mit den Philippern Rückschau auf ihre Gründung durch ihn hält und den Ausblick auf die gemeinsame Zukunft bei Christus wagt.)
Seit wann gibt es unsere Gemeinde?
Wie und wieso wurde sie von wem gegründet?
Was macht unsere Gemeinde heute aus? Gibt es Bezüge zu „damals"?

Als gesellschaftliches Phänomen begegnet uns Gemeinschaft im Moment eher in seinem Gegenteil: in der Erfahrung von **Einsamkeit**. In Großbritannien gibt es seit 2018 ein Ministerium gegen die Einsamkeit. Mehr als neun Millionen Briten fühlen sich immer oder häufig einsam. Menschen aller Altersstufen und in allen Lebensphasen sind betroffen. In der Mediathek der ARD kann man den Beitrag unter dem Titel „Großbritannien: Ministerium gegen die Einsamkeit anschauen. *Kurzlink*: http://0cn.de/yoim

 Sehen Sie mit den TN den Video-Clip an und diskutieren Sie mit ihnen darüber, ob Sie solche Erfahrungen auch bei uns wahrnehmen, von sich selbst kennen. Sehen Sie hier eine Aufgabe, Möglichkeit für Ihre Gemeinde?

Paulus spricht von seinem **Herz,** weil er will, dass die Philipper wissen, dass er ehrlich zu ihnen ist. Ähnliche Assoziationen: Hand aufs Herz – von Herzen – herzlich gern. Paulus kommt in seiner Liebe zu den Philippern vom Herz Christi her, d. h., er ist ganz intensiv und nah am Leben selbst und an der Liebe selbst. Näher kommt man Christus nicht als an seinem Herzen.
Was bedeutet es, den Anderen mit der Liebe Jesu Christi zu lieben? Ist es in Konflikten und im Umgang mit für mich anstrengenden Menschen tatsächlich eine Hilfe zu wissen, dass Jesus den andern auch liebt und dass wir durch ihn miteinander verbunden sind? „Es ist umso leichter, sich mit andern durch Christus verbunden zu fühlen, je weiter diese Menschen von einem entfernt leben."
Die Liebe ist eine Gabe Gottes, ein Geschenk von Jesus Christus, eine Form der Gegenwart seines Geistes in uns. Darum sollten wir Gott bitten.
So wird das **Gebet** nicht nur zum Ausdruck der Gemeinschaft, sondern auch zu ihrer Grundlage und Kraftquelle. „Paulus betet mit Freude, die aus seiner Gottesbeziehung erwächst und sich auf seine Geschwisterbeziehung ausdehnt, für deren Gelingen er sich wiederum an Gott wendet. Der Kreislauf schließt sich und die Freude, die von Gott kommt, führt Paulus über die Philipper zurück zu Gott. Gebet ist Beziehungsarbeit, ist sich Einlassen auf die Dynamik des Glaubens, der aus Gott stammt, zu den Menschen führt und immer wieder zu Gott zurückkehrt." (Vandenhoeck & Ruprecht, Christoph Schluep-Meier: Der Philipperbrief, Göttingen 2014, S. 25)

 Erleben die TN für sich selbst Gemeinschaft mit Jesus Christus? Ist diese Gemeinschaft für sie Basis und Quelle für die Gemeinschaft innerhalb ihrer Gemeinde oder auch mit andern Christinnen und Christen darüber hinaus, vielleicht sogar weltweit?
Was stärkt unsere Gemeinschaft innerhalb unserer Gemeinde?
Vielleicht können Sie im Rahmen der Bibelwoche mit den TN gemeinsam Abendmahl feiern, um diese Erfahrung der von Christus geschenkten und gestärkten Verbundenheit untereinander zu ermöglichen.

„Beten mit Freude ist ein sich selbst tragendes Gebet, das seine Kraft aus dem Bereich bezieht, dem es sich zuwendet." (Klaus Berger, Kommentar zum Neuen Testament, Gütersloh, 2011, S. 719)

Vielleicht ist es in Ihrer ökumenischen Bibelwochen-Gruppe möglich, füreinander zu beten und sich so für die Quelle der Freude aus Gott zu öffnen.

Regen Sie an, dass sich die TN eine private Fürbitte-Liste mit Personen aus der Gemeinde oder aus ihrem Umfeld erstellen, für die sie während der Zeit der ökumenischen Bibelwoche täglich beten.

→ Das Thema Gebet wird in Themen und Bausteine 6.2 noch einmal aufgegriffen.

Um die Gemeinschaft mit den Philippern zu intensivieren, soll der Brief ihnen dabei helfen, im Glauben zu wachsen und zu reifen. Liebe haben die Philipper. Was sie brauchen, ist die Weisheit, die Liebe richtig einzusetzen. Paulus möchte ihre **Liebeskompetenz** stärken. „Gemeinschaft und Verantwortung für sich und andere hängen aufs Engste zusammen. Wer in Einklang mit Gottes Beauftragung liebt, bekommt von Gott auch die Liebe, die er dafür braucht. „Der Geist tröstet Paulus offenbar weniger bei seinen einsamen Grübeleien, sondern im Zusammenhang mit der sozialen Verantwortung, die auf ihm liegt." (Vandenhoeck & Ruprecht, Christoph Schluep-Meier: Der Philipperbrief, Göttingen 2014, S. 46)

Auch wenn wir uns täglich neu mit der Liebe Christi beschenken lassen, ist doch die jeweilige Liebeskapazität immer auch begrenzt. Daher ist es nötig, seine eigenen Fähigkeiten und seine eigenen Grenzen der Liebe wahrzunehmen und ernst zu nehmen. Das bedeutet, dass ich Entscheidungen fällen muss, wem ich wie viel Kraft, Zeit, Aufmerksamkeit, Liebe schenke. Für solche Entscheidungen braucht es Kriterien. Aus solchen Entscheidungen erwachsen Konflikte. Menschen haben unterschiedliche Bedürfnisse nach Nähe und Distanz, brauchen Zuwendung oder Freiheit in unterschiedlicher Dosis. Im Gemeindeleben gehört der Umgang mit solchen Konflikten zu den wichtigen Lernfeldern. Wie lebe ich damit, wenn andere von mir enttäuscht sind, weil ich ihre Erwartungen nicht erfülle? Wie lebe ich damit, wenn meine Versuche, Gemeinschaft zu stiften, abgewiesen werden?

„Wir alle brauchen mehr Liebe, als wir verdienen."

2. Verkündigung des Evangeliums

Neben der Gemeinschaft ist das zweite große Bewährungsfeld der Gemeinde für Paulus die **Verkündigung des Evangeliums**. Es ist für ihn offensichtlich eine Aufgabe der *ganzen* Gemeinde.

 Ist das noch ein Thema für uns? Können die TN von alltäglichen Erfahrungen berichten, in denen ihr Glaube zur Sprache kommt? In der Familie? Im Freundeskreis? Was empfinden die TN als den richtigen Rahmen für solche Gespräche?

 Im Rahmen des Projektes „Mission Respekt" (http://www.missionrespekt.de/), das begleitend zum ökumenischen Dokument „Christliches Zeugnis in einer multireligiösen Welt" entstanden ist, wurden zwölf Impulskarten entwickelt, die ein Gespräch über diese Thematik eröffnen. Die Karten sind auf der DVD zu finden oder können unter *(Kurzlink)* http://0cn.de/clmu heruntergeladen werden.
Sie können als Kartensätze beim Evangelischen Missionswerk (Normannenweg 17–21, D-20537 Hamburg; Tel: 040 25456151; info@emw-d.de) bestellt werden.

Auch bei uns gehört Mut dazu, sich zu Jesus Christus zu bekennen. Was macht Mut, mutig zu sein? Wer stärkt uns den Rücken, damit wir für unsere Überzeugung einstehen?
Die Glaubensgeschwister in Rom waren offensichtlich durch die Gefangenschaft des Paulus ermutigt. Sie war ein Gesprächsanlass im Alltag. „Der Glaube des Paulus, der auch in der Not des Gefängnisses nicht zerbricht, wirkt inspirierend, denn er ist ein lebendiges Zeichen der Kraft Gottes, die im Schwachen stark wird, selbst wenn sie die äußeren Fesseln nicht sprengt." (Vandenhoeck & Ruprecht, Christoph Schluep-Meier: Der Philipperbrief, Göttingen, 2014, S. 36f)
Paulus schreibt aus dem **Gefängnis.** Der Gedanke, dass er bald sterben könnte, ist für ihn durchaus ein ständiger Begleiter.
Mit Briefen aus dem Gefängnis beschäftigt sich die **Bibelarbeit** zu diesem Text. (Siehe S.34)
Zur Situation von Christen, die heute wegen ihres Glaubens Nachteile hinnehmen müssen oder sogar verfolgt werden und im Gefängnis sitzen, gibt die EKD in jedem Jahr eine Arbeitshilfe zum Sonntag Reminiszere heraus. Die aktuelle Arbeitshilfe sowie die Arbeitshilfen der letzten Jahre stehen als kostenloser Download auf der EKD-Seite zur Verfügung (https://www.ekd.de/reminiszere-31408.htm; *Kurzlink*: http://0cn.de/bsmh) Die Arbeitshilfe von 2018 finden Sie auch auf der DVD.

 Auf der DVD finden Sie ebenfalls einen Bericht über die Situation von Christen im Irak aus dem Bibelreport 2/2018 der Deutschen Bibelgesellschaft. Lesen Sie mit den TN den kurzen Artikel. Tauschen Sie sich über Ihre Eindrücke aus. Beten Sie für die Christinnen und Christen, die weltweit wegen ihres Glaubens zu leiden haben.

Angesichts des möglicherweise **nahen Todes** verändert sich auch bei Paulus die Perspektive auf die Philipper und auf sein Leben. Er sortiert neu, was für ihn wichtig ist und was wirklich zählt. (vgl. dazu Exegese 4.1 „Mit neuen Werten"). Die Perspektive auf den „Tag Christi", also darauf, dass Christus als Richter ihn und die Philipper und alle Welt beurteilen wird, verändert seine Wahrnehmung und Wertung noch einmal. Was ist dann noch von Bedeutung? Paulus fürchtet diesen Tag aber nicht, sondern sehnt die unmittelbare Gemeinschaft mit Jesus Christus herbei. Offensichtlich erwartet Paulus nach seinem Tod bei aller Intensität der Gemeinschaft mit Jesus Christus schon hier einen Unterschied in der Nähe zu Jesus. Nach dieser Nähe zu Jesus sehnt er sich.

 Für die TN gibt es hier vielfältige Aspekte, an denen sie mit ihren eigenen Erfahrungen anknüpfen können: Wie hat die erfahrene Nähe des Todes ihre Sicht auf des Leben verändert? Was erwarten sie nach dem Tod? Erwarten sie, Jesus zu begegnen? Welche Gefühle weckt in ihnen der Gedanke an den Tag Christi (vgl. Themen und Bausteine 3.2), also an eine Beurteilung ihres Lebens und der Welt durch Jesus?

Im Philipperbrief verbindet Paulus sein **Leiden** und auch das Leiden der Philipper eng mit dem Leiden Jesu Christi. Das Leiden ist also kein ungerechtes Schicksal und schon gar keine Strafe, sondern eine logische Folge des Glaubens an den Gekreuzigten. Es ist eine Auszeichnung und ein Zeichen der Nähe zu und der Verbundenheit mit Jesus Christus. Es trägt ohne Frage zur Attraktivität des christlichen Glaubens bei, dass er eine solche positive und hoffnungsvolle Deutung des Leidens ermöglicht (vgl. dazu Themen und Bausteine 2.2: **Nachfolge** und **Revolutionär neues Konzept von Leben**, S. 51). Gleichzeitig besteht hier aber auch eine gefährliche Nähe zu lebensfeindlicher Leidensverherrlichung.

Rühmen – Ziel des menschlichen Lebens ist es, Christus zu rühmen (1,26). Durch das Rühmen werden wir in seine Herrlichkeit verwandelt (3,21). Diese Herrlichkeit und der Lobpreis bilden den Kontrapunkt und den Gegensatz zur Verachtung und zum Spott der Feinde. Das Rühmen Christi zieht sich als roter Faden durch den Brief. Im Hymnus wird Gott als Folge des Gehorsams Christus Lob und Ruhm schenken. Die Philipper werden der Ruhm von Paulus sein (2,16) (vgl. dazu Themen und Bausteine 2.2–Anbetung, S. 50).

Lieder
EG 56   Weil Gott in tiefster Nacht erschienen
EG 112   Auf, auf mein Herz mit Freuden
EG 115   Jesus lebt, mit ihm auch ich
EG 346   Such, wer da will
EG 391   Jesus, geh voran
EG 385   Mir nach, spricht Christus, unser Held (Gotteslob 616)
EG 396   Jesus, meine Freude
EG 516   Christus ist mein Leben (Gotteslob 662)
Ich lobe meinen Gott, der aus der Tiefe mich holt, damit ich lebe
Durch das Dunkel hindurch
Gut, dass wir einander haben
Durch Gefahren und schmerzliche Tiefen
Meine Hoffnung und meine Freude (Taiz)

1.3 Vorschlag für eine Bibelarbeit

Michael Jahnke

Inhaltlicher Schwerpunkt

Der erste Abend nimmt eine dreifache Aufgabe wahr:

· Im Verlauf dieses Abends soll die Situation von Paulus im Gefängnis eingeführt werden.
· die Schlüsselthemen seines Briefes an die Gemeinde in Philippi sollen angerissen werden.
· eine Einbettung des Themas in einen lebensweltlichen Rahmen soll möglich werden.

Im ersten Teil der Abendgestaltung wird anhand dreier Briefzeugnisse prominenter Inhaftierter das Thema eröffnet: Was schreiben Gefangene aus der Haft? In einer Zuspitzung wird der Gefangene Paulus ausgehend von Rembrandts Gemälde intensiver betrachtet: Wer ist Paulus? Was verbindet ihn mit der Gemeinde in Philippi?

Im zweiten Teil des Abends kommt der biblische Text zur Geltung. Um die inhaltliche Fülle der 26 Verse aus dem ersten Kapitel des Philipperbriefes zugänglich zu halten, wird vorgeschlagen, den Text in zwei Teile zu teilen und in Kleingruppen erarbeiten zu lassen. Dabei liegen die Schwerpunkte beim ersten Teiltext auf dem Verhältnis von Paulus und der Gemeinde in Philippi; beim zweiten Teiltext auf der Gefangenschaft von Paulus. Bei der Arbeit am biblischen Text werden auch die Themen identifiziert, die im weiteren Verlauf des Briefes eine Schlüsselbedeutung haben.

Abschließend wird noch einmal fokussiert und lebensweltlich einbettend die Frage nach der Bedeutung der Gemeinschaft in einer derartigen Situation gestellt. Schriftliche Zeugnisse zu dieser Frage von den drei Inhaftierten, mit denen auch die Abendgestaltung eröffnet wurde, bilden hierbei die Grundlage.

Raumgestaltung

Das Gemälde „Paulus im Gefängnis" von Rembrandt wird nach Möglichkeit groß ausgedruckt (z. #B. im Copyshop) und an prominenter Stelle im Raum ausgehängt. Wer möchte, kann die Schlüsselbegriffe des Abends (Freude, Liebe, Hoffnung und Gemeinschaft) auf Plakatkarton schreiben und ebenfalls aushängen.

Materialien und Medien

- Teilnehmerheft (TNH) mit Texten und Bild von Rembrandt
- ggf. Beamer und Leinwand zur Projektion des Gemäldes
- Stifte, ggf. zusätzliche Zettel

Zur Gestaltung des Abends

Liturgische Eröffnung

→ Entzünden der Kerzen
→ Votum: Im Namen des Vaters und des Sohnes und des Heiligen Geistes. Amen.
→ Lied: Meine Hoffnung und meine Freude (Taizé)
→ Gebet:

Guter Gott. Wir danken dir für deine Freundlichkeit und Güte. Wir danken dir für dein Wort, das wir lesen und erforschen können. Öffne uns Sinne und Verstand, dass wir verstehen und ergreifen können, was du uns durch dein Wort sagen willst. Amen.

Auf den Text zugehen (20 min)
Briefe aus dem Knast I
Zitate aus Briefen von Dietrich Bonhoeffer, Denis Yücel und Paulus
Die Teilnehmenden lesen die Texte von Deniz Yücel, Paulus und Dietrich Bonhoeffer und kommen dazu in ein erstes Gespräch.
Folgende Gesprächsanregungen können für den Austausch hilfreich sein:
- Wovon handeln die drei Nachrichten,
- was ist den Nachrichten gemein; worin unterscheiden sie sich,
- was könnte die gemeinsame Situation der Absender der Nachrichten sein?

Nachrichten
1) „Hallo Welt. (...) Es mag sich merkwürdig anhören, aber es kommt mir so vor, als hätte ich ein kleines Stück meiner Freiheit zurückgewonnen: Tageslicht! Frische Luft! Richtiges Essen! Tee und Nescafé! Rauchen! Zeitungen! Ein echtes Bett! Eine Toilette für mich alleine."
Deniz Yücel nach der Verlegung aus der Polizeihaft ins Gefängnis in Istanbul-Metris, aus: www.welt.de *vom 01.03.2017*

2) „Ich danke meinem Gott, sooft ich euer gedenke – was ich allezeit tue in allen meinen Gebeten für euch alle, und ich tue das Gebet mit Freuden –, für eure Gemeinschaft am Evangelium vom ersten Tage an bis heute, und **ich bin darin guter Zuversicht, dass der in euch angefangen hat das gute Werk, der wird's auch vollenden bis an den Tag Christi Jesu.**"
Paulus, Philipperbrief 1,3–6

3) „Zunächst: es gibt nichts, was uns die Abwesenheit eines lieben Menschen ersetzen kann, und man soll das auch gar nicht versuchen; man muß es einfach aushalten und durchhalten; das klingt zunächst sehr hart, aber es ist doch zugleich ein großer Trost; denn indem die Lücke wirklich unausgefüllt bleibt, bleibt man durch sie miteinander verbunden."
Dietrich Bonhoeffer: Brief an Renate und Eberhard Bethge, Gefängnis Berlin-Tegel an Heiligabend 1943

Ergänzende Kurzinformationen zu den drei Briefschreibern
Dietrich Bonhoeffer war ein lutherischer Theologe, profilierter Vertreter der Bekennenden Kirche und am deutschen Widerstand gegen den Nationalsozialismus beteiligt.
Paulus von Tarsus war nach dem Neuen Testament ein erfolgreicher Missionar des Urchristentums und einer der ersten Theologen der Christentumsgeschichte.
Deniz Yücel ist ein deutsch-türkischer Journalist. Vom 14. Februar 2017 bis zum 16. Februar 2018 saß Yücel wegen angeblicher „Terrorpropaganda" in türkischer Untersuchungshaft.

Bildbetrachtung Rembrandt „Paulus im Gefängnis"
Die Teilnehmenden betrachten das Bild.

Nach einer Weile der stillen Bildbetrachtung werden die Teilnehmenden von der Gesprächsleitung zu einem kurzen Austausch eingeladen. Mögliche Gesprächsanregungen (TNH) können sein:

- Welchen Eindruck macht das Bild auf mich? Woran entzündet sich dieser Eindruck?
- Welche Darstellungsanteile wundern mich? Wieso?
- Welche symbolhaften Gegenstände entdecke ich? Wie deute ich sie?
- Welche Emotionen schreibe ich dem Gefangenen zu? Warum?

Das Gemälde bleibt auch für den nächsten Gestaltungsbaustein weiterhin zugänglich.

Bildbetrachtender Input zu Paulus und seiner Situation:
Im Jahr 1627 malt der 21-jährige Rembrandt van Rijn in seiner ersten Schaffensperiode in der niederländischen Stadt Leiden das Motiv des Apostels Paulus während einer seiner Gefangenschaften. Ob es die Gefangenschaft ist, in der Paulus auch den Brief an die junge Christengemeinde in der römischen Kolonie Philippi schreibt, ist für das Gemälde im Grunde unerheblich.
Als griechisch gebildeter Jude und gesetzestreuer Pharisäer mit römischem Bürgerrecht verfolgte Paulus zunächst die Anhänger Jesu, dem er zu dessen Lebzeiten nie begegnet war. Doch seit seiner Bekehrung verstand er sich als von Gott berufener Apostel des Evangeliums für die Völker. Als solcher verkündete er vor allem Nichtjuden den auferstandenen Jesus Christus. Dazu bereiste er den östlichen Mittelmeerraum und gründete dort einige christliche Gemeinden. Auch während seiner Gefangenschaften blieb er durch seine Briefe mit ihnen in Kontakt. Paulus selbst war an der Gründung der Christengemeinde in Philippi beteiligt: Bei seiner zweiten Missionsreise traf er in Philippi auf die Purpurhändlerin Lydia, die sich von ihm taufen ließ. Auch der Kerkermeister des städtischen Gefängnisses, in dem Paulus und sein Reisebegleiter Silas nach einem Vorfall einsitzen mussten, ließ sich nach wundersamen Ereignissen von Paulus taufen. Von dieser Gemeindegründung wird in Apostelgeschichte 16 berichtet.
Rembrandt malt einen gealterten Paulus. Trifft die gängige Annahme zu, dass Paulus den Brief an die Philipper in seiner Gefangenschaft in Rom schreibt, dann wäre dies etwa um das Jahr 63 nach Christus geschehen. Das den Apostel wie eine Art Heiligenschein umgebende Licht erzeugt den Schatten der Fenstergitter und macht dadurch Paulus' Gefangenschaft deutlich.

Trotz der realistischen Gestaltung von Figur und Szenerie dienen alle Elemente zugleich der Bilderzählung. So weist das Schwert auf Paulus' Martyrium, in der Verbindung mit den Büchern, aber auch auf die von ihm praktizierten Formen der Glaubensverkündigung – Tat und Wort – hin. Paulus sitzt neben seiner bescheidenen Habe auf einer Bank, den Blick meditierend in die Ferne gerichtet. Sein Gesichtsausdruck lässt viele Interpretationen seiner Gefühlslage zu. Das Hauptmotiv seines Briefes an die Philipper, die Freude, wird in diesem Ausdruck nur schwerlich sichtbar.

Dem Text begegnen (35 min)

Textbeobachtung (TNH): Freude, Hoffnung, Gemeinschaft und Liebe
Nach Möglichkeit werden zwei Kleingruppen gebildet. Die eine Gruppe der Teilnehmenden liest Philipper 1,1–11 und die andere Gruppe Philipper 1,12–26 jeweils zunächst laut. Dann erarbeiten die Gruppen anhand folgender Anregungen die Textabschnitte:
→ Markieren Sie bitte im Text Begriffe, die zeigen, welche Themen Paulus wichtig sind.
→ Welches Anliegen verfolgt Paulus in Bezug auf die Philipper?
→ Wie unterstützt Paulus die Philipper dabei, diesem Anliegen nachzukommen?
→ Wie versteht die Gemeinde in Philippi seine Gefangenschaft – seine Befürworter und seine Gegner?
→ Was bedeutet Paulus die Gemeinschaft mit der Gemeinde in Philippi?

Im anschließenden Plenum wird der gesamte Text noch einmal reihum (jede/r einen Satz) gelesen. Danach werden die wesentlichen Erträge aus der Kleingruppenarbeit zusammengetragen. Dabei wird deutlich, wie Kernthemen des ganzen Briefes in diesem ersten Text bereits anklingen. Schlüsselbegriffe wie Freude, Liebe, Gemeinschaft werden auf A4-Blätter geschrieben und im Raum aufgehängt. Sie können an den nächsten Abenden aufgegriffen werden.

Mit dem Text weitergehen (20 min)

Lebensweltliche Einbettung des Textes: Briefe aus dem Knast II
Die Teilnehmenden lesen die Texte von Deniz Yücel, Paulus und Dietrich Bonhoeffer. und kommen dazu in ein auswertendes Gespräch. Folgende Gesprächsanregungen können für den Austausch hilfreich sein:
- Wie erleben die drei unterschiedlichen Gefangenen die Gemeinschaft mit Menschen außerhalb des Gefängnisses?
- Welcher „Gewinn" ergibt sich für die Insassen; welcher für die Bezugspersonen außerhalb?

Brieftexte
4) „Aber ich danke allen Freunden, Verwandten, Kollegen und allen, die sich für mich einsetzen. Glaubt mir: Es tut gut, verdammt gut."
Deniz Yücel nach der Verlegung aus der Polizeihaft ins Gefängnis in Istanbul-Metris; aus: www.welt.de vom 01.03.2017
5) „Denn Gott ist mein Zeuge, wie mich nach euch allen verlangt von Herzensgrund in Christus Jesus. Und ich bete darum, dass eure Liebe immer noch reicher werde an Erkenntnis und aller Erfahrung, sodass ihr prüfen könnt, was das Beste sei, damit ihr lauter und unanstößig seid für den Tag Christi, erfüllt mit Frucht der Gerechtigkeit durch Jesus Christus zur Ehre und zum Lobe Gottes."
Paulus, Philipperbrief 1,8–11
6) „Nun feiern wir also auch Pfingsten getrennt, und es ist doch in besonderer Weise ein Fest der Gemeinschaft. Als die Glocken heute früh läuteten, hatte ich große Sehnsucht nach einem Gottesdienst, aber dann habe ich es gemacht wie Johannes auf Patmos (Offenbarung 1,9f) und für mich allein einen so schönen Gottesdienst gehalten, daß die Einsamkeit gar

nicht zu spüren war, so sehr ward Ihr alle, alle dabei und auch die Gemeinden, in denen ich Pfingsten schon gefeiert habe."
Dietrich Bonhoeffer: Widerstand und Ergebung, DBW Band 8, Seite 99

Schlussrunde im Plenum
Der Gesprächsleiter leitet die Schlussrunde ein und fragt nach den Eindrücken der Teilnehmenden. Dazu können die folgenden Gesprächsanregungen hilfreich sein:
- Welchen Impuls nehme ich aus der Beschäftigung mit den (biblischen) Texten mit?
- Welche Erfahrungen habe ich mit Gemeinschaft in Notsituationen gemacht?
- Was kann mich stärken und mir Mut machen?
- Was hilft mir, für meine Überzeugungen und für meinen Glauben einzustehen?
- Wie kann ich für andere Menschen in Notsituationen zur stärkenden Gemeinschaft werden?

Liturgischer Abschluss
→ Lied: Christus ist mein Leben; EG 516
→ Gebet und Segen:
  Mit dem Vaterunser und dem Segenszuspruch wird die Bibelarbeit abgeschlossen.

1.4 Bildbetrachtung – „Aber ich werde mich auch weiterhin freuen."

Johannes Beer

Erich Krian: „Aber ich werde mich auch weiterhin freuen." POM/10/06 -
08.10.2016, Mischtechnik auf Papier, 32 x 24 cm

Irgendwie scheint auf den ersten Blick alles auf diesem Bild von Erich Krian verwischt zu sein. Weder Konturen noch Formen treten klar hervor. Auch die Farben haben wenig Klares oder Strahlendes. Sie sind fleckig und wirken an einigen Stellen schmutzig. Die Farbflächen schieben sich voreinander. Orangetöne, die bis ins Ocker und Braun gehen, dominieren von links. Das Blaue rechts scheint eher im Hintergrund zu sein, fast zu entschweben. Aber einzelne blaue Flecken überziehen zaghaft die Bildfläche und treten am linken Rand wieder deutlich hervor. Eine schwarze Struktur, die an eine Wand oder vielleicht noch eher an ein Gitter erinnert, steht vor den Farbflächen. Sie ist gebogen. Mit ihrem Schwung verleiht sie dem Bild eine gewisse Dynamik und schafft doch eine Trennung zwischen dem Bereich davor, dem Bereich des Betrachtenden, und dem Bereich dahinter, dem Bereich der Farben. Aber auch diese Struktur hat nichts Festes, wirkt eher wie etwas, das an Festigkeit verliert. Und die Farben, die durch die schwarze Struktur hindurchtreten oder sogar kleine Flecken davor bilden, verstärken diesen Eindruck.

Paulus sitzt im Gefängnis. Mauern und Gitter umgeben ihn. Seine Welt ist eher trübe und belastend, vor allem aber sehr eingeengt. Um des Glaubens willen ist er verfolgt. Um Christi willen trägt er die Fesseln. In den lastenden Strukturen dieses Bildes können wir diese Situation nachempfinden. In der dunklen Wand erkennen wir die Begrenzung und in den schmutzigen Flecken die trüben Gedanken des Gefangenen.

Aber die Gedanken des Paulus gehen über die Gefängnisgrenzen hinaus. Er erhält Nachrichten und durchbricht die Mauern mit seinen Gebeten und seinem Schreiben. Er weiß um die Situation der Christen in der Welt und vor allem hier um die Situation der Gemeinde in Philippi. Das verändert seine Gedanken und Gefühle. Das bricht das Dunkle und Lastende auf. Licht bricht hinter allem hervor und die Farbe des Himmels, das Blau, gewinnt Raum und Kraft. Auch wenn sie erst nur zaghaft sich gegen das Dunklere durchsetzt, so sind doch überall und bis in die Tiefe Spritzer dieses Blaus zu finden. Und so schreibt Paulus im Gefängnis: „Aber ich werde mich auch weiterhin freuen."

2 | Mit größter Ehre – Phil 1,27–2,11

2.1 Exegese

Peter Wick

1. Phil 1,27–30 Das Gnadengeschenk des Leidens (2. Abschnitt des Briefkorpus)

27 Nur führt euer Leben als Bürger würdig des Evangeliums des Christus, damit ich, sei es, dass ich komme und euch sehe, sei es, dass ich abwesend bin, höre von eurem Ergehen, dass ihr feststeht in einem Geist und mit einer Seele (einmütig) zusammenkämpft für den Glauben des Evangeliums 28 und euch in keiner Weise einschüchtern lasst von den Widersachern, welches für sie ein Zeichen des Verderbens ist, für euch aber des Heils, und dieses von Gott.

Paulus ändert das Thema in 1,27. Ein neuer Hauptabschnitt des Briefes fängt an. Von nun an schreibt er nicht mehr über seine Umstände in der Gefangenschaft, sondern über die der Philipper. Ihr Ergehen und ihre Situation stehen im Zentrum. Er hat von den Philippern Unterstützung erfahren. Im Römischen Reich gab es keine öffentliche Post. Gemeindemitglieder aus Philippi haben diese Hilfe dem gefangenen Paulus gebracht. Dabei hat er erfahren, wie es um die Gemeinde in Philippi steht. Auf diese Informationen reagiert er jetzt. Da es in Philippi kaum Probleme gibt, kann er mit diesem Brief, wie im Vorwort angekündigt, die Liebeskompetenz der Philipper fördern und die Gemeinschaft zwischen ihm und ihnen stärken. Dies tut er, indem er zuerst von sich berichtet und nun auf die Philipper und ihre konkrete Situation eingeht. Er macht zuerst klar, dass seine Gefangenschaft und vor allem auch der Ausgang des Prozesses eine Auswirkung auf die Philipper haben werden. Ebenso macht er nun deutlich, dass ihr Ergehen eine Auswirkung auf ihn hat. Er will anwesend oder abwesend hören, dass sie trotz ihrer gegenwärtigen Situation fest bleiben im Evangelium.
Zugleich will Paulus die Koinonia innerhalb der Gemeinde durch seine Worte festigen. Sie sollen feststehen *in einem einzigen Geist*, nämlich dem Geist Gottes. Sie sollen *zusammen* für den Glauben des Evangeliums kämpfen, so als ob sie nur *eine einzige Seele* gemeinsam haben. Beide Male steht im Griechischen das Zahlwort für eins. Dies kann im Deutschen mit *einmütig* übersetzt werden. Zusammenkämpfen *(sunathleo)* kommt vom Wort *athleo* (streiten, kämpfen), von welchem das deutsche Wort Athlet stammt. Es geht hier also nicht vor allem um den Kampf in einer Schlacht, sondern um das Ringen im Kampf, um eine Wettkampfauszeichnung. Als solche diente in der Antike ein Siegeskranz. Um einen solchen wird es im Philipperbrief noch gehen (4,1). Der Wettkampf wird ein Thema im Philipperbrief bleiben (s. u.). Es gibt in einer antiken Stadt verschiedene Bereiche, in denen es möglich ist, sich zu profilieren und Ehre zu erwerben, wie etwa Religion, Philosophie, Erfolg im Handel und eben der Sport. Paulus nimmt diese Felder als Bilder, mit denen er die Philipper anspornt, in der Liebe noch kompetenter zu werden. Sie sollen sich durch ihre Liebe Ehre erwerben, wie Bürger einer Stadt sich diese durch die genannten Kompetenzen erwerben können. Allerdings klammert er die Ämterlaufbahn aus, obwohl die an erster Stelle des Ringens um Ehre stand. Eine solche Metapher ist ihm zu gefährlich, denn sie könnte sich leicht verselbständigen, sich von ihrer Bindung an die Liebe lösen und so verstanden werden, dass Leitungsaufgaben in der Gemeinde dafür da sind, um Ehre zu erringen. Wir erinnern uns daran, dass die Gemeindeleitung im Briefkopf auf eine eigentümliche Weise ausdrücklich angesprochen worden ist (Phil 1,1).

Der erste und grundlegendste Schritt, um im Ehrsystem des Römischen Reiches aufzusteigen, ist der Besitz des römischen Bürgerrechts. In Philippi, der römischen *colonia*, wird die Stadt gespalten gewesen sein in solche, die Bürger waren, und in solche, die das römische Bürgerrecht nicht hatten. Es ist davon auszugehen, dass viele Gemeindemitglieder aus der Unterschicht stammten und keine Bürger waren. Paulus beginnt seine Weisungen an die Philipper damit, dass er allen das Bürgerrecht zuspricht. Er fordert sie auf, dass sie sich dementsprechend verhalten. Das römische Bürgerrecht, das viele nicht haben, dient dabei als Metapher für ein viel höheres und ehrenvolleres Bürgerrecht, nämlich für das himmlische. Explizit wird Paulus erst in 3,20 schreiben, dass die Glaubenden das himmlische Bürgerrecht *(politeuma)* besitzen. Hier verwendet er das griechische Verb *politeuomai*. Die meisten Bibelübersetzungen verstehen es im Sinne von „wandeln", „sein Leben führen". Zur Zeit des Paulus hat es auch diese Bedeutung angenommen. Doch Paulus verwendet es nur hier. Für „wandeln" braucht er sonst *peripateo* (z. B. Röm 6,4). In *politeuomai* steckt das Wort *polis* (Stadt). Die Philipper sollen als Bürger leben, aber nicht als Bürger ihrer Stadt, sondern des Himmels. Die meisten von ihnen sind ja gar keine Bürger von Philippi. Doch in Philippi sollen sie würdig ihres Bürgerrechtes leben. Sie sollen nicht an den Wettkämpfen der Stadt teilnehmen, sondern am Ringen um den Glauben. Offensichtlich gibt es Widersacher (1,28), die genau das Gegenteil von dem wollen, was die Gemeinde soll. Konkreteres schreibt Paulus hier nicht. Es gibt keinen Hinweis im Text, dass diese Widersacher in der Gemeinde sind. Diese Widersacher werden auch Anhänger von Jesus Christus sein, sonst würde Paulus sie als Ungläubige bezeichnen. Doch offensichtlich werben sie für ein Glaubensleben, das den Vorgaben und Zielen des Paulus widerspricht. Wenn die Philipper würdig des Evangeliums leben und sich nicht einschüchtern lassen von diesen Widersachern, dann ist das für diese ein Zeichen des Verderbens, für die Philipper aber ein Zeichen der Rettung und des Heils *(soteria)*. Seine *soteria* steht für Paulus im unmittelbaren Kontext zu seinem Leiden in der Gefangenschaft (1,19). Ähnliches gilt für die Philipper. Sie stehen in einem Kampf (1,27) und ihr Leiden wird gleich zum Thema werden (1,29).

29 *Denn euch ist in Bezug auf Christus als Gnadengeschenk gegeben worden, nicht allein an ihn zu glauben, sondern auch in Bezug auf ihn zu leiden,* **30** *indem ihr denselben Kampf habt, den ihr an mir gesehen habt und nun auch von mir hört.*

Den Philippern ist ein doppeltes Gnadengeschenk im Blick auf Christus gegeben worden. Es ist eine unverdiente Gnade, dass sie an Christus glauben. Es ist ebenfalls eine unverdiente Gnade, dass sie für ihn leiden dürfen. Für Paulus ist sein Leiden der Weg dafür, dass das Evangelium noch viel mehr verkündigt wird und er mit Christus vereinigt werden wird. Den Philippern spricht er zu, dass ihr Leiden für Christus ein Geschenk Gottes und damit eine Auszeichnung ist, die auf das Geschenk des Glaubens folgt. Sie sind mit Paulus zutiefst verbunden, da sie im selben Kampf oder Wettkampf wie er stehen. Paulus war schon in diesem Kampf, als er bei ihnen war. Damals konnten sie diesen Kampf sehen. Jetzt hören sie davon. Offensichtlich ist der Kampf keine Metapher für das Leiden, sondern für den Einsatz für das Evangelium, der auch in das Leiden führen kann.

Paulus wird nun weiterhin die Situation der Philipper thematisieren und wie sie sich darin verhalten sollen. Doch der erste Abschnitt zu diesem Thema und damit der zweite des Briefkorpus findet hier sein Ende. Kunstvoll rahmt Paulus diesen Abschnitt ein und verstärkt damit die gegenseitige Koinonia zwischen ihm und den Philippern nochmals. Paulus beginnt in

1,27 damit, dass er die Philipper sehen und von ihnen hören will. Er schließt diesen Abschnitt damit, dass die Philipper ihn gesehen haben und nun von ihm hören.

2. Phil 2,1–4 Erfüllt meine Freude, dass ihr gleich gesinnt seid
(3. Abschnitt des Briefkorpus)

1 *Wenn es nun irgendeinen Zuspruch in Christus gibt, wenn irgendeinen liebevollen Trost, wenn irgendeine Geist gewirkte Gemeinschaft, wenn irgendeine (emotionale) Zuneigung und ein Erbarmen,* **2** *dann erfüllt meine Freude ...*

Paulus setzt fünf verschiedene Grundwerte des Evangeliums und der Ekklesia in einen Bedingungssatz. Ob es sie bei den Philippern gibt, hängt davon ab, ob sie seine Freude erfüllen. Was bedeutet dies? Paulus hat ein sehr herzliches Verhältnis zur Gemeinde in Philippi. Deshalb muss es dort Zuspruch in Christus, liebevollen Trost, Geist-gewirkte Gemeinschaft, emotionale Zuneigung und Erbarmen geben. Doch offensichtlich werden alle diese Stärken der Gemeinde in Philippi fragwürdig, wenn die Gemeindemitglieder nicht die Freude des Paulus erfüllen. Offensichtlich eröffnet Paulus hier eine ernsthafte Ermahnung. Doch sie bleibt unbestimmt, da er sie inhaltlich nicht wirklich konkretisiert. Immerhin schreibt er ihnen, wie sie seine Freude erfüllen können.

2 *... dass ihr gleich gesinnt seid, indem ihr dieselbe Liebe habt und einmütig auf das eine gesinnt seid ...*

Offensichtlich hängt die Freude des Paulus davon ab, dass die Philipper die richtige Gesinnung haben. Durch eine Wiederholung hebt Paulus die richtige Gesinnung besonders hervor. Die Philipper sollen gleich gesinnt sein *(phronein)* und auf das eine gesinnt sein. Doch was meint Paulus damit? Das „Gleiche" und das „Eine" bleibt unbestimmt (auch hier Zahlwort eins). „Gleich gesinnt sein" rahmt die Aufforderung, dieselbe Liebe zu haben und einmütig zu sein. Offensichtlich will Paulus, dass die Philipper in Liebe und Einmütigkeit gemeinsam ausgerichtet sind. Doch damit ist die geforderte Gesinnung noch nicht genügend bestimmt. Schon in 1,7 war Paulus „so gesinnt". Dort fasste er mit diesem Verb seine dankbare, freudige und vertrauende Haltung gegenüber den Philippern zusammen. Zu einer solchen Haltung fordert er nun die Philipper andeutungsweise auf. Er konkretisiert, wie sie die gleiche Gesinnung leben sollen. Auch dies bestimmt die geforderte Gesinnung näher.

3 *... nicht aus Selbstsucht oder leerer Ruhmsucht, sondern indem ihr durch Demut einander höher achtet als euch selbst,* **4** *indem jeder nicht auf die eigenen Interesse bedacht sei, sondern alle auch auf die der anderen.*

Selbstsucht, Eigennutz und leere Ruhmsucht sind offensichtlich nicht mit der geforderten Gesinnung zu vereinbaren, denn diese Gesinnung zeichnet sich durch Demut aus. Wer diese eine Gesinnung hat, achtet *(hegeomai)* den anderen höher als sich selbst. Er ist nicht auf die eigenen Interessen bedacht, sondern auch auf die der anderen. Die eine richtige Gesinnung, die sie gemeinsam haben sollen, zeichnet sich also durch Selbstlosigkeit aus. Wer sie hat, stellt die Interessen der anderen vor seine eigenen. Wieder formuliert Paulus sehr kunstvoll.

Jeder Einzelne (*hekastos*; Sing.) soll – negativ formuliert – nicht auf seine Interessen bedacht sein. Alle (*hekastoi*; jeder im Plural) sollen sich um die der anderen kümmern. Wer nur auf die eigenen ausgerichtet ist, bleibt allein. Diese Aussage wird durch den Singular suggeriert. Wer auf die der anderen ausgerichtet ist, ist Teil der Gemeinschaft, was durch den Plural angedeutet wird.

Durch Nebensätze und andere Bezüge zeigt Paulus, wie sich die richtige Gesinnung ausdrückt. Doch er definiert sie noch nicht restlos. Er wird dies erst in den folgenden Versen tun: Der eigentliche Inhalt der richtigen Gesinnung ist die Gesinnung von Jesus Christus (2,5–11). Doch eine Frage bleibt: Weshalb ermahnt er die Philipper, mit denen ihn doch so eine herzliche Gemeinschaft verbindet, plötzlich so dringend und doch so unkonkret? Die Philipper sind nur seine Freude, wenn sie untereinander gleich gesinnt sind. Ohne eine solche Gesinnung stellen sie das in Frage, was sie als Gemeinde besonders auszeichnet. Paulus sagt in diesem Abschnitt viel, doch zugleich zu wenig, um ohne weitere Informationen verstanden werden zu können. Er wird diese Informationen in diesem Brief noch bringen.

Sollen die Philipper sich nun gar nicht mehr um die eigenen Interessen kümmern, sondern nur noch um die der anderen? V.3 kann so verstanden werden. Doch Paulus fügt in V.4 ein sehr menschliches „auch" ein. Alle sollen auch auf die Interessen der anderen ausgerichtet sein. „Liebe deinen Nächsten wie dich selbst" steht hier im Hintergrund. Um die eigenen Angelegenheiten dürfen sie sich kümmern, doch wenn es hart auf hart geht, sollen sie die Interessen der anderen vorordnen. Wenn es einer Entscheidung bedarf, dann sollen diejenigen, die an Jesus Christus glauben, die Liebe zu sich selbst der Nächstenliebe unterordnen. Es gibt allerdings einzelne Bibelhandschriften, die zu einem ethischen Rigorismus aufrufen, indem sie dieses „auch" auslassen. Dann gibt es nur noch die Nächstenliebe, die das eigene „Selbst" ganz in den Hintergrund drängt.

Für das, was Paulus hier fordert, hat er sich bereits als Vorbild gegeben. In der Gefangenschaft stellt er seine Interessen zugunsten der Philipper zurück. Er entscheidet sich nicht für seinen Tod, was das Allerbeste für ihn wäre, sondern für das Bleiben, was das Notwendigere für den Glauben der Philipper ist (1,23f.).

3. Phil 2,5–11 Jesus Christus und sein Weg (Christushymnus)

2,5 *Seid so unter einander gesinnt, wie [es] auch in Christus Jesus [angemessen ist], …*

Mit 2,5 leitet Paulus das berühmte Lied über Christus ein, welches als Christushymnus oder als Philipperhymnus bekannt ist. Martin Luther übersetzte diesen Vers mit: „Ein jeglicher sei gesinnet, wie Jesus Christus auch war." Die Christen sollen die Gesinnung von Jesus Christus zum Vorbild nehmen.

Doch heute wird dieser Satz oft anders übersetzt. Paulus verwendet „in Christus Jesus" oft. Er bezeichnet damit die Person oder den Heilsraum, der durch Jesus Christus eröffnet ist: „In der Person von Jesus Christus" oder „in seinem Heilsraum". In ihm ist die Erlösung (Röm 3,24), in ihm sollen die Glaubenden leben (Röm 6,11), in ihm sind sie (Röm 8,1), in ihm sind sie eins (Gal 3,28), in ihm sind die Gemeinden (1Thess 2,14). „Seid so unter einander gesinnt, wie [es] auch in Christus Jesus [angemessen ist]" bedeutet, die Glaubenden sollen so untereinander gesinnt sein, wie es sich für solche, die im von Jesus Christus eröffneten Heilsraum sind, geziemt. Im folgenden Hymnus wird sein Weg in die Erniedrigung skizziert. Dieser Weg folgt aus seiner

Gesinnung, wie der direkte Anschluss des V.6 an V.5 zeigt. Derjenige, der diesen Weg geht, ist der Christus Jesus von V.5. Da Jesus Christus zu einem Heilsraum geworden ist und er diesen durch und durch prägt, ist auch seine Gesinnung maßgebend für die, die in diesem Heilsraum sind. Deshalb lag auch Martin Luther mit seiner Übersetzung nicht falsch. Die Gesinnung von Jesus Christus, wie sie sich im Hymnus zeigt, ist auf jeden Fall Vorbild für die Philipper.

6 *... der, obwohl er in Gestalt Gottes war, es nicht für einen Raub achtete, zu sein wie Gott,* **7** *sondern er entleerte sich selbst, indem er die Gestalt eines Sklaven annahm und den Menschen gleich wurde und im Aussehen wie ein Mensch befunden wurde,* **8** *erniedrigte er sich selbst, indem er gehorsam wurde bis zum Tod, ja zum Tod am Kreuz.*

Der Hymnus ist in zwei Hauptteile gegliedert. Im ersten Teil (2,6–8) ist Jesus das einzige Subjekt. Er geht aktiv seinen Weg von der Gottgleichheit nach unten in den Tod. Im zweiten Teil (2,9–11) ist Jesus nicht mehr die handelnde Person. Gott, der Vater, hebt ihn zur höchsten Höhe empor. Bevor Jesus Christus Mensch wurde, war er Gott gleich. Er war wie Gott und in Gottes Gestalt *(morphe)*. Er achtete dieses göttliche Privileg nicht als einen Raub. Dies bedeutet, dass er sich nicht an seine Göttlichkeit klammerte. Er war kein „Sesselkleber". Wie die Philipper in Demut einander höher achten *(hegeomai)* sollen als sich selbst, so achtete er seine Privilegien als weniger hoch ein als seinen Dienst zugunsten der Menschen. Allerdings steht im Hymnus nur, was Jesus Christus tat, nicht, warum er es tat. Seine Gesinnung soll aus seiner Handlung abgelesen werden. Neben dem „achten" werden noch zwei weitere Verben konjugiert. Jesus entäußerte sich *(kenoo)* und demütigte sich. Wörtlich bedeutet *kenoo*, dass er sich selbst ausgeleert hat, wie man ein Glas Wasser ausleert. Dies tat er vor allem, indem er die Gestalt Gottes mit der Gestalt eines Sklaven eintauschte. Der Sklave besitzt keine Freiheit. Zuerst leerte er so seine göttliche Freiheit, Selbstbestimmung und Souveränität aus, indem er auf diese verzichtete. Auf zweifache Weise steht daraufhin, dass er Mensch geworden ist. Ein Mensch ist nicht Gott. Er „leerte" seine Gottheit und damit seine Unsterblichkeit aus. Wie die Philipper in Demut einander höher achten sollen, so demütigte sich Jesus selbst. Er erniedrigte sich. Er gab seine Größe und Erhabenheit auf und beugte sich ganz runter zu den Menschen, sodass er sogar die Demütigung des Todes freiwillig auf sich nahm. So verzichtete er auf sein Leben. Dies tat er, indem er gehorsam wurde. Gehorsam ist die wichtigste Eigenschaft eines Sklaven. Doch mit dem Tod war es noch nicht genug. Er starb nicht irgendeinen Tod, sondern den Verbrechertod am Schandpfahl des Kreuzes. So „leerte" er noch das höchste Gut der Menschen in der Antike aus: Er verzichtete im Sterben auf seine Ehre und Würde.

9 *Deshalb hat Gott ihn auch über alles erhöht und ihm als Gnadengeschenk den Namen gegeben, der über allen Namen ist, ...*

Nun, nachdem Jesus auf alles aktiv verzichtet hatte, bis im Tod seine letzte Aktivität zum Stillstand gekommen war, wurde Gott aktiv und hat ihn erhöht. Ein zweifacher Grund dafür wird angedeutet. „Deshalb" hat Gott das getan. Weil Jesus Christus diesen Weg von ganz oben in die tiefsten Tiefen der Menschen gegangen ist, hat Gott ihn erhöht. Das Handeln Gottes ist eine direkte Konsequenz von dem, was Jesus getan hat. Sie ist ein Lohn. Der zweite Grund widerspricht dem ersten: Gott hat ihm als Gnadengeschenk den höchsten Namen gegeben. Zur Definition eines Gnadengeschenks gehört, dass es unverdient ist. Der Grund für dieses

Gnadengeschenk liegt allein in Gottes unverfügbarem Willen. Dieser Widerspruch wird erst ganz am Schluss des Briefes aufgelöst werden können. Vorerst bleibt er bestehen und lässt sich auch sonst im Brief beobachten. Wenn Paulus von sich schreibt, dass ihm das Leben Christus ist, das Sterben aber Gewinn, weckt er Assoziationen zu diesem Lohngedanken: Wenn er sein Leben preisgibt, wird er in direkter Konsequenz dazu ganz bei Christus sein (1,21). Offensichtlich ist der Hymnus mit dem ganzen Brief eng verflochten, thematisch und durch wichtige gemeinsame Schlüsselwörter. Der Weg des Paulus in der Gefangenschaft spiegelt den Weg Jesu Christi. Wie Christus verzichtet Paulus auf seine Freiheit und auf seine Ehre, ja, er ist sogar bereit, freiwillig auf sein Leben zu verzichten. Der Grund für den Weg Jesu wird zwar nicht benannt, doch er ist jetzt schon deutlich. Christus hat die Menschen in ihrem Unheil höher geachtet als sich selbst und deshalb auf seine göttlichen Privilegien verzichtet. Die Philipper sollen einander höher achten als sich selbst. Wie jener sich demütigte, so sollen sie in Demut miteinander umgehen. Die Philipper haben wie Christus ein Gnadengeschenk erhalten: Christus wurde durch die Erhöhung beschenkt, sie mit dem Glauben an und dem Leiden für Christus, das – wie wir im Hymnus erfahren – zur Erhöhung führt. Diese enge Verflochtenheit von Brief und Hymnus, die im Folgenden noch viel deutlicher wird, spricht ganz dafür, dass Paulus auch den Hymnus verfasst hat (s. dazu ausführlich: Wick, Der Philipperbrief, 64–81; Text auf der DVD verfügbar).

Paulus bildet ein neues Wort, indem er „*hyper*" vor „erhöhen" setzt. Jesus Christus wird „hyper-erhöht", „übererhöht": über alle Maßen erhöht. Das bedeutet, dass er nun höher ist als damals, als er aus der Gleichheit mit Gott heraus seinen Weg in die Erniedrigung beschritt. Doch was bedeutet die Übererhöhung? Was ist höher als das „Sein wie Gott" am Anfang seines Weges (2,6)? Gott hat ihm den Namen gegeben, der über allen Namen ist. Doch welches ist der höchste Name überhaupt? Es ist der Namen Gottes – das Tetragramm JHWH – der in der Septuaginta mit *kyrios* (Herr) umschrieben wird, weil er schon lange nicht mehr ausgesprochen werden sollte. Offensichtlich hat Gott Jesus seinen eigenen Namen gegeben. Er ist nun neben Gott dem Vater der Herr Jesus Christus. So nennt ihn Paulus in seinem Segensgruß an die Gemeinde am Anfang des Briefes (Phil 1,2). Dies wird nun verdeutlicht.

10 ... *damit im Namen von Jesus sich jedes Knie der Himmlischen, Irdischen und Unterirdischen beuge* **11** *und jede Zunge bekenne, dass der Herr Jesus Christus ist zur Herrlichkeit Gottes, des Vaters.*

Mit dem Namen ist nicht der Name Jesus gemeint. Jesus hieß er schon, bevor er am Kreuz gestorben ist. Doch durch die Erhöhung hat Jesus einen neuen Namen erhalten. Dieses Handeln Gottes führt dazu, dass andere zu Subjekten werden. Genau genommen jedes sichtbare und unsichtbare Geschöpf der dreiteiligen irdischen, himmlischen und unterirdischen Schöpfung wird aktiv werden und sein Knie beugen und mit seiner Zunge bekennen: „Kyrios Jesus Christus". Dieser Nominalsatz bedeutet: JHWH ist Jesus Christus. Die ganze Schöpfung wird anerkennen und bekennen, dass Gott seinen Namen auf Jesus Christus übertragen hat.

Dieses Verständnis sichert Paulus dadurch ab, dass er mit seiner Aussage deutlich auf Jes 45,23 gemäß der Septuaginta anspielt. In Jes 45,23 schwört Gott bei sich selbst: „Jedes Knie wird sich beugen und jede Zunge gegenüber Gott bekennen und sagen." Das Bekenntnis lautet: „Nur in JHWH ist Gerechtigkeit und Stärke." (Jes 45,24) Die Einleitung zu diesem Schwur und Bekenntnis zeigt, dass dies ein grundlegender Text des Monotheismus der Hebräischen Bibel ist. Gott ist der einzige Gott, alle sollen sich zu ihm wenden.

Jes 45,21 *… Nicht ich, JHWH, und es gibt sonst keinen Gott außer mir, einen gerechten und rettenden Gott abgesehen von mir gibt es nicht.* **22** *Wendet euch zu mir und lasst euch helfen, alle ihr Enden der Erde, denn ich bin Gott und es gibt sonst keinen.*

Während die Septuaginta nur von dem einen Gott für alle Menschen und der ganzen Schöpfung spricht, nennt die Hebräische Bibel zweimal den Gottesnamen JHWH, Herr. Der Hymnus bezieht sich somit auf eine Aussage der Bibel, die ganz besonders betont, dass es nur einen Gott für alle Menschen und die ganze Schöpfung gibt und dass sein Name Herr ist. Mit solchen biblischen Anspielungen wird im Hymnus ausgesagt, dass der Herr nun Jesus Christus ist. Paulus macht es ganz deutlich, dass Jesus nun nicht nur Herrscher ist, sondern von seiner „Übererhöhung" an der Träger des Gottesnamens.

So erniedrigt sich der Gottgleiche, wird Sklave und Mensch und stirbt den Tod am Kreuz. Deshalb gibt der einzige Gott ihm einen Teil von sich selbst, nämlich seinen eigenen Namen. Auch Gott entäußert sich, und zwar gegenüber Jesus Christus. Dies alles führt zur Ehre Gottes, des Vaters. Der Hymnus mündet in der Verherrlichung Gottes, wie das schon das Vorwort getan hat. Gemäß diesem soll der ganze Brief der Verherrlichung Gottes dienen. Jesus Christus ging den Weg, der genau dazu führt.

So beschreibt der Hymnus drei Folgen der Gesinnung Christi, die im Weiteren vorbildhaften Charakter für Paulus und die Philipper haben.

- Der diesen selbstlosen Weg hinuntergeht, wird ganz oben landen: *Soteria* (Heil) widerfährt ihm (wird ihm geschenkt). Deshalb soll hier von einer soteriologischen Konsequenz gesprochen werden.
- Jesu Weg betrifft die ganze Menschheit und Schöpfung, die ihn anerkennen wird. Diese Folge soll deshalb missionarische Konsequenz im umfassenden Sinn genannt werden.
- Alles zusammen führt zur Anbetung und Verherrlichung Gottes. Ihm wird die Ehre (*doxa*) gegeben. Deshalb soll von doxologischer Konsequenz gesprochen werden.

Der Hymnus besteht aus zwei gleich langen Teilen. Im ersten geht die Bewegung ganz nach unten. Der Handelnde ist Jesus Christus. Im zweiten Teil geht sein Weg ganz nach oben. Während er passiv bleibt, widerfährt ihm dieser Aufstieg. Im Zentrum seines Weges steht auch formal das Kreuz.

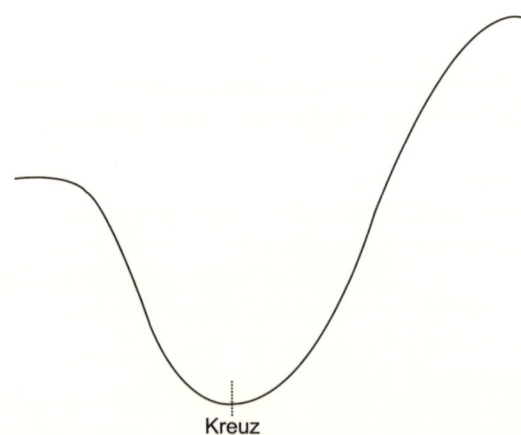

Kreuz

2.2 Der Text heute – Themen und Bausteine

Kerstin Offermann

1. Einheit der Gemeinden

Nach der innigen Gemeinschaft mit der Gemeinde geht es Paulus nun um die **Einheit inner-halb der Gemeinde**. Unter den Philippern geht es aber nicht darum, Streit zu schlichten. Es geht wie im ganzen Brief um Glaubenswachstum. Die Philipper sollen tiefer eindringen in das Geheimnis und in die Freude des christlichen Lebens. Dazu gehört auch die Erfahrung von tiefer Einheit: Einheit im Geiste Christi, Einheit in der Anbetung Christi, in der Gesinnung Christi und in der gemeinsamen Aufgabe.

Damit steht Paulus durchaus in Einklang mit der aktuellen Glücksforschung, die darin einen Glücksfaktor erkennt, zu einer größeren Gemeinschaft zu gehören. „Als roter Faden durch alle Erhebungen zieht sich der Faktor ‚Bedeutung'. Wo gehöre ich hin? Und zu wem? Wo bekomme ich Anerkennung?" aus: „Was macht uns glücklich? – Erkenntnisse der internationalen Forschung", Beitrag des Bayrischen Rundfunks; *Kurzlink*: http://0cn.de/ejrq (November 2013).

Wählen Sie das Thema: **„Lebensglück"** als Zugang zum Bibeltext. Drucken Sie die Glückszitate von der DVD aus und legen Sie diese den TN vor. Bitten Sie die TN, sich ein Zitat auszusuchen und folgende Fragen dazu zu beantworten: Welches Zitat spricht Sie an? Warum? Was ist für Sie Glück? Lesen Sie mit den TN den Bibeltext und fragen Sie: Beschreibt Paulus hier einen Weg zum glücklichen Leben? Welche Aspekte gehören für Paulus zu einem glücklichen Leben?

Alternativ können Sie auch die TN bitten, ihre drei wichtigsten Lebensziele aufzuschreiben. Halten Sie die Ziele so für alle auf einem Plakat fest, dass nicht mehr ersichtlich ist, wer welches Lebensziel genannt hat. Vergleichen Sie dann diese Ziele mit denen von Paulus im Text genannten.

Für Paulus ist die Einheit der Gemeinde die Quelle der Freude. Diese Freude ist der eigentliche Sinn und Zweck der Gemeinde (vgl. Text 6). Diese Freude und Einheit wird in der gemeinsamen Anbetung Jesu Christi erfahrbar. Das ist die tiefe Freude der **Ökumene**. Die Ökumene bekommt ihre Kraft nicht aus einem moralischen Anspruch oder aus errungenen Konvergenzpapieren – so wichtig beides auch sein mag –, sondern aus gemeinsamer Anbetung Jesu Christi. Daher ist es angebracht, gemeinsame Anbetung zu einem zentralen Element dieser ökumenischen Bibelwoche werden zu lassen. Damit üben die TN in gemeinsamen Liedern und Texten die Einheit im Geiste ein. Auch der Hymnus eignet sich als gemeinsamer Anbetungstext. Wenn man mag, kann man dabei auch durch eine kniende Haltung gemeinsam Demut ausprobieren. Den Hymnus gemeinsam zu lesen, oder gemeinsam Jesu Loblieder zu singen, schafft Einheit. Man kann sich die Botschaft ins Herz singen und im Singen die innere Haltung der Nachfolge einüben (vgl. Bibelarbeit, S.52)

Eine solche geistliche Einheit ist keine Gleichmacherei. Sie ist vielmehr die Grundlage, auf der harte und divergente Diskussionen zu kontroversen Themen ausgehalten werden können. Errungene Einigungen und Kompromisse brauchen diese Basis der geistlichen Einheit und diese Haltung der Demut, die es möglich macht, lieb gewordene, eigene Ansichten um der anderen willen loszulassen.

Paulus schreibt diesen Brief, der um Einheit ringt, aus weiter **räumlicher Entfernung**. „Warum spür ich deine Nähe am meisten, wenn ich meilenweit entfernt vor dir bin?", dichtet Roger Cicero in einem seiner Lieder („Eine Reise" vom Album: *In diesem Moment*). Ist es vielleicht einfacher, sich aus der Distanz verbunden zu fühlen? In der Partnerschaftsarbeit vieler Gemeinden funktioniert dieses Gefühl von Verbundenheit ziemlich gut. Es ist mitunter leichter, Einheit zu erleben, wenn durch die Distanz die Gefahr, vereinnahmt zu werden, gering ist. Die Balance zwischen der eigenen Identität und der Einheitserfahrung in einer Gruppe ist jeweils neu zu finden. Das gelingt, wenn der Bezugsrahmen Jesus Christus ist, der uns sowohl als Individuen in seiner Liebe trägt als auch die Gemeinschaft zwischen uns stiftet. Wie erleben die TN gottesdienstliche Einheit in der Gemeinde? Wünschen sie sich mehr davon? Ist es ihnen schon zu viel?

 Machen Sie mit den TN ein Experiment. Stellen Sie eine brennende Kerze auf den Boden. Diese Kerze symbolisiert zunächst die Gemeinde. Bitten Sie die TN, sich so nah oder so fern von dieser Kerze aufzustellen, wie sie sich selbst zur Gemeinde erleben. In einem zweiten Durchgang symbolisiert die Kerze den Sonntagsgottesdienst. In einem dritten Durchgang steht die Kerze für Jesus Christus. Sprechen Sie mit den TN anschließend über ihre Erfahrungen. Haben sie sich wohl gefühlt, dort, wo sie standen? Hätten sie lieber näher oder weiter entfernt gestanden? Inszenieren Sie mit den TN eine Einheitserfahrung: Bilden Sie mit den TN einen großen Kreis um die Kerze. Singen Sie gemeinsam einen Kanon oder lesen Sie gemeinsam den Philipperhymnus.

2. Gaben der Gemeinde

Paulus spricht von den **Gaben der Gemeinde** (1,29 und 2,1). Diese Gaben sind: ihr Glauben, ihr Leiden im Namen des Glaubens, gegenseitige Ermahnung, Fähigkeit zum Trost, Liebe, Gemeinschaft. Bitten Sie die TN, aus dem Text die Gaben der Gemeinde zu benennen. Finden die TN nachvollziehbar, was Paulus hier als „Gaben" bezeichnet? Überlegen Sie gemeinsam, welche Gaben Ihre Gemeinde hat? Wie können Sie diese Gaben für andere einsetzen?

3. Nachfolge

Der Text ermutigt die Gemeinde zu einem Weg der Demut, zu einem Weg der **Nachfolge ins Leiden**.

Kann es sein, dass es auch eine Gabe ist, *aneinander* zu leiden – für Christus? „Der Nächste steht uns in Wahrheit nicht im Weg, sondern er steht am Rand des Abgrundes, als Schutzengel, der uns hindert, aus der Realität des Lebens hinaus in die Illusion zu treiben." (Paul Schütz) Wie kann aus einem solchen Leiden aneinander Gemeinschaft wachsen?

Wir erleben zwar nicht, dass wir wegen unseres Glaubens verfolgt werden, aber auch bei uns tut Nachfolge mitunter weh. Viele Christinnen und Christen erleben gerade schmerzlich, dass ihre Gemeinden schrumpfen. Auch diese Erfahrung kann eine Leidenserfahrung im Sinne der Kreuzesnachfolge und des Sterbens sein. Wenn wir sie denn bewusst mit hineinnehmen in den Gehorsam und die Demut, gerade zu einer kleiner werdenden, womöglich sogar sterbenden Gemeinschaft zu gehören und treu dabei zu bleiben – um Christi willen. Sollten Sie im Moment solche Erfahrungen machen, ist in der ökumenischen Bibelwoche der Raum dafür, sie einander zu erzählen und auch die **Erfahrung von Scheitern, Trauer und Sterben** zu teilen. Von Jesus Christus zu lernen, heißt dann, die Perspektive zu wechseln: Dieser Weg ist kein Weg der Gottverlassenheit, sondern ein Weg der größtmöglichen Nähe zu Jesus Christus. Unser Weg ist Nachfolge. So wie Jesus geben wir uns und unseren Weg gerade auch in der Ohnmacht in Gottes Hände: „Jesus Weg des Gehorsams ist ein **Weg zu uns**. Dadurch, dass er auf seine göttlichen Privilegien verzichtet, kommt er uns ganz nah. Wir müssen keinen Schritt mehr ohne Jesus tun, durch ihn ist nichts mehr Gott fremd, auch nicht der Misserfolg und die Ohnmacht. Diese Nähe ermöglicht es nun auch, dass wir Jesus nachfolgen, ihn nachahmen können. Zur Herrlichkeit Gottes können Menschen gewiss nicht von sich aus aufsteigen, wohl aber zur Demut" (vgl. Klaus Berger, Kommentar zum Neuen Testament, Gütersloh, 2011, S. 724f).

Im Hymnus wird ein Weg beschrieben, auch dadurch, dass Jesus im ersten Abschnitt aktiv auftritt, im zweiten Teil jedoch passiv dargestellt wird.

 Bitten Sie die TN zu beschreiben, wer im Hymnus wann aktiv ist. Wenn der Hymnus also für uns eine Lebensanweisung ist, was bedeutet das für unser *aktiv* bzw. *passiv* sein. Kann der Weg der Demut auch bedeuten, sich ganz an Gott auszuliefern? Es gibt auch im Leben Phasen des Festhaltens und Phasen des Loslassens, Phasen des Aufstiegs und Phasen des Abstiegs.

 Machen Sie mit den TN einen Spaziergang mit Abstieg und Aufstieg. Lesen Sie vorher den Hymnus gemeinsam und auch noch einmal nach dem Spaziergang. Haben die TN Aufstieg und Abstieg bewusst erlebt? Welche Phasen in ihrem Leben verknüpfen sie mit Aufstieg, welche mit Abstieg; welche mit Loslassen, welche mit Festhalten?

4. Dreieinigkeit

Wenn man jetzt den Gekreuzigten ansieht, sieht man Gottes Gestalt. Jesus ist der Ort der Gegenwart Gottes. Jesus ist so voller Liebe, so von innen und außen von Gottes Herrlichkeit erfüllt, dass gesagt werden kann: Er war Gott gleich (vgl. Klaus Berger: Kommentar zum Neuen Testament, Gütersloh, 2011, S. 723. Dieses urchristliche Bekenntnis bekennt also, dass Jesus Gott gleich ist und ist damit ein erstes Bekenntnis zur Trinität. Hier wird über das **Geheimnis der Trinität Gott** sehr deutlich ausgesagt, dass sie auf die Gemeinschaft mit den Menschen ausgerichtet ist. Die Dreieinigkeit Gottes ist für viele schwer nachvollziehbar und in der Tat ja auch das eigentliche Streitthema zwischen den monotheistischen Religionen. Hilft es den TN, sich durch diesen narrativen Zugang des Textes mit dem Gedanken vertraut zu machen? Wie stellen sie sich die Einheit zwischen Sohn, Vater und Geist vor? Dieser Text betont vor allem, dass wir Menschen mithineingenommen werden in diese Liebesbewegung, die sich für den anderen hergibt, die aber gerade darin sich vom andern wieder geschenkt bekommt. Hier treffen Selbstaufgabe und Selbstfindung aufeinander und bilden so eine Einheit der Freude. Die Selbstaufgabe Jesu führt dazu, dass er über alles andere gelobt werden wird. Dieses Lob bindet alle Menschen in diese göttliche Einheit ein. In der Anbetung und im Lobpreis werden die Menschen (und zwar mit einer weltweiten Perspektive!) in die Herrlichkeit Gottes mit hineingenommen.

5. Anbetung

In der gottesdienstlichen **Anbetung** geschieht dieses eschatologische Geschehen schon heute. Die gottesdienstliche Anbetung ist der wahre Ort zwischen den Zeiten, die Vorwegnahme des Himmels. Spüren die TN davon etwas im sonntäglichen Gottesdienst? Wie würden sie sich Lobpreis und Anbetung wünschen?
Der Hymnus ist schon der Lobpreis, in den später alle eschatologisch einstimmen werden. Jesus wird für das, was er getan hat, über alles gelobt.

 Was finden die TN an Jesus Christus lobenswert? Legen Sie verschiedene Bilder von Jesus Christus aus – oder schreiben Sie verschiedene Bezeichnungen für Jesus Christus auf Karten. Lassen Sie die TN auswählen, mit welcher sie sich identifizieren, welches Bild von Jesus Christus sie besonders anspricht: der Freund der Kinder, der Prediger, der Heiler, der Tempelaustreiber, der Gekreuzigte, der Sturmstiller, der gute Hirte, der Brotbrechende, der Betende, das Kind in der Krippe, der Weinende. (Vgl. Ideen in der Bibelarbeit, S. 53)

 Welche Personen sind für sie lobenswert und warum? Was möchte ich, das später über mich in einer Lobrede gesagt wird? Wen loben wir heute für was? XY ist ein Vorbild, weil … XY hat uns mit seinem Leben bereichert und inspiriert, weil er … Welche Eigenschaften finden die TN in einer „ultimativen Lobhudelei" erwähnenswert?

Wie wäre es, wenn wirklich ALLE Jesus Christus als Herrn bekennen würden? Ist das unsere Hoffnung? Ist das erstrebenswert? Wie sähe die Welt dann aus? Was heißt das für andere Religionen? Wenn Jesus alles in allem ist, dann herrscht Frieden, dann ist Himmelreich – Ist das „alle Knie beugen sich und beten ihn an" Zukunft oder Gegenwart?

6. Ein revolutionär neues Konzept vom Leben

Die im Text empfohlene Grundhaltung von Demut und Gehorsam widerstrebt uns, die wir oft auf Stärke, Erfolg und Eigenständigkeit programmiert sind. Dieser innere Widerstand spiegelt etwas von dem menschlich-göttlichen Drama wider, von dem die Bibel erzählt. Immer wieder wollen sich Menschen das nehmen, was Gott gehört. Damit ist Jesus das Gegenbild der menschlichen Attitüde, indem er sein Gottsein loslässt, um menschlich zu werden. „Jeder Christ, der sich fortan zu einem Machtkampf erhebt, fällt zurück in blankes Heidentum (Klaus Berg, Kommentar zum Neuen Testament, Gütersloh, 2011. S. 722). Wenn man die Macht-frage mit einer Machtdemonstration beantworten will, bleibt man in der Logik der Macht gefangen. Die Demut durchbricht diese Logik und gewinnt, weil sie auf Macht verzichtet. Möglich ist das, weil sich durch die Haltung der Demut die großen Drohungen der weltlichen Kräfte als unwirksam erweisen: Armut, Isolation, Krankheit, Missachtung, Tod – das alles sind für Paulus keine Drohungen mehr, sondern Formen der Nachfolge, die seine Lebenserfüllung nicht hindern, sondern voranbringen. Damit ist den widergöttlichen Mächten der Zahn ge-zogen.

Eine neue Art von Macht wird sich wie ein Lauffeuer über die Erde ausbreiten, die Macht der sich Selbst hingebenden Liebe. Sie ist das Herzstück der Revolution, die am Karfreitag begann. Man kann die üblichen Mächte nicht mit der gleichen Art von Macht besiegen. Wenn eine Form der Gewalt die andere besiegt, ist es immer noch Gewalt, die gewonnen hat. Stattdessen findet sich im Herzen des Sieges Gottes über alle Mächte dieser Welt seine Liebe, die sich selbst hingibt. Übersetzt aus: *Tom Wright, „The Day, The Revolution Began", 2016, S. 222.*

Lieder
EG 221   Das sollt ihr Jesu Jünger nie vergessen
EG 245   Preis, Lob und Dank sei Gott dem Herrn
EG 251   Herz und Herz vereint zusammen
EG 253   Ich glaube, das die Heiligen im
EG 262   Sonne der Gerechtigkeit (Gotteslob 269)
EG 375   Das Jesus siegt
Freut euch mit uns, denn wir wissen, unser Herr ist groß
Gott wurde arm für uns
Liebe ist nicht nur ein Wort

2.3 Vorschlag für eine Bibelarbeit

Kerstin Dominika Urban

Inhaltlicher Schwerpunkt

In diesem Textabschnitt werden das Leben in der Gemeinschaft mit Christus und das, was die Gemeinschaft untereinander ausmacht, gekoppelt. Letztlich geht es Paulus um die Einheit im Geist, die sich im täglichen Leben und im Umgang miteinander ausdrücken. Leben mit Christus – das sind Hochzeiten, gute Zeiten genauso wie Schwierigkeiten und Leiden. Dafür steht Paulus mit seinem eigenen Leben. Ähnlich wie in den Psalmen finden Leid und Klage in diesem Abschnitt ihren Abschluss im Lob, hier im Christushymnus.

Raumgestaltung

In der Mitte eines Stuhlkreises liegen die Blätter mit den Begriffen (siehe oben) verteilt.

Materialien und Medien

- Blätter mit Begriffen aus dem Text:
  Christliche Gemeinschaft ist ... - Ermahnung, - Trost, - herzliche Liebe, - Barmherzigkeit, - Demut,
- Bibeltext in zwei Teilen: Phil 1,27–2,5 und Phil 2,6–11 (Teilnehmerheft oder DVD)
- Stifte und Papier für die Teilnehmerinnen und Teilnehmer
- Dickeren Bindfaden oder dünnes Seil
- Darstellungen aus dem Leben Jesu: Krippe, Begegnungen, Getsemane, Kreuzigung, Auferstandene, Himmelfahrt und Bilder von Menschen (Gottesdienste, Diakonie, im Gespräch, in der Natur ...) heute

Zur Gestaltung des Abends

Eröffnung
→ Begrüßung

Im Mittelpunkt des heutigen Abends steht das Leben in Gemeinschaft – mit Gott und untereinander. Einige Worte, Begriffe, Beschreibungen, mit denen Paulus der Gemeinde in Philippi es verdeutlicht, finden Sie in der Mitte unseres Kreises. Manche Worte sind uns vertraut, sie scheinen selbstverständlich. Bei anderen schauen wir eher skeptisch bzw. sie sind ungewohnt. Was es mit uns selber zu tun hat, werden wir im Verlauf des Abends genauer betrachten.

→ Lied: Liebe ist nicht nur ein Wort (in einigen Ausgaben des EG und GL)

Auf den Text zugehen (20 min)

Kleingruppen (3–5 Personen)
Die Teilnehmerinnen und Teilnehmer suchen sich den Begriff aus, der sie anspricht, herausfordert und stellen sich zu dem entsprechenden Blatt. In dieser Zufallsgruppe tauschen sie sich aus.
Impulse: Was hat Sie an diesem Begriff gelockt, bei Ihnen ausgelöst? Wo begegnet Ihnen das – im normalen Alltag und in der Gemeinde? Wie drückt es sich aus?

Dem Text begegnen
Der Text wird in zwei Teilgruppen gelesen und bearbeitet:

Gruppe I: Phil. 1,27–2,4
Anhand folgender Fragen wird der Text betrachtet (TNH):
Wie stellt Paulus den Philippern das Leben in der Gemeinschaft mit Christus dar? Welche Bilder beschreibt er?
Welche Haltungen?
Ist das zu viel verlangt? Realistisch? Utopisch? Christlicher „Einheitsbrei"?

Gruppe II: Phil 2,6–11
Welche Aussagen über Höhe und Tiefe werden gemacht?
Welche Bewegungen finden statt?

Wer handelt?
Im Plenum stellen die beiden Gruppen ihre Beobachtungen vor. Dann wird der Vers 2,5 gelesen und der Frage nachgegangen, inwiefern die Beschreibung der Gemeinschaft im ersten Teil etwas mit dem Hymnus zu tun hat.
Dabei spielen die Bewegungen nach oben bzw. unten eine wichtige Rolle (nicht sich selbst erhöhen, sondern hinuntersteigen).

Mit dem Text weitergehen
Der Text wird langsam in Abschnitten gelesen, dazu wird das Seil in die Mitte gelegt mit Höhen und Tiefen, um die Bewegung nachzuvollziehen und die jeweils passenden Abbildungen.
a) 2,6+7 (Krippe, Begegnungen)
b) 2,8 Gethsemane, Leidensweg, Kreuz
c) 2,9 Auferstehung, leeres Grab, Himmelfahrt
d) 2,10 + 11 Bilder von Menschen

Einzelarbeit:
Die TN werden eingeladen, aufzuschreiben, welche Fragen sie Paulus gerne stellen möchten angesichts seines Briefabschnitts an die Philipper?

Dann wird je eine Frage vorgelesen und jemand versucht, einen Satz oder ein Wort aus dem Text zu finden, der/das die Frage aufnimmt oder beantwortet.
Dann wird die Frage in die Mitte gelegt zu den Begriffen aus dem Text.

Schlussimpuls: Leben zu Gottes Ehre

Zur Ehre Gottes, des Vaters – darum geht es Paulus. Darum geht es ihm in allem, was er den Philippern schreibt. Darum ging es in Jesu Leben, Leiden und Sterben. Darum muss es in unseren Gemeinden gehen. Die Gemeinschaften, in denen wir uns bewegen, sind die Übungsräume für das Idealbild, das Paulus uns vor Augen führt. Und dazu gehört auch all das, was hier in der Mitte des Raumes liegt, in aller Unvollkommenheit.

→ Lied: Ich glaube, dass die Heiligen (EG 253) oder
→ Wenn das Brot, das wir teilen, als Rose blüht (GL 470)

Liturgischer Abschluss

→ Gebet

→ Vaterunser

→ Segen

Die Teilnehmerinnen und Teilnehmer bekommen zum Schluss den Text des Hymnus auf einem lesezeichengroßen Papier (oder einer Postkarte oder Ähnlichem)

2.4 Bildbetrachtung – „So macht meine Freude dadurch vollkommen, dass ihr eines Sinnes seid."

Johannes Beer

Erich Krian: „So macht meine Freude dadurch vollkommen, dass ihr >eines< Sinnes seid." POM/10/01 - 01.10.2016, Mischtechnik auf Papier, 32 x 24 cm

Auf den ersten Blick ist dieses Bild voller Dynamik. Da ist Bewegung drin. Und doch strebt hier nichts auseinander. Eine leuchtend rote Form mit einer warm-orangenen Struktur fällt als Erstes ins Auge und steht doch im Hintergrund. Mit ihrer Kraft und ihrer Rundung erinnert sie etwas an die unter- oder mehr noch aufgehende Sonne. Davor bilden dunkle und vorgelagerte helle Strukturen trotz des geraden Musters die Kreisbewegung wischend nach, ohne sie allerdings zu vollenden. Im rechten Bildrand erscheint eine schräge Form, die von oben nach unten hin immer breiter und heller wird. Auch sie ist, obwohl sie durch eine doppelte Kante vom Rund abgesetzt ist, mit der roten Farbe hinterlegt, die hier die runde Form verlässt. Im oberen Bereich sehen wir ein schwarzes Raster, das dann in eines mit Schwarz und Grün übergeht. Im weiteren Verlauf lässt die Dichte immer mehr nach. Das Grüne wird heller, geht ins Graue über und löst sich schließlich sogar fast auf, sodass schließlich im untersten Bereich nur noch einzelne Farbtupfer zu sehen sind.

Fast selbstverständlich assoziieren wir mit dem Licht der aufgehenden Sonne Jesus Christus. In der Osternacht spielt das eine besondere Rolle. Und auch die warme rote Farbe lässt uns an die Liebe denken, die in Christi Weg und Handeln zu erkennen ist. Der Christushymnus unseres Abschnitts beschreibt diesen Weg, der sich im Weg der Sonne widerspiegelt: Das Herabsinken, das Sterben, das neue Erstehen und Erhöhtwerden.

Vor dem runden Rot allerdings sind die anderen Strukturen, die die Bewegung aufnehmen und von dem Rot durchleuchtet sind. Von links oben nach rechts, hin zur schrägen Form, wird es immer dichter. Die Gemeinde und jeder/jede Einzelne in ihr soll Christus nacheifern. Sein Weg in die Niedrigkeit soll Maßstab ihres Weges sein. Sie alle werden in die Bewegung Christi mit hineingenommen. Die Einzelnen wachsen in einem Geist zu einer Gemeinschaft, zur Gemeinde zusammen. Und bei allen Schattierungen und Unterschieden soll der Zusammenhalt, die Gemeinsamkeit im Geiste, im Vordergrund stehen und unaufgebbar sein. Und so schreibt Paulus: „So macht meine Freude dadurch vollkommen, dass ihr eines Sinnes seid."

3 | Mit Furcht und Zittern – Phil 2,12-30

3.1 Exegese

Peter Wick

1. Phil 2,12-18 Vorbildliche Sklaven (4. Abschnitt des Briefkorpus)

12 *Daher, meine Geliebten, wie ihr allezeit gehorsam gewesen seid, nicht nur in meiner Gegenwart, sondern auch viel mehr in meiner Abwesenheit, vollendet euer Heil mit Furcht und Zittern.*

Nach dem Hymnus nimmt Paulus den Faden wieder auf und weist den Philippern den richtigen Weg. Er knüpft direkt an den Hymnus an. Wie Christus gehorsam geworden ist, so sollen die Philipper weiterhin gehorsam sein und ihr Heil mit Furcht und Zittern bewirken.

In der Haustafel des Epheserbriefes steht folgende Weisung für die Sklaven: „Ihr Sklaven, gehorcht euren Herren nach dem Fleisch mit Furcht und Zittern in Einfalt eures Herzens als dem Christus." (Eph 6,5)

Offensichtlich bringt Paulus nach dem Hymnus eine Sklavenethik ins Spiel. Die Philipper sollen sich wie vorbildliche Sklaven verhalten. Sie sollen mit der Gesinnung Christi als Sklaven leben. Eine solche Forderung erschrickt vielleicht moderne Leser, ist aber aus der „Logik" des Hymnus ganz einfach zu erklären. Jesus Christus war aufgrund seiner Gesinnung bereit, Sklave zu werden. Die Philipper sollen ihm nacheifern.

Doch was bedeutet die Wendung, sein eigenes Heil mit Furcht und Zittern zu vollenden? Die *soteria* (Heil, Rettung) kommt von Gott. Jesus Christus hat sein Heil als Gnadengeschenk erhalten. Das bedeutet, dass er auf dem Weg der Hingabe und Entleerung (*kenosis*) sein Heil nicht im Griff hatte, sondern dass ihm dieses danach geschenkt worden ist. Dass Gott ihn auch als Konsequenz seines Weges und als Lohn dafür erhöht hat, spielt im Moment keine Rolle. Auch wenn die Philipper auf dem richtigen Weg sind, haben sie ihre *soteria* nicht im Griff. Deshalb sollen sie diese mit Ehrfurcht und Respekt vollenden. Die Wendung bedeutet somit auf jeden Fall, dass die Philipper ihr Heil nicht im Griff haben und sich auch aktiv so verhalten sollen. Dies geschieht vor allem durch die Furcht Gottes: Die Philipper sollen stets um ihre vollständige Abhängigkeit von Gott auf ihrem Weg und bei ihrem Handeln wissen, gerade bei dem guten Handeln, zu dem Paulus sie auffordert. Tatsächlich zeigt der nächste Vers genau diese Abhängigkeit, nun aber in einer ganz positiven Formulierung.

13 *Denn Gott ist derjenige, der in euch sowohl das Wollen als auch das Bewirken zu seinem Wohlgefallen bewirkt.*

Auch bei all ihrem Wollen und Tun sind die Philipper ganz von Gott abhängig. Gott sorgt dafür, dass ihnen alles gelingt, was zum Weg des Gott-gewirkten Heils dient. Die *soteria* ist von Gott gegeben. Die Vollendung der *soteria* liegt ebenfalls ganz in Gottes Hand. Als durch Christus Gerettete sind sie auf dem Weg zur vollständigen Rettung. Obwohl sie nun aktiv und – wie Christus auf seinem Weg – auf ihrem eigenen Weg handelnde Subjekte mit der richtigen Gesinnung sein sollen, liegt der Anfang und das Ende dieses Weges und damit der ganze Heilsweg ganz in Gottes Hand. Die Philipper sollen aktiv auf diesem Weg gehen und dabei ganz auf Gott vertrauen, von dem das Gelingen dieses Weges bis zuletzt abhängig ist. Jetzt zeigt sich, dass Paulus auch schon im Vorwort auf diesen Gedanken des Briefes angespielt hat, denn dort beschreibt er, wie er darauf vertraut, dass Gott genau auf diese Weise an den Philippern handeln wird: 1,6 „weil ich genau darauf vertraue, dass derjenige, der ein gutes Werk in euch angefangen hat, es vollenden wird bis zum Tage Christi Jesu."

14 *Tut alles ohne Murren und Zweifeln,* **15** *damit ihr untadelig und rein seid, makellose Kinder Gottes inmitten eines verdrehten und verkehrten Geschlechts, unter denen ihr leuchtet wie Lichter in der Welt,* **16** *indem ihr das Wort des Lebens festhaltet mir zum Ruhm auf den Tag Christi hin, dass ich nämlich nicht vergebens gelaufen bin und mich nicht vergebens abgemüht habe.*

Paulus bleibt zuerst einmal bei der Sklavenethik. Gute Sklaven tun alles, ohne es in Frage zu stellen und ohne Bedenken, also ohne Murren und Zweifeln. So sollen sie rein, makellos und untadelig sein bei den Menschen, unter denen sie leben. Paulus übernimmt hier jüdische Polemik gegenüber den Heiden (vgl. Gal 2,15; Eph 4,17; 1 Thess 4,5). Diese sind ein verkehrtes und verdrehtes Geschlecht, weil sie die Wege Gottes weder kennen noch gehen. Damit deutet er an, dass die Menschen in der Finsternis sind. Gott hat in der Schöpfung der Welt die Urfinsternis aufgehoben, indem er das Licht durch sein Wort schuf (Gen 1,2f.). Sonne, Mond und Sterne werden im ersten Schöpfungsbericht als Lichter bezeichnet. Wie Lichter die Finsternis dieser Welt aufheben, so leuchten die Glaubenden allen Menschen und geben ihnen Orientierung, indem sie die Gesinnung Christi leben und wie Jesus Christus zu Sklaven werden. Der Vergleich mit den Sternen zeigt auch, dass sie durch ihren Glauben und ihren Wandel eine Orientierungsfunktion für die Menschen haben, die in der Finsternis sind. Paulus verwendet Assoziationen zur Sklavenethik, um die Philipper auf dem richtigen Weg zu stärken und sie in ihrer Gesinnung ganz auf Christus auszurichten. Zu diesem Weg und dieser Gesinnung gehört, dass sie das Wort des Lebens festhalten.

Nun kommt Paulus zum Abschluss seiner Fokussierung auf die Philipper und ihrer Situation, die er in drei Abschnitten seit 1,27 thematisiert hat, zu sprechen. In diese drei Abschnitte hat er den Hymnus eingeschoben, der ihr Sinnen ganz auf Jesus Christus und auf seine Gesinnung ausrichten will. Er schließt mit einer Rückkopplung an sich und seine Situation ab und fördert so wieder die Koinonia zwischen den Philippern und sich selbst. Was sie tun, wirkt sich unmittelbar auf ihn aus. Es wird Grund seines Ruhms sein am Tage der Wiederkunft Christi. Denn auch er ist nicht einfach unabhängig von den Philippern, sondern in bleibender Gemeinschaft sogar vor Gott mit ihnen verbunden. Von ihnen – schreibt er – hängt es ab, ob seine Arbeit vergebens gewesen ist oder nicht.

17 *Aber wenn ich auch als Trankspende über dem Opfer und dem priesterlichen Dienst eures Glaubens ausgegossen werde, freue ich mich und freue mich mit euch allen.* **18** *Dasselbe auch ihr, freut euch und freut euch mit mir.*

Paulus schreibt hier sehr dicht und knapp. Er gebraucht den Tempelgottesdienst in Jerusalem als Metapher. Es ist von einem Opfer oder einer Opferhandlung die Rede. Wörtlich meint der Begriff *thusia* das Schlachtopfer und damit den Kern eines Tempelgottesdienstes. Der priesterliche Gottesdienst wird mit dem Begriff *leitourgia* bezeichnet, der vor allem die einzelnen gottesdienstlichen Elemente in ihrer geordneten Abfolge meint. Opfer und Gottesdienst beziehen sich durch einen Genitiv auf den Glauben der Philipper, doch was bedeutet das? Aus ihrem Glauben heraus verrichten sie in ihrem Alltag einen Gottesdienst, wenn sie durch die Gesinnung Christi leben. Falls Paulus nun doch als Trankopfer ausgegossen, das heißt sterben, würde, wäre auch dies zugunsten der Philipper und ihres Glaubens. Gott würde seinen Tod zu ihren Gunsten ausgehen lassen und als Unterstützung für sie verwenden.

Wenn Paulus in 1,21–25 suggeriert, dass er sich zugunsten des Glaubens der Philipper gegen ein Todesurteil entscheidet, gibt er sich hier unsicher in Bezug auf den Ausgang seines Prozesses. Falls dieser mit der Hinrichtung enden würde, wäre auch dies zugunsten der Philipper förderlich. An dieser Stelle, unmittelbar nach dem Hymnus, kann er so argumentieren. Denn der Weg Christi hinunter bis in den Tod hatte eben durch Gottes geheimnisvolles Wirken missionarische Konsequenzen und wirkt sich auf die ganze Menschheit aus. Der Tod des Paulus würde durch Gott mindestens auf die Philipper eine heilsfördernde Wirkung haben. Offensichtlich betrachtet Paulus sich und die Philipper aus verschiedenen Perspektiven und kann aufgrund dieser verschiedenen Aspekte beinahe Widersprüchliches schreiben.

Wenn Paulus seinen Lebensweg im Tod als tiefsten Punkt vollenden muss, dann freut er sich. Grund dieser Freude ist wiederum, dass er die Gesinnung Christi lebt und mit den entsprechenden, Gott-gewirkten Konsequenzen rechnet. Deshalb freut er sich eben nicht nur für sich, sondern auch mit den Philippern, weil sein Weg gute Konsequenzen für sie zeitigen wird. Die Philipper sollen sich mit ihm freuen, wenn es ihm gelingt, diesen Weg bis zum Ende zu gehen. Zugleich fordert er sie auf, in seine Freude mit einzustimmen. Allerdings schwingt hier mit, dass die Philipper sich nicht nur am Weg des Paulus und dessen erwarteten Konsequenzen erfreuen sollen, sondern dass sie sich auch freuen sollen, dass sie ebenfalls nach der Gesinnung Christi leben dürfen, denn dieser Weg führt durch Leiden hindurch zur Freude. Selbstverständlich ist auch dies Grund zur Freude für Paulus, wenn es ihnen gelingt, in der Gesinnung Christi zu leben.

Offensichtlich spannt Paulus ein ganz dichtes, semantisches Netz (ein Sinn-Netz aus prägenden und sich wiederholenden Begriffen) über diesen Brief, durch das alles miteinander zusammenhängt, vor allem aber mit der Gesinnung Christi und mit der Freude.

2. Phil 2,19–30 Ich muss Epaphroditus zurücksenden
(5. Abschnitt des Briefkorpus)

....

19 *Ich hoffe aber im Herrn Jesus, Timotheus bald zu euch zu senden, damit auch ich guten Mutes sei, wenn ich von euren Angelegenheiten erfahre.*

Paulus fängt mit einem neuen Thema an, denn es geht um den zukünftigen Kontakt mit den Philippern. Er teilt ihnen mit, wer der Vertreter ist, der ihnen den Brief bringt. Dies ist typisch für eine antike Briefkorrespondenz. Offensichtlich macht er sich Sorgen um das Wohlergehen seiner geliebten Gemeinde in Philippi, gleichwie die Philipper sich Sorgen um ihn gemacht haben. Doch der Überbringer dieses Briefes wird offensichtlich nicht zu ihm zurückkehren, da Paulus erst durch Timotheus Nachricht von ihnen erhofft.

20 *Denn ich habe keinen Gleichgesinnten, der so aufrichtig um eure Anliegen besorgt sein wird,* **21** *denn alle sind auf ihre eigenen Interessen ausgerichtet, nicht auf die von Jesus Christus.* **22** *Ihr kennt ja seine Bewährung, dass er wie ein Kind dem Vater zusammen mit mir für das Evangelium gedient hat.*

Obwohl Timotheus den Brief nicht überbringt, beschreibt ihn Paulus. Dies bedeutet nicht, dass die Philipper Timotheus als Mitabsender dieses Briefes nicht gekannt haben, sondern Paulus hebt gewisse Eigenschaften des Timotheus ganz besonders hervor. Er stellt den Philippern Timotheus als Vorbild hin. Timotheus achtet die Philipper höher als sich selbst, stellt ihre Interessen vor seine eigenen und lebt so das, was Paulus von den Philippern in 2,3f gefordert hat: „... indem ihr durch Demut einander höher achtet als euch selbst, 4 indem jeder nicht auf die eigenen Interesse bedacht ist, sondern alle auch auf die der anderen." So wird deutlich, dass Timotheus die Gesinnung Christi lebt, der sich gedemütigt hat, weil er die Not der Menschen höher achtete als seine eigene Göttlichkeit. Wie Jesus Christus seinem Vater gedient hat und Sklave *(doulos)* geworden ist, so leistet Timotheus in inniger Gemeinschaft mit Paulus Sklavendienst *(douleuo)* gegenüber Gott wie ein Kind dem Vater.

23 *Diesen also hoffe ich sofort zu senden, sobald ich meine Angelegenheiten überblicke.*
24 *Ich vertraue aber darauf im Herrn, dass auch ich selbst bald kommen werde.*

Paulus setzt seine lobende Darstellung des Timotheus in einen kunstvollen Rahmen. Er beginnt mit der Formulierung „ich hoffe aber ..., Timotheus bald zu euch zu senden" und schließt mit „diesen also hoffe ich sofort zu senden", dabei steigert er das „bald" zu einem „sofort". Beim ersten Teil des Rahmens geht er auf die Philipper ein, beim zweiten auf sich selbst. Ziel der Sendung des Timotheus ist, über ihre Angelegenheiten zu erfahren, sobald seine eigenen Angelegenheiten geklärt sind.
Mit dem nächsten Satz redet Paulus nicht mehr von Timotheus, sondern von sich selbst. Nachdem er im ersten Kapitel seine Gewissheit hervorgehoben hat, dass er freikommen werde, hat er gerade vor diesem Abschnitt angedeutet, dass auch ein Todesurteil möglich ist. Jetzt relativiert er diese Aussage wieder, indem er darauf hofft, selbst bald nach Philippi zu kommen.
Doch was ist der eigentliche Zweck dieser Sätze? Paulus schreibt, dass er nur den Timotheus hat, der die Gesinnung Christi lebt und sich um die Interessen der Philipper kümmert. Dennoch kann er ihn nicht senden, und zwar weil er, Paulus, die Philipper ebenfalls höher achtet als sich selbst, und ihnen sofort mitteilen will, wenn das Urteil in seinem Prozess gefällt ist. Wenn das Urteil positiv ausgeht, möchte er gleich selbst kommen. Timotheus wäre also dafür da, den Philippern mitzuteilen, dass Paulus hingerichtet worden wäre. Darum kann Paulus den Timotheus nicht senden, da er keine Alternative zu ihm hat.

25 *Ich habe es aber für notwendig geachtet, Epaphroditus, den Bruder, Mitarbeiter und Mitstreiter von mir, von euch aber der Gesandte (Apostel) und Dienstverpflichtete für meinen Bedarf zu senden,*
26 *da er sich ja nach euch allen sehnte und beunruhigt war, weil ihr gehört habt, dass er krank war.*

In 2,25–30 schreibt Paulus über Epaphroditus, der offensichtlich der Briefbote ist und in der Gemeinde anwesend sein wird, wenn ihnen der Brief zum ersten Mal vorgelesen wird. In diesem Satz stehen bereits oben verwendete Wörter, die auf die richtige Gesinnung anspielen. Paulus hat es für „notwendig *geachtet*". Der Weg von Jesus Christus im Hymnus beginnt damit (2,6), dass er seine Gottgleichheit nicht als einen Raub *achtet*. Die Philipper sollen diese Gesinnung leben, indem sie einander höher *achten* als sich selbst (2,3). Paulus *achtet* das Wohlergehen der Philipper höher als seine eigene, für ihn „viel mehr bessere" Vollendung, indem es für ihn um ihretwillen notwendiger (1,24) ist, im irdischen Leben zu verweilen. Offensichtlich sendet Paulus einen Code an die Philipper: Weil Paulus wie Christus gesinnt ist, sendet er den Epaphroditus. Spätestens jetzt stellt sich die Frage, warum Paulus zuerst schreibt, dass Timotheus nicht nur der beste, sondern der einzig gute Briefbote wäre? Bedeutet das, dass Epaphroditus zweite Wahl ist? Ist er nicht auf die Interessen der Philipper ausgerichtet? Eine solche mögliche Schlussfolgerung verhindert Paulus, indem er sofort ein großes Lob des Epaphroditus anstimmt. Er ist nicht nur der Bruder von Paulus, sondern auch sein Mitarbeiter. Paulus bezeichnet nur Brüder und Schwestern in Jesus Christus als Mitarbeiter, die aktiv und in Verantwortung an der Gemeindegründung oder am Gemeindebau beteiligt sind. Mitstreiter ist ein noch größeres Kompliment, das Paulus nur noch ein einziges Mal für einen Mitarbeiter verwendet (Phlm 2). Zugleich ist Epaphroditus ein Apostel, ein Gesandter der Gemeinde in Philippi. Offensichtlich haben sie Epaphroditus zu Paulus gesandt. Er ist ein *leitourgos* seines Bedarfs. Der *leitourgos* ist einer, der eine Verpflichtung zu einem Dienst ausführt. Dieser Dienst kann durchaus eine ehrenvolle Verpflichtung wie etwa die Ausführung eines Amtes in der Polis oder ein Priesterdienst sein. Epaphroditus ist der Dienstverpflichtete der Philipper für den Bedarf bzw. für den Mangel oder die Not des Paulus. Was bedeutet das? Die Philipper haben Epaphroditus zu Paulus gesandt, damit er an ihrer Stelle den Bedürfnissen des Paulus diene, um dem Mangel des Paulus abzuhelfen. Es bleibt in der Schwebe, ob die Philipper ihn zu diesem Dienst verpflichtet haben oder ob nicht die Philipper selbst zu diesem Dienst gegenüber Paulus verpflichtet sind. Es wird sich zeigen, das Letzteres der Fall ist: Weil Paulus den Philippern das Evangelium geschenkt hat, sind sie in der Pflicht, ihm ebenfalls eine Gabe zu schenken. Paulus erkennt an, dass Epaphroditus eine solche Gabe ist.

Doch Epaphroditus ist mehr als das: Auch er lebt die Gesinnung Christi vorbildlich. Nicht weil er krank war, war er beunruhigt, sondern weil er wusste, dass die Philipper davon erfahren haben und deshalb offensichtlich in großer Sorge um ihn waren. Epaphroditus sehnte sich danach, ihnen diese Sorge zu nehmen.

27 *In der Tat war er krank, dem Tode nahe, aber Gott hat sich über ihn erbarmt, nicht aber über ihn allein, sondern auch über mich, damit ich nicht Kummer über Kummer habe.* **28** *Umso eiliger sandte ich ihn nun, damit ihr euch wieder freut, sobald ihr ihn seht, und auch ich sorgenfreier bin.* **29** *Nehmt ihn nun auf im Herrn mit aller Freude und habt solche in Ehren,* **30** *denn um des Werkes Christi willen ist er dem Tode nahegekommen, weil er sein Leben aufs Spiel gesetzt hat, damit er den Mangel eurer Dienstverpflichtung gegenüber mir ausfülle.*

Epaphroditus gebührt höchste Ehre von den Philippern. Denn er hat die Gesinnung Christi ganz besonders gelebt. Wie dieser gehorsam bis zum Tod (2,8) wurde, so ist Epaphroditus um des Werkes Christi willen gehorsam nahezu bis zum Tod (2,30). Obwohl der Glauben an Jesus Christus Menschen gesunden lassen will, kann die Nachahmung von Jesus Christus krank machen. Das Werk Christi war für Epaphroditus, dass er den Mangel ihrer Dienstverpflichtung gegenüber Paulus ausfülle. Jetzt wird es eindeutig: Die Philipper sind Paulus gegenüber zu einem Dienst verpflichtet. Paulus schreibt hier in ökonomischen Kategorien. Bis jetzt sind die Philipper mit dem, wie sie Paulus gedient haben, im Minus gegenüber seinem Dienst an ihnen. Sie haben Epaphroditus als ihren Apostel gesandt, damit er als ihre Gabe und an ihrer Stelle diesen Dienst ausgleiche.

Doch als er todkrank war, hat Gott eingegriffen und sich über ihn erbarmt. Gottes Erbarmen ist unverdient. Er erbarmt sich, wessen er sich erbarmt (Röm 9,15). Dieses Erbarmen entspricht dem Gnadengeschenk des Hymnus. Epaphroditus war gesinnt wie Christus bis beinahe in den Tod hinein. Kurz vor seinem Ableben hat Gott ihm die Gesundheit und das Leben zurückgeschenkt. Der Weg der richtigen Gesinnung hatte so für Epaphroditus eine soteriologische Folge. Doch auch für Paulus und die Philipper hat er Folgen: Alle sollen sich jetzt wieder freuen.

Wenn Paulus gesinnt ist wie Christus und deshalb sterben muss, freut er sich (1,18; 2,17). Auch wenn andere die Gesinnung Christi leben, ist das für Paulus Grund zur Freude (2,2). Doch wenn sie diese Gesinnung in Leiden und Tod führt, dann freut sich Paulus nicht, sondern dann hat er allergrößten Kummer. Nach der Genesung von Epaphroditus achtet Paulus die Philipper wiederum höher als seine eigenen Interessen und behält Epaphroditus nicht länger bei sich. Daher sendet er ihn zurück, damit die Philipper wieder beruhigt sind, was ihn auch entlastet.

Doch weshalb mahnt Paulus die Philipper, Epaphroditus mit Freude aufzunehmen und ihn zu ehren? Was befürchtet Paulus, wenn er zur Wiedersehensfreude nach schwerster Krankheit auffordert? Im Gegensatz zu den Philippern, die die Situation kannten, setzen sich für den heutigen Leser erst jetzt alle Hinweise des Textes zu einem ganzen Bild zusammen: Epaphroditus war ein Geschenk der Philipper an Paulus. Er sollte ihn unterstützen und ihm helfen in seiner Gefangenschaft. Nun ist Epaphroditus mit dem Brief in der Hand zurück in der Gemeinde. Hat Paulus „dem geschenkten Gaul ins Maul geschaut"? War er nicht zufrieden mit der Gabe? Hat er damit ihre Gabe abgelehnt? Paulus gibt die Antwort Nein mit einer kühnen rhetorischen Strategie: Er muss Epaphroditus senden, denn Timotheus braucht er weiterhin in Rom, damit dieser im schlimmsten Fall sofort die Gemeinde in Philippi informieren kann. Eine Alternative zu Timotheus aber hat er nicht, außer eben den gleichfalls hochgelobten Epaphroditus. Die Gesinnung Christi zwingt Paulus dazu, ihn mit dem Brief zu senden. Indirekt können wir folgern, dass Paulus offensichtlich auf keinen Fall auf die Unterstützung des Timotheus beim Prozess verzichten wollte und dass er ihn nach der Vollstreckung eines Todesurteils sofort zu den Gemeinden in den Osten senden würde, um diese zu informieren. Epaphroditus wäre dafür nicht geeignet gewesen, denn er war im Gegensatz zu Timotheus bei den anderen Gemeinden nicht bekannt. Als letzte Frage bleibt, weshalb Epaphroditus nach dem Briefbotengang nicht wieder zu Paulus zurückkehrt. Lässt seine Gesundheit das nicht zu? Will Paulus die mit einer solchen Reise verbundenen Kosten nicht von den Philippern verlangen? Wir wissen es nicht.

3.2 Der Text heute – Themen und Bausteine

Kerstin Offermann

1. Leben in der Spannung

Paulus führt in diesem Text den Lesenden deutlich vor Augen, welche Spannungen ein Leben als Christ ausmachen. An- und Abwesenheit, gegenseitige Freude und gegenseitige Sorge, Freude und Leiden, Furcht / Zittern und Freude, Murren / Zweifel und ohne Makel, ohne Tadel sein, Wollen und Vollbringen, Gottes Wirken und menschliches Wirken, Opfer / Gehorsam und Liebe, Ruhm und vergeblich laufen, leuchtend klare Lichter und verkehrte / verwirrte Generation. Diese Spannung erlebt Paulus offensichtlich gerade an sich selbst: zwischen Zuversicht und Zittern, zwischen Freude und Verzagtsein, zwischen der Sehnsucht, zu Christus zu gehen, und dem Wunsch, bei den Philippern sein zu können. Diese Spannung attestiert er auch den Philippern und damit wohl dem Leben aller Christen. Wir leben in der Spannung zwischen schon und noch nicht, zwischen Himmel und Erde, zwischen *simul iustus et peccator* („gerecht und Sünder"). Auch Jesus selbst hat in dieser Spannung gelebt. Die Psalmen erzählen anschaulich und anrührend von diesen Spannungen. Sie sind keine Zeichen von fehlendem Glauben, oder fehlender Reife. Anders gibt es Christsein nicht.

Sicherlich kennen die TN diese und noch andere Spannungen, mit denen sie leben und an denen sie leiden. Arbeiten Sie die im Text beschriebenen Spannungen heraus und ergänzen Sie diese durch andere, die den TN vertraut sind. Was gibt Ihnen die Kraft durchzuhalten? Ist es ein Trost, dass Gott beides wirkt: das Wollen und das Vollbringen? Oder wie Paulus es in 1,6 sagt, dass Gott das, was er in uns begonnen hat, auch vollenden wird.

2. Menschliches Wirken und göttliches Wirken ineinander

Furcht und Zittern wird in der christlichen Tradition meist auf das Endgericht bezogen; Furcht und Zittern vor Gott also. Davon konnte Luther berichten. Der Gedanke hat ihn ins Kloster getrieben und zum Ringen mit der Bibel veranlasst. Diese Furcht vor Gott tragen auch viele Menschen heute noch tief in sich, weil sie als pädagogisches Mittel gegen sie missbraucht worden ist. Zugleich spiegelt sich diese Furcht auch in der Religionsgeschichte in der heiligen Furcht vor dem Göttlichen, in der Ehrfurcht vor dem Allmächtigen wider. Sie findet sich in Theophanie-Erzählungen, auch in der biblischen Tradition. Luther hat sich vor dem strafenden, zornigen Gott ans Kreuz zu Jesus gerettet. Und auch Paulus spricht in diesem Zusammenhang nicht mehr vom „Tag des Zornes Gottes", sondern vom Tag Christi.

Sollten Sie merken, dass die TN an dieser Stelle ein gewisses Unbehagen mit sich herumtragen, sollte Raum sein, über die (womöglich als belastend erlebte) Furcht vor Gott reden zu können.

Die Wendung „mit Furcht und Zittern" kommt bei Paulus außer hier noch zweimal vor. In 2 Kor 7, 15 sagt er über Titus: „Er ist überaus herzlich gegen euch gesinnt, wenn er an den Gehorsam von euch allen denkt, wie ihr ihn mit Furcht und Zittern aufgenommen habt". Und in 1 Kor 2,3: „Und ich war bei euch in Schwachheit und in Furcht und mit großem Zittern". Paulus meint mit dieser Wendung also sowohl ein von Respekt geprägtes Verhalten – Titus gegenüber –

als auch eine Beschreibung der Begrenztheit der eigenen Kräfte. Dann wäre es nicht Furcht und Zittern vor Gott, sondern Furcht und Zittern angesichts der weltlichen Widerstände. Der Weg, den wir gehen, ist ein Weg mit Furcht und Zittern, mit Schwäche und Krankheit, mit Leiden und Tod, voll Menschlichkeit – im Fleisch –, den auch Christus gewählt hat. Paulus zieht es wegen der Philipper vor, in Furcht und Zittern im Gefängnis und im Fleisch zu bleiben. Er wählt denselben Weg, auf dem Jesus so lange mit Furcht und Zittern gehandelt hat und gehorsam war, bis er keine Handlungsoption mehr hatte – besonders sichtbar wird dies in seinem Gethsemane-Erlebnis. Dann übernimmt Gott. Diese völlige Abhängigkeit von Gott kann aber nur dann positiv wahrgenommen werden, wenn das Verhältnis zwischen Gott und Mensch von Liebe geprägt ist und nicht von Furcht. Zugleich kann das mächtige Wirken Gottes eine Ehrfurcht und ein heiliges Erschrecken bewirken, das vor der Größe Gottes anbetend dasteht. So wie bei Petrus, der vor Jesus auf die Knie fällt: „Herr, geh weg von mir. Denn ich bin ein sündiger Mensch" (Lukas 5,8).

Wenn Gott in Menschen Mächtiges wirkt, sollen die Angeredeten dabei stehen und voll angemessener Ehrfurcht dieses Wirken Gottes verfolgen. So beschreibt Paulus das Wirken der Herrlichkeit Gottes bei dem einzelnen Christen auf der Ebene der Gemeinde. Es ist so etwas wie die „Gänsehaut des Glaubens", eine Gotteserfahrung, nach der sich viele Menschen heute sehnen. Und es stellt sich angesichts der Endlichkeit unseres Lebens und der Ewigkeit Gottes die Frage: Was ist aller Mühe wert? Für was lohnt es sich, alles einzusetzen?

Die Ausbreitung des Evangeliums hat für Paulus eine solche unbedingte Bedeutung. Paulus bezeichnet seinen möglichen Tod als **Opfer und als Gottesdienst** für den Glauben der Philipper. Sie sind sein Ruhm am Tage Christi. Er geht damit den Weg Christi. In Kapitel 1 spricht Paulus noch davon, dass sein Weiterleben den Philippern zum Heil geschieht. Nun ist es sein Tod, der für sie zum Heil wird. Was auch immer mit ihm geschieht, auf jeden Fall betont Paulus die große Verbundenheit zwischen ihnen. Das Leben und Sterben von Paulus geschieht zugunsten der Philipper und das Leben und Glauben der Philipper geschieht zugunsten von Paulus Zum Glück bricht Paulus diese großen und pathetischen Sätze im Folgenden auf ein alltäglicheres Maß herunter, wenn er den Einsatz von Epaphroditus als beispielhaft lobt und auch die finanzielle Unterstützung der Philipper in diesen Zusammenhang stellt und so positiv bewertet. Darum können wir, auch ohne unter Lebensgefahr zu stehen, alltäglicher darüber nachdenken, was Opfer und Gottesdienst unseres Glaubens sein könnten. Für wen oder für was setze ich mein Leben ein? Mit wem bin ich tief verbunden? Was ist mir wirklich wichtig?

Gott wirkt **Wollen und Vollbringen**. Die Rolle der Philipper ist es, an Gottes Liebe und am Wort des Lebens dranzubleiben und Gott machen zu lassen (ähnlich wie Joh 15).
Gott selbst macht durch seinen Geist das menschliche Herz dazu bereit, zu wollen, was Gott will. Paulus liebt die Philipper mit der Liebe Christi (vgl. Text 1).
Nicht unser Tun verursacht das Eingreifen Gottes, sondern das Eingreifen Gottes ermöglicht unser Tun.
Das ist ein ähnliches Ineinander, wie es auch in der zwischenmenschlichen Liebe zu finden ist: Liebe ist ein Geschenk, aber auch eine Entscheidung für den anderen und Arbeit an der Beziehung.
Deshalb gibt es bei Paulus auch den Gedanken der Frucht. Die Philipper sind seine Frucht. Wobei die Frucht zugleich von Paulus stammt und eine Wirkung Gottes in dem Prozess des

Gehorsams und der Hingabe ist, der Hingabe von Paulus, aber auch der Hingabe Gottes, der seinen Geist und seine Liebe in das Herz von Paulus gibt.

Gott wirkt und führt zu Ende. So ist es mit den Pflanzen im Garten: Wenn der Mensch sie nicht stört, hindert oder herausreißt, wachsen die Pflanzen. Dass Paulus hier tatsächlich an Pflanzen denkt, zeigt das Bild von der Frucht in 1,10f. Paulus denkt an einen Weg, an den Prozess eines Wachstums, an das Drama des Werdens. (Klaus Berger, Kommentar zum Neuen Testament, Gütersloh, 2011, S. 719)

Dieses Ineinander und Miteinander führt uns Menschen zurück zur Schöpfungswürde, zum Mitgestalten mit dem Schöpfer.

Wahre menschliche Berufung ist es, als zum Bilde Gottes geschaffene Menschen Gottes Herrlichkeit in die Welt zu reflektieren und das Lob der Schöpfung zurück zu Gott zu bringen. (übersetzt aus: Tom Wright, „The Day, The Revolution Began", 2016, S. 357).

Murren und Knurren sind das Gegenbild zum Sich-ganz-in-Gottes-Hände-Legen. Es ist ein Zeichen für Misstrauen und den Versuch, für sein eigenes Recht zu kämpfen. Es ist aber auch eine völlig normale und alltägliche Verhaltensweise, die wahrscheinlich jede und jeder von sich selbst kennt. Sprechen Sie mit den TN über ihre Erfahrungen: Wie finden sie aus dem Murren und Knurren, aus der Verweigerungshaltung heraus? Wie lernt man sich im Vertrauen immer wieder neu Gott auszuliefern?

Paulus ist sich sicher, dass Christinnen und Christen, die in der Gesinnung Jesu selbstlose Liebe praktizieren, eine Ausstrahlung nach Außen haben, als **Lichter für die Welt** (vgl. dazu Text 5.2 – „Himmelsbürger" und „Vorbild Jesus").

In diesem Text liegt der Fokus darauf, dass es Gottes Wirken ist, das die Christen zu Lichtern für die Welt macht. Das geschieht mit ihnen dadurch, dass Gottes Herrlichkeit durch sie hindurchstrahlt, indem sie den Weg Christi mitgehen, selbstlos leben und lieben lernen.

Lichter stehen dabei als Gegenpol zu einem verwirrten und verblendeten Geschlecht. Christinnen und Christen haben also eine Orientierungsfunktion. Auf ihr Leben achtet man, an ihnen orientiert man sich. Haben Ihrer Erfahrung nach Christinnen und Christen tatsächlich noch diese Orientierungsfunktion in unserer Gesellschaft? Wie genau beobachtet unsere Umwelt, wie wir uns verhalten? Taugen wir zur Orientierung? Welche Rolle sollten dabei Ihrer Meinung nach offizielle kirchliche Verlautbarungen spielen? Wie soll Kirche mit offensichtlichen Verfehlungen umgehen?

3. Festhalten am Wort des Lebens

Paulus ermahnt die Philipper, am Wort des Lebens festzuhalten, am Wort vom Kreuz, wie er es anderswo bezeichnet (1. Kor 1,18), am Evangelium, wie es im Hymnus in einer Kurzform erzählt wird.

In der Geschichte Jesu ereignet sich das Evangelium. Indem diese Geschichte erzählt wird, in der Bibel wie auch in unseren Predigten und Erzählungen von Jesus, ereignet sich dieses Evangelium. Es geschieht mir, indem es Jesus selbst zur Sprache bringt und Glauben weckt. Die Gaben der Gemeinde sind Gaben des Evangeliums Christi. Der Glaube ist eine Wirkung des Evangeliums. Die Freude ist eine Wirkung des Evangeliums. Auch beim Bibellesen in der Bibelwoche ereignet sich das Evangelium. Wenn die menschlichen Texte zum Wort Gottes werden, dann bewirken sie, was sie sagen. Es ist fast so, also ob das Evangelium, also die Botschaft von Jesus Christus, sich selbst in den Texten zu Wort kommen lässt, so als würde Gott zu uns predigen und dabei in uns den Glauben herstellen. Das nämlich ist das Ziel aller biblischen Texte, Glauben an Jesus Christus zu wecken und zu stärken.

 Tauschen Sie sich darüber aus, wo die TN erlebt haben, dass die Bibel für sie zum Wort Gottes, zum Wort des Lebens geworden ist.

Das Evangelium passiert hier und heute, da, wo Menschen erleben, dass Jesus sein Leben mit ihrem Leben in Verbindung bringt.

 Welcher Aspekt des Evangeliums hat Ihr Herz gewonnen? Welcher Gedanke? Welche Geschichte? Welche Person? Wo haben Sie, wie können Sie diese Erzählkette des Evangeliums fortsetzen?

4. Der Tag Christi

Der alttestamentliche Hintergrund ist der Tag des Herrn, der zum Gericht über die Welt kommt. Der Herr der Welt ist Jesus, der Gekreuzigte und Auferstandene, der die Welt mit sich versöhnt hat, dem sich alle Knie beugen werden. Der Richter ist der Retter. Aber deshalb ist es nicht einfach egal, was wir machen, weil Jesus schon alles in Ordnung bringen und uns alles durchgehen lassen wird. Paulus betrachtet im Philipperbrief sein Leben aus der Perspektive des drohenden baldigen Endes. Diese Perspektive verändert die Wahrnehmung. Sie schärft die Sinne und das Gewissen für das, was nötig ist. Gleichzeitig überlässt Paulus aber auch die Beurteilung seines Lebens seinem Herrn. Auch darin ist er völlig von Jesus Christus abhängig. Es ist eine Glaubensherausforderung und auch eine Glaubensschule, die Beurteilung des eigenen Lebens an Jesus Christus abzugeben. Im Versuch, Bilanz über das eigene Leben zu ziehen, setzen Menschen meist ihr eigenes Gewissen und die eigenen Maßstäbe als Richter ein. Das Bilanzziehen Jesus Christus zu überlassen, ist eine wichtige geistliche Übung, in der es um Demut und Vertrauen, um Loslassen und sich an Gott übereignen geht. Sprechen Sie mit den TN darüber, wie sie damit umgehen, wenn ihre Vergangenheit sie beschäftigt und sie sich fragen, was in ihrem Leben erfolgreich war, was Bestand haben wird. Üben sie mit den TN ein, sich im Gebet auch mit der eigenen Vergänglichkeit und der Fraglichkeit der eigenen Existenz in Jesu Hände zu legen und das Urteil ihm zu überlassen (s. Themen und Bausteine 4.2, Stichpunkt „Biografie"). In Psalm 98,8f wird das Gericht Gottes und die Freude zusammengedacht: „Die Ströme sollen in die Hände klatschen, und alle Berge seien fröhlich vor dem HERRN; denn er kommt, das Erdreich zu richten. Er wird den Erdkreis richten mit Gerechtigkeit und die Völker, wie es recht ist." Diese Zusammenstellung passt gut zum Philipperbrief. Wenn Gott Gerechtigkeit und Recht schafft, ist das ein Grund zum Jubeln! Endlich wird alles so werden, wie es sein soll. Endlich wird alles gut. In diese Richtung der positiven Erwartung passt auch das Zitat von Augustinus: „Oh Mensch, lerne tanzen, sonst wissen die Engel im Himmel mit dir nichts anzufangen!"

5. Rekapitulation

Im zweiten Teil des Textes geht es um eine Rekapitulation des bisher Gesagten anhand zweier praktischer Anwendungen. Paulus ist in seinem Gedankengang einmal durch und vertieft nun das Geschriebene mit Timotheus und Epaphroditus. Sie sind leuchtende Beispiele für die Gemeinschaft und die Gesinnung Christi, also für Nachfolge in selbstloser Liebe. An ihnen kann man das Ineinander von göttlichem und menschlichem Tun ablesen und mit ihnen die Spannung zwischen Sorgen und Vertrauen einüben. Darum endet dieser erste Teil des Philipperbriefes auch in 2,17f wie er begonnen hat: mit der Freude.

Der hohe und anspruchsvolle Gedankengang des Paulus wird hier alltäglicher und greifbarer. **Timotheus und Epaphroditus** leben den Philippern vor, was Paulus meint: Sie sind Beispiele für „selbstlose Freundschaft, die in der gemeinsamen Verpflichtung gegenüber dem Evangelium und in gegenseitiger Vertrautheit, Zuneigung, Sorge, Sehnsucht und Selbstlosigkeit Gestalt gewinnt." (Rainer Metzner, In aller Freundschaft. Ein frühchristlicher Fall freundschaftlicher Gemeinschaft (Phil 2,25–30), in: New Testament Studies 48 (2002), 111–131) Freundschaft ist für die TN ein nahes und bekanntes Phänomen, mit dem sie sich identifizieren und damit besser nachvollziehen können, was Paulus hier meint. Er stellt die Freundschaft allerdings in den gedanklichen Rahmen der Nachfolge Christi. Freunde und Freundinnen können einander zu Boten der Liebe Christi werden und damit zu Glaubenszeugen, oder in der Terminologie des Paulus: ihre Freundschaft als Gottesdienst für den Glauben der Freunde leben.

Timotheus und Epaphroditus sind nicht nur in ihren Qualitäten Vorbilder, sondern auch in ihren Grenzen. Timotheus ist der, der hinter Paulus immer in der zweiten Reihe stand. Epaphroditus ist schwer krank gewesen und hat darin seine Grenzen erfahren. Sie sind sozusagen die Schutzheiligen der Menschen, die mit ihren Grenzen zu kämpfen haben: Timotheus der Schutzheilige derer, die die zweiten Geige spielen, und Epaphroditus der Schutzheilige der Burnout-Gefährdeten und anderweitig im Dienst Krankgewordenen.

 Haben Sie das schon einmal erlebt, im Schatten eines anderen zu stehen? Wie wichtig ist es Ihnen, gesehen zu werden. Gibt es bei uns auch eine Kultur der Wertschätzung für die im Hintergrund stehenden Menschen?

 Wie kommt das, dass so viele Menschen heute mit Burnout zu tun haben?
Erleben Sie krankmachende Strukturen?
Auch in der Gemeinden brennen Leute aus!

Der Spiegel berichtete am 8. April 2016: „Die Krankheit, die bei deutschen Arbeitnehmern am weitesten verbreitet ist, heißt Präsentismus. Sie ist immer dann akut, wenn ein Kollege zur Arbeit kommt, obwohl er so krank ist, dass er eigentlich das Bett hüten sollte. Wie verbreitet das Phänomen ist, hat der Deutsche Gewerkschaftsbund untersucht. Demnach schleppten sich im vergangenen Jahr mehr als zwei Drittel der Arbeitnehmer an wenigstens einem Tag krank zur Arbeit. [...] Eine Gruppe unter den Krankarbeitern ist auffällig groß, nämlich Menschen, die sich Sorgen um ihren Arbeitsplatz machen. Zusammenfassend kann man also sagen: Häufig ist es eine Form von Angst, die Menschen in den Präsentismus treibt."

Wie reagieren die TN auf diesen Bericht? Kennen sie das aus eigener Erfahrung?

 Machen Sie eine Umfrage mit den Füßen: Wie oft sind die TN selbst schon krank zur Arbeit gegangen? Eine Ecke in Raum steht für „noch nie", eine für „ein oder zwei Mal"; eine für „nur wenn's unbedingt sein muss"; eine für „eigentliche immer, wenn es noch irgendwie möglich ist". Bitten Sie die TN sich in die Ecke zu stellen, der sie sich zugehörig fühlen. Nehmen Sie die Verteilung mit allen bewusst war. Bitten Sie die TN sich gegenseitig zu erzählen, wie sie zu ihrer Einstellung gekommen sind.

Paulus stellt Epaphroditus' Krankheit in den Zusammenhang der Kreuzes-Nachfolge. Das kann sehr entlastend sein, weil damit der Krankheit ein positiver Wert zugesprochen wird. Sie ist keine Strafe Gottes, sondern im Gegenteil etwas, was den Kranken Gott sehr nahe bringt, weil es ihn mit Jesus Christus identifiziert. Wie sehen die TN ihre Krankheit? Welche Rolle spielt für sie Gott darin?

> **Das Kreuz Christi ist eine Last von der Art,**
> **wie es die Flügel für die Vögel sind. Sie tragen sie aufwärts.**
>
> Bernhard von Clairvaux

Lieder

EG 252 Jesus, der du bist alleine
EG 268 Strahlen brechen viele
EG 368 In all meinen Taten
EG 341 Nun freut euch
EG 414 Lass mich, o Herr, in allen Dingen
Gottes Wort ist wie Licht in der Nacht

3.3 Vorschlag für eine Bibelarbeit

Katharina Falkenhagen

Inhaltlicher Schwerpunkt

In diesem Text finden wir zwei Themenschwerpunkte, die inhaltlich im Sinne des Apostels gut verknüpft werden können. Im ersten Abschnitt beschreibt der Apostel wie sich Bewährung auf dem Weg zur Vollendung konkret gestaltet: Arbeit an sich selbst, Dienen ohne Murren und Hin- und Herreden, Festhalten an der Frohen Botschaft Jesu Christi. Im zweiten Abschnitt werden zwei Weggefährten des Paulus beschrieben: Der eine, Timotheus, ist eine starke und unerschütterliche Stütze des Paulus, der andere, Epaphroditus, ist durch persönliche Schwäche sehr eingeschränkt und im aufopferungsvollen Verkündigungsdienst krank geworden.

Materialien und Medien

- Bibeltexte (s. Teilnehmerheft o. DVD)
- Material für gestaltete Mitte: Papierfigur, Kerze
- Dicke Stifte
- Verschiedenfarbige Karten
- Bleistifte / Kugelschreiber für die TN
- Tabelle Gegenüberstellung der beiden Paulusmitarbeiter
- Goldenes / gelbes Band
- Teelichter für offenes Gebet zum Abschluss

Zur Gestaltung des Abends

Liturgische Eröffnung

→ Begrüßung

Zu unserem heutigen Abend im Rahmen der Ökumenischen Bibelwoche begrüße ich Sie herzlich. Im Mittelpunkt des heutigen Abends steht wieder eine Textpassage aus dem Philipperbrief des Apostels Paulus. Von ihm haben wir ja bereits einiges gehört. Heute lernen wir zwei Männer kennen, die dem Apostel in seinem Dienst besonders nahe standen. Sei reisten genau wie er durch das ganze Römische Reich, um die neu gegründeten Gemeinden zu besuchen, das Evangelium zu verkünden und die Gemeinden in ihrem Dienst zu stärken. Sie haben ebenso wie der Apostel versucht, im Sinne Jesu zu leben und Zeugnis zu geben.

→ Lied: Selig seid ihr, wenn ihr einfach lebt …

→ Gebet:

Guter Gott, wir kommen an diesem Abend zu dir. Auf dein Wort hören wir und suchen nach Antworten auf unsere ganz persönlichen Fragen. Wir kommen zu dir mit unserem Dank, dass du uns, Herr, in deinen Dienst gerufen hast. Wir kommen aber auch zu dir mit all unseren Zweifeln und Ängsten. Oft kommen wir im Alltag an die Grenzen unserer Kräfte. Sprich heute zu uns, hilf du unserem Kleinglauben und stärke unser Vertrauen in die Zusagen deines Sohnes Jesus Christus. Amen.

Auf den Text zugehen (15 min)

In der Mitte des Stuhlkreises oder des Tisches liegt bereits eine aus Papier ausgeschnittene menschliche Figur.

Wir sehen vor uns die Umrisse eines beliebigen Menschen. Er oder sie hat sich bewusst für einen Glauben an Jesus Christus entschieden. Er oder sie ist aktives Mitglied einer Gemeinde. Wie sollte dieser Mann / diese Frau sein oder ihr Leben als Christ/in konkret gestalten?

Die TN bekommen kleine Kärtchen. Sie werden eingeladen, sich einige Notizen zu machen. Dann stellt jeder TN seine / ihre Gedanken kurz vor. Die Karten werden rings um die Figur gelegt. Es kann auch ein kurzes Austauschgespräch geben.

Dem Text begegnen (30 min)

Der erste Teil des Textes Philipper 2,12–18 wird langsam vorgelesen. Danach liest jeder TN noch einmal in Ruhe für sich selbst.

Impulsfragen für das Gespräch:
– Wie stellt sich der Apostel Paulus einen Menschen in der Nachfolge vor?
– Wie sollen sich die Gemeindeglieder in Philippi verhalten?

Die einzelnen Textpassagen werden im Gespräch gesammelt und ebenfalls auf Kärtchen notiert und um die Figur herum gelegt.

Nun haben wir wirklich viel zusammengetragen, was einen guten Christenmenschen ausmachen soll. Bitte schauen sie sich noch einmal die vielen Aussagen und Ansprüche an.

Die TN können sich dazu äußern.

– Ganz schön viele Ideen.
– Hohe Ansprüche
– Würde mich überfordert fühlen.
– Ich glauben, man kann dem allen gar nicht gerecht werden.

Nun werden wir den zweiten Teil unseres heutigen Bibeltextes lesen.

Der zweite Teil des Textes, Philipper 2,19–30, wird langsam vorgelesen. Danach liest jeder TN noch einmal in Ruhe für sich selbst.

Von zwei Männern ist hier die Rede: Timotheus und Epaphroditus. Sie sind sehr nahe Vertraute des Paulus. Wir bekommen einige Informationen über die beiden. Lassen Sie uns diese Informationen in einer Tabelle zusammentragen.

Timotheus	Epaphroditus
- Zuverlässig	- Bruder, Mitstreiter und Mitarbeiter
- Selbstlos	- Bote für die Gaben der Gemeinde an Paulus
- Kümmert sich	- Heimweh
- Ist sehr bewährt	- Schwer krank, dem Tode nah
- Scheint schon länger mit Paulus zusammen zu sein	- Ist dem Paulus zur Last
- Ist wie ein Sohn für den Apostel	- Hat sein Leben gewagt stellvertretend für die Gemeinde
- ...	- ...

Welchen Eindruck haben Sie? Fühlen Sie sich einem der beiden Männer besonders nah?

Im Gespräch werden die beiden unterschiedlichen „Mitarbeitertypen" diskutiert. In diesem Zusammen-hang können auch biografische Details zum Lebensweg des Paulus eingebracht werden. Wenn genügend Zeit ist, können die TN eingeladen werden, eine fiktive Selbstbeschreibung von einem der beiden Män-ner zu verfassen. Die Texte können vorgelesen werden. Alternativ werden zwei bereits vorgefertigte Texte laut gelesen.

Mit dem Text weitergehen (20 Minuten)

Was können wir aus dem heutigen Abend mitnehmen? Obwohl wir uns immer wieder be-wusst machen, dass wir allein aus der Gnade Gottes leben und wirken, kann es im Verkündi-gungsdienst zu hohen Belastungen kommen. Wir möchten so gerne, dass alles gut gelingt, dass unsere Gemeinden wie „leuchtende Sterne am nächtlichen Himmel sind". Doch dann spüren wir immer wieder Grenzen und stöhnen unter der Last. Manch einer oder eine wird auch krank im aufopferungsvollen Dienst am Nächsten und am Evangelium.

Um die Figur und die Kärtchen in der Mitte wird ein gelbes/goldenes Band gelegt und eine Kerze angezündet. Dazu wird folgender Text gesprochen.

Am Anfang seines Briefes schreibt der Apostel Paulus an die Freunde in Philippi:

Ich danke meinem Gott jedes Mal, wenn ich beim Beten an euch denke. 4 Jedes Gebet für euch – für euch alle! – wird mir erneut zum Dank und erfüllt mich mit Freude: Dank und Freude, 5 dass ihr euch so eifrig für die Gute Nachricht einsetzt, seit dem Tag, an dem ihr sie angenom-men habt, und bis heute. 6 Ich bin ganz sicher: Gott wird das gute Werk, das er bei euch ange-fangen hat, auch vollenden bis zu dem Tag, an dem Jesus Christus kommt. Philipper 1,3–6

Liturgischer Abschluss

Die TN können nun zu einem freien Gebet eingeladen werden. Dank und Last können hier abgelegt werden. Wer möchte, kann ein Teelicht entzünden und auf eins der in der Mitte liegenden Kärtchen legen. Zum Beispiel:

Gott, oft wird in unseren Gemeinden und in unserer Kirche so viel hin und her diskutiert. Gib, dass wir aufeinander hören und dass aus Worten Taten werden.

→ Vaterunser

→ Lied: O, dass doch bald ein Feuer brennte ... (EG 255)

→ Segen

3.4 Bildbetrachtung – „Sodass ich nicht vergeblich gelaufen bin noch vergeblich gearbeitet habe."

Johannes Beer

Erich Krian: „Sodass ich nicht vergeblich gelaufen bin noch vergeblich gearbeitet habe." POM/10/09 - 11.10.2016, Mischtechnik auf Papier, 32 x 24 cm

Diese Arbeit von Erich Krian hat eine starke senkrechte Struktur, die die Fläche in vier Teile gliedert. Orange und Grün bilden in hellen Farbtönen das ganz linke und ganz rechte Viertel der Bildfläche. Dabei stehen die beiden Farben durch den annähernden Komplementärkontrast untereinander in einem intensiven Spannungsverhältnis. Sie rahmen die mittleren Flächen, auf denen wir blaue Töne und dunkle Strukturen wahrnehmen. Das Blau erinnert an fließende Wellenbewegungen. Das Dunkle hat im oberen Bereich fast etwas Schwingendes. Aber alle Bewegungen der Farben scheinen doch durch senkrechte Strukturen des Bildes begrenzt zu werden. Und doch ist das Bild voll unruhiger Spannungen. Keine Fläche ist geschlossen. An allen Stellen dringen jeweils andere Farben oder der Malgrund durch. Oder es wird die eine Farbe von der anderen leicht überlagert.

Je länger ich dies Bild betrachte, umso stärker gewinnt die dunkle Struktur für mich Gestalt. Obwohl ich doch weiß, dass es eine ungegenständliche Arbeit ist, werde ich immer mehr an eine sehr abstrakte menschliche Figur erinnert. Aufrecht stehend, schattenhaft vermeine ich die Schulterpartie und eine Andeutung eines Kopfes zu erkennen. Im Blauen darunter setzt sich dann schemenhaft die Figur fort.

Der glaubende Mensch ist hin- und hergerissen. Er steht ständig im Spannungsfeld der Herausforderungen. Etliche Gegensatzpaare lassen sich aus diesem Textabschnitt des Philipperbriefes herauslesen. Natürlich ist da die Furcht, auch gerade die Todesfurcht, die in der Verfolgungssituation sehr real sein konnte. Natürlich gibt es immer wieder Zweifel und manchmal Unmut oder Murren. Aber Paulus fordert auf, ohne Furcht, ohne Zweifel und ohne Murren als Christ zu leben. Natürlich sind sie und wir Gottes Kinder, aber es ist so schwer, als solche zu leben. Paulus nennt Epaphroditus und Timotheus als gelingende Beispiele und fordert seine Leserinnen und Leser auf, festzuhalten am Wort des Lebens, „sodass ich nicht vergeblich gelaufen bin noch vergeblich gearbeitet habe."

4 | Mit neuen Werten – Phil 3,1–16

4.1 Exegese

Peter Wick

1. Phil 3,1 Freut euch im Herrn (im Zentrum des Briefes)

1 *Übrigens, meine Brüder, freut euch im Herrn. Euch dieselben Themen zu schreiben, ist mir nicht peinlich, euch aber verleiht es Festigkeit.*

Paulus fordert als Quintessenz und als Schlussfolgerung von allem, was er bis jetzt gesagt hat, die Philipper nochmals zur Freude auf (vgl. 2,18). Mit einem weiteren Satz schreibt er, dass ihm Wiederholungen nicht peinlich sind. Was meint Paulus damit?

Die allerletzten kurzen Weisungen werden im zweiten Brief des Paulus an die Korinther folgendermaßen eingeleitet: „Übrigens, Brüder, freut euch ...“ (2Kor 13,11). Im nächsten Vers stehen die Grüße, dann kommt der Schlusssegen, der den Brief abschließt. Fast wörtlich heißt es hier im Philipperbrief: „Übrigens, meine Brüder, freut euch ...“.

Anmerkungen zum Briefboten stehen in der Regel bei Paulus am Briefende vor den letzten Weisungen und Grüßen. Offensichtlich tut Paulus hier so, als ob der Brief mit den nächsten Sätzen endet. Dies wurde im letzten Jahrhundert oft beobachtet. Viele haben daraus gefolgert, dass der Brief hier wirklich beinahe beendet und später ein Teil eines anderen Paulusbriefes darangehängt worden ist. Der Philipperbrief sei demnach gar nicht ein zusammenhängender Brief, sondern bestehe aus zwei oder sogar aus drei verschiedenen Briefen, von denen Briefköpfe, Vorworte, Aufzählungen von Adressaten und Grüße weggelassen worden seien.

In der Regel wird der zweite Satz dieses Verses anders als hier übersetzt, nämlich: „Euch dasselbe zu schreiben.“ Es wurde darüber diskutiert, ob sich dasselbe auf die vorangehende Aufforderung zur Freude oder auf die unmittelbar danach folgende Warnung vor Gegnern bezieht. Dabei wurde nicht beachtet, dass Paulus nicht im Singular, sondern im Plural schreibt. Er will nicht dasselbe, sondern dieselben Dinge bzw. über Themen schreiben. Das mache die Philipper im Glauben fest.

Im Folgenden wird gezeigt, dass Paulus seine Aussage in einem ganz besonderen Sinn wörtlich meint. Hier, wo er den Brief beinahe beendet hat, fängt er nochmals von vorne an und behandelt jedes Thema des Briefkorpus in derselben Reihenfolge und auch jeweils ziemlich genau in demselben Umfang wie in der ersten Briefhälfte.

Das Briefkorpus wird so zweigeteilt. Die erste Hälfte des Briefkorpus ist praktisch gleich groß wie die nun folgende zweite Hälfte. Die fünf Abschnitte und Themen der ersten Hälfte finden ihre Entsprechung in den fünf je gleich langen Abschnitten der zweiten Hälfte, die jeweils dasselbe Thema haben. So wird Paulus im nächsten Vers (3,2) wie am Anfang wiederum mit einem langen Selbstbericht anheben. Im achten Abschnitt wird es wie im dritten Abschnitt darum gehen, „gleich gesinnt zu sein“. Diese Wendung wird nur in diesen beiden Abschnitten benutzt. Im siebten Abschnitt wird Paulus wie im zweiten auf die Pflichten und Rechte der Himmelsbürger eingehen. Der zehnte Abschnitt enthält wie der fünfte korrespondenzartiges Schreiben. Wenn es hier um Epaphroditus als Gabe der Philipper geht, dann dort um die weiteren Gaben der Philipper, die Epaphroditus überbracht hat. Nur der Hymnus hat kein Gegenstück. Dies wird natürlich alles im Einzelnen nachgewiesen und erklärt. Doch hätte

Paulus „dasselbe zu schreiben" bloß auf den Aufruf zur Freude bezogen, hätte er dies wie in 2,18 mit dem Singular getan: „Dasselbe auch ihr, freut euch und freut euch mit mir." Doch er wählt den Plural: „Euch dieselben Themen / Dinge zu schreiben, ist mir nicht peinlich, euch aber verleiht es Festigkeit." Paulus wird nun genau das tun, was er hier schreibt.

Wenn aber das Briefkorpus abgesehen vom Hymnus aus zwei gleich langen, gleich aufgebauten Hälften besteht und die zweite Hälfte mit dem Hinweis beginnt, dass Paulus nochmals zu denselben Themen schreiben wird, dann rückt der erste Teil von 3,1 ins exakte Zentrum des Philipperbriefes. Im strukturellen Zentrum des Briefkorpus steht der Aufruf zur Freude. Die Freude ist nicht nur inhaltlich, sondern auch strukturell zentral (s. dazu oben: Einleitung: 2.).

1.–5. Abschnitt (ohne Hymnus)

    3,1a Übrigens, meine Brüder, freut euch im Herrn ...

2. Abschnitt ab 3,1b – 10. Abschnitt

Doch was ist mit dem Hymnus? Der Hymnus ist ohne Gegenstück an den dritten Abschnitt angehängt. Thematisch ergibt sich so folgende Struktur aus den Abschnitten, die inhaltlich einander gegenüberstehen.

1. Abschnitt	6. Abschnitt
2. Abschnitt	7. Abschnitt
3. Abschnitt und Hymnus	8. Abschnitt
4. Abschnitt	9. Abschnitt
5. Abschnitt	10. Abschnitt

Der Hymnus kommt so im Zentrum der Themen zwischen dem dritten und dem achten Abschnitt zu stehen. Der Weg von Christus bildet das thematische Zentrum des Briefes, in dessen Zentrum das Kreuz steht. So hat dieser Brief zwei Zentren, die Freude und der Weg von Christus ans Kreuz und seine Erhöhung durch Gott. Diese Beobachtungen helfen uns, um die zweite Hälfte des Briefes besser zu verstehen und nochmals die erste Hälfte in den Blick zu nehmen. Erstens muss der ganze Brief auf den Aufruf zur Freude im Herrn hin gelesen werden. Zweitens ist die Gesinnung Christi offensichtlich zentral für den ganzen Brief und damit für jeden Abschnitt des Briefes. Drittens werden die jeweils parallelen Abschnitte bei deren Auslegung ganz besonders aufeinander bezogen werden müssen.

2. Phil 3,1-16 Paulus ist noch nicht am Ziel (6. Abschnitt des Briefkorpus)

Der 6. Abschnitt sowie die ganze zweite Hälfte des Briefes fängt, wie oben gezeigt, mit 3,1b an.

2 Seht die Hunde, seht die bösen Arbeiter, seht die Zerschneidung. 3 Denn wir sind
die Beschneidung, die wir im Geist Gott dienen und uns rühmen in Christus Jesus
und nicht auf Fleisch vertrauen, 4 obwohl auch ich auf Fleisch vertrauen haben könn-
te. Wenn ein anderer meint, auf Fleisch vertrauen zu können, ich noch mehr: ...

Oft wird dieser Vers so verstanden, dass Paulus vor Gegnern warnt. Doch als Warnung bleibt er zu vage. Überhaupt werden die Gegner der Philipper nirgendwo konkret fassbar. Offensichtlich fordern sie die Beschneidung und wollen damit wie Juden leben, obwohl sie nicht als Juden zum Glauben an Christus gekommen sind. Die Gemeinden in Galatien beugten sich solchen Forderungen (Gal 5,3–4). Bei den Philippern hat Paulus ganz offensichtlich keine

Sorge, dass sie in die Irre gehen würden. Schon mit dem ersten Vers hat er gezeigt, dass er in diesem Brief nicht apostolisch den Glauben sichern will. Die wörtliche Bedeutung dieses Verses scheint deshalb die plausibelste zu sein. Paulus fordert die Philipper dazu auf, die Gegner genau zu betrachten und als negative Beispiele zu sehen. Paulus polemisiert, dass sie gegen die Gesinnung Christi leben. Die drei Wirkungen der Gesinnung Christi werden hier negativ dargestellt (s. o. Einheit 2).

1. Wenn die Gesinnung Christi eine soteriologische Folge zeitigt, die den Menschen, der so gesinnt ist, erhöht und ihm Heil schenkt, so geschieht bei ihnen das Gegenteil: Sie leben ohne Heil. Juden konnten Nichtjuden als Hunde bezeichnen. Das tut Paulus hier sarkastisch bei den Philippern. Er argumentiert: Wer als nichtjüdischer Jesusanhänger jüdisch leben will, der gewinnt nicht mehr Heil, sondern verliert es.

2. Die Gesinnung Christi führt zu missionarischer Frucht. Immer mehr Menschen und zuletzt jedes Geschöpf wird Christus bekennen. Die Gegner sind „böse Arbeiter", sie erbringen keine gute Frucht.

3. Die gelebte Gesinnung Christi mündet zuletzt in den großen Lobpreis Gottes. Die Gegner werden als Zerschneidung gekennzeichnet. Paulus spielt damit auf die Eunuchen an, die nach der Tora den Tempel nicht betreten dürfen, um Gott zu loben. Der Tempel in Jerusalem ist der bevorzugte Ort, um Gott zu loben. Paulus braucht wiederum eine metaphorische Anspielung auf den Tempelgottesdienst, um zu sagen, dass die Gegner vom Lobpreis ausgeschlossen werden. Diese judaisierende Gegner landen also zuletzt durch Gottes Wirken nicht ganz oben, sondern ganz unten.

Paulus wirft ihnen vor, dass sie auf die Beschneidung ihrer Vorhaut und damit auf Fleisch im wörtlichsten Sinne vertrauen. Paulus setzt zusammen mit den Philippern sein Vertrauen auf Jesus Christus und rühmt sich, dass er nicht aufgrund seiner Leistung zu Christus gehört, sondern weil Gott an ihm gnädig gehandelt hat. So dient er im Geist Gott. In der jüdischen Tradition bedeutet das Wort *dienen* „Gottesdienst feiern". Paulus schreibt: Wir feiern im Geist Gottesdienst für Gott. Solche Gottesdienste finden für Paulus im Alltag (vgl. Röm 12,1) durch das Leben der Gesinnung Christi statt. Schon hier zeichnet sich ab: Wer den Glauben an Jesus Christus mit der Beschneidung ergänzen will, lebt das Gegenteil der Gesinnung Christi. Er geht nicht den Weg des Sich-Verschenkens nach unten, sondern den Weg nach oben zu mehr Ehre. Gott wird ihn von dort herunterstoßen.

Ab V.4 tritt Paulus in einen ironischen Wettstreit mit diesen Gegnern ein. Er hat noch viel mehr Grund als diese, auf Fleisch, seine Beschneidung und seine leibliche Abstammung zu vertrauen, weil er in dieser Hinsicht offensichtlich viel privilegierter ist als diese Gegner.

5 *Beschnitten am achten Tag, aus dem Volk Israel, vom Stamm Benjamin, Hebräer von Hebräern, nach dem Gesetz ein Pharisäer,* **6** *dem Eifer nach ein Verfolger der Gemeinde und nach der Gerechtigkeit im Gesetz untadelig geworden.*

Beschnitten am achten Tag ist nur, wer von jüdischen Eltern geboren worden ist. Offensichtlich konnten die Gegner dies nicht vorweisen. Dasselbe gilt für die Abstammung aus Israel. Paulus weiß, zu welchem Stamm er gehört. Als Benjaminit trägt er den Namen von Saul, des ersten Königs von Israel und berühmtesten Vertreters seines Stammes.

Gott hat Abraham herausgerufen aus den Völkern und aus ihm das Volk Gottes entstehen lassen. Die zwölf Stämme entsprechen dem göttlichen Willen. Gott gebot dem Abraham, seine männliche Nachkommenschaft am achten Tag nach der Geburt zu beschneiden. An seinem Sohn Ismael war dies nicht mehr möglich, weil er schon zu alt war, als Abraham dieses Gebot empfing. Doch Isaak als Sohn der Verheißung wurde erst später geboren und wurde am achten Tag beschnitten. So ist die Beschneidung und die Abstammung des Paulus nicht einfach ein menschliches Privileg, sondern ein göttlich sanktioniertes. Gott hat seinem Volk die Tora gegeben. Auch die Tora gehört zu den göttlichen Privilegien Israels (so Röm 9,4). Paulus hat die Tora nach den besonders strengen Auslegungen der Pharisäer gelebt und ist nach der Gerechtigkeit, die in der Tora gefordert wird, untadelig geworden. Im Römerbrief und im Galaterbrief betont er, dass niemand alle Forderungen der Tora erfüllen kann. Hier argumentiert er anders. Was von der Tora an Gerechtigkeit möglich ist, darin ist er vollkommen geworden. Auch sein Eifer für das Gesetz ist etwas, was in der Tora hoch angesehen ist. So eiferte der Priester Pinhas für Gottes Willen (Num 25,11). Doch offensichtlich hat sich bei Paulus in diesen Eifer und Einsatz für Gott und sein Gesetz etwas eingeschlichen, was er im Nachhinein als Böse ansehen muss. Er ist dabei zu einem Verfolger der Gemeinden geworden. Doch das schmälert nicht die Tatsache, dass Paulus durch seine leibliche Abstammung mit hohen göttlichen Privilegien versehen war.

7 *Aber alles, was mir Gewinn war, habe ich um Christi willen als Schaden geachtet,* **8** *ja vielmehr achte ich alles als Schaden um der Unüberbietbarkeit der Erkenntnis Christi Jesu, meines Herrn, willen, um dessentwillen ich das alles eingebüßt habe. Und ich achte es als Dreck, damit ich Christus gewinne* **9** *und in ihm gefunden werde als einer, der ich nicht meine Gerechtigkeit aus dem Gesetz habe, sondern die durch den Glauben an Christus, die Gerechtigkeit aufgrund des Glaubens, ...*

Viermal verwendet Paulus hier „achten als", welches in diesem Brief bereits mehrfach als Codewort für die Gesinnung Christi gedient hat. Offensichtlich zeigt Paulus wieder, wie er die Gesinnung Christi lebt. Im Gegensatz zum ersten Abschnitt spielt hier aber die Gefangenschaft keine Rolle, sondern seine Bekehrung. Wie Christus seine Göttlichkeit losgelassen und sie nicht für einen Raub geachtet hatte, so achtet Paulus seine biblischen und damit auch göttlichen Privilegien als etwas, was er loslassen will. Ja er hat sie aktiv von sich gestoßen und macht dies immer noch, weil er davon überzeugt ist, dass, wenn er weiterhin auf diese vertraut, er nicht ganz zu Christus finden kann. Paulus spricht sogar aggressiv davon, wie er sich seiner Privilegien entäußert hat. Er achtet sie für Schaden und sogar für Dreck. Für dieses Loslassen, diese *Kenosis,* erhofft er sich eine Erhöhung durch Gott, die viel größer ist als das, was er losgelassen hat. Paulus bezeichnet diese soteriologische Folge als die Erkenntnis Christi Jesu, die durch nichts zu überbieten ist. Er nennt es auch „Christus gewinnen" und in ihm sein. Obwohl er nach dem Gesetz untadelig gerecht gewesen war, stößt er diese Gerechtigkeit von sich, um dafür die nicht zu verdienende Gerechtigkeit durch den Glauben an Christus zu empfangen, nämlich die Gerechtigkeit, die Gott dem Glauben zurechnet (vgl. Gen 15,6). Interessant ist, dass Paulus seine Privilegien in der Vergangenheit von sich gestoßen hat und es jetzt immer noch tut. Jedenfalls hat er sie als Schaden geachtet (3,7) und tut es immer noch (3,8). Wahrscheinlich deutet Paulus damit den Philippern an, dass er darum weiß, wie leicht der Mensch versucht sein kann, sich großzumachen mit dem, was er von Gott empfangen hat. Doch Paulus will Christus nachahmen, sich kleinmachen und sich demütigen, um offen zu sein, damit Gott an ihm und durch ihn Großes tut.

10 *... um ihn zu erkennen und die Kraft seiner Auferstehung und die Gemeinschaft seiner Leiden, indem ich mit seinem Tod gleichgestaltet werde,* **11** *ob ich etwa hingelangen werde zur Auferstehung von den Toten.*

Paulus erachtet alle seine früheren Privilegien als Verlust und gibt sie freiwillig preis, damit er die Gerechtigkeit aus Glauben und die Gemeinschaft mit Christus erhält. Doch mit diesen Gaben geht der Weg in der Gesinnung Christi erst recht weiter. Paulus hofft darauf, noch größere Gaben zu empfangen, nämlich Christus und seine Kraft der Auferstehung noch tiefer erkennen zu dürfen. Mit dem Weg Christi als Verstehenshintergrund ist ihm klar, dass er diese hohen Gaben nur durch den Weg in das Leiden empfangen wird. Deshalb möchte er auch die Koinonia mit den Leiden von Christus tiefer erfahren. Er ist bereit, um Christi willen Leiden auf sich zu nehmen und sogar mit dem Tod Christi ganz eins zu werden. Der Hymnus wirkt weiterhin sehr stark im Hintergrund. Dies zeigt sich auf der Wortebene. Paulus ist bereit, sich wie Christus bis in den *Tod* hinein hinzugeben. Wie Christus die Gestalt eines Sklaven angenommen hat, so möchte Paulus sogar mit seinem Tod gleich-gestaltet-werden. Er hofft ,durch diese Erniedrigung selbst Anteil an der Auferstehung von den Toten zu erhalten.

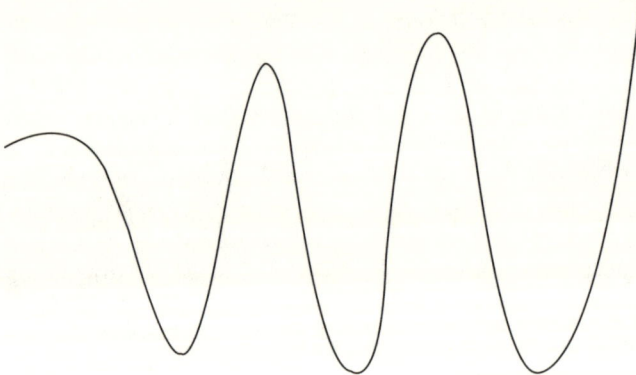

Der Weg der Selbsthingabe geht mehrfach hinunter und wieder hinauf.

Der Weg des Hymnus wird für Paulus zu einem Lebensweg, der wellenförmig verläuft. Paulus hat von Gott seine jüdischen Privilegien empfangen und ist bereit, diese aktiv loszulassen. Dadurch hofft er, noch mehr von Gott zu empfangen, nämlich die Glaubensgerechtigkeit und die Gemeinschaft mit Christus. Doch auch an diese Heilsprivilegien will er sich nicht klammern, sondern sich freiwillig erneut hinunter in Leiden und Tod hineinbegeben, damit er zuletzt das Größte von Gott empfängt, nämlich die Auferstehung von den Toten und die vollständige Gemeinschaft mit Jesus Christus. Er hat in der Vergangenheit mit diesem Weg angefangen, in der Gegenwart wird er ganz durch diesen Weg geprägt und aufgrund dieses Weges ist er voller Hoffnung für die Zukunft. Gott wird handeln und ihn beschenken.

12 *Nicht dass ich es schon ergriffen habe oder dass ich schon vollkommen bin, ich jage ihm aber nach, ob ich es ergreifen möge, weil auch ich von Christus ergriffen worden bin.* **13** *Brüder, ich denke von mir nicht, dass ich es ergriffen habe, eins aber tue ich: Indem ich das dahinten vergesse und mich nach dem, was vorne ist, ausstrecke,* **14** *jage ich auf das Ziel zu, hin zum Siegespreis der Berufung Gottes in Christus Jesus nach oben.*

In einem gewissen Sinn lässt Paulus auch das, was er bereits erreicht und von Christus empfangen hat, wieder los. Er klammert sich nicht an sein bereits empfangenes Heil und ruht sich nicht darauf aus. Mit diesen Versen zeigt er ganz besonders, dass er das lebt, was er von den Philippern in 2,12f. verlangt. Hier schreibt er über dieselbe Spannung von eigener Aktivität und Gottes Handeln, formuliert es aber anders: Er vollendet sein Heil, indem er ihm nachjagt. Er denkt von sich nicht, dass er sein Heil im Griff hat, aber er vertraut darauf, dass Christus es ist, der ihn ergriffen hat. Dies ließe sich auch mit den Worten von 2,12f. umschreiben: Er vollendet sein Heil mit Furcht und Zittern, da Gott es ist, der sein Heil bewirkt. Die Gerechtigkeit aus Glauben ist ein großes Geschenk, doch sie ist für Paulus nicht genug. Das Heil des Menschen findet seine Vollendung dadurch, dass Gott ihn in Christus in den Himmel beruft.

15 *So viele nun vollkommen sind, lasst uns so gesinnt sein. Und wenn ihr in irgendetwas anders gesinnt seid, wird euch Gott auch dieses offenbaren.* **16** *Nur, wozu wir gelangt sind, damit lasst uns in Übereinstimmung bleiben.*

Die Parallele zum ersten Selbstbericht verlangt, dass Paulus nun seinen Selbstbericht abschließend mit den Philippern verbindet. Er tut dies, indem er sie in ein großes „Wir" miteinschließt und nun alle zusammen anspricht. Offensichtlich dient auch dieser Selbstbericht dazu, die Gemeinschaft zwischen ihm und den Philippern zu fördern. Sie sollen diese Gesinnung haben, die auch Paulus auszeichnet. Selbstverständlich ist hier wieder die Gesinnung Christi gemeint, gemäß der Paulus lebt. Dies demonstriert er in beiden parallelen Selbstberichten. Wer die Gesinnung Christi lebt, ist vollkommen. Die Vollkommenheit nach dem Gesetz, die Paulus vor seiner Berufung erreicht hat (3,6), ist durch die Vollkommenheit in der Gesinnung Christi abgelöst. Es gibt keinen Grund „so viele nun vollkommen sind" ironisch zu verstehen. Wer wie Christus gesinnt ist, lebt vollkommen. Ob der Mensch die ganze Zeit wie Christus gesinnt und deshalb vollkommen sein kann, ist eine Frage, die hier nicht erörtert wird. Auf jeden Fall ist zu fragen, wie Paulus den Status der Vollkommenheit versteht.

In 1Kor 13,13 gibt es für Paulus Abstufungen zwischen Glaube, Hoffnung und Liebe. Die Liebe ist die höchste. Im Philipperbrief geht es vor allem um die Liebe, in der die Philipper noch kompetenter sein sollen und die durch die Gesinnung Christi gelebt wird. So ist es sogar logisch, wenn Paulus diejenigen, die im Glauben an Christus die Liebe als die größte leben, auf einer höheren „Stufe" einordnet als diejenigen, die bloß glauben.

Paulus kann im Galaterbrief diejenigen verfluchen, die ein anderes Evangelium verkündigen als er. Bei einer Gefährdung des Glaubens gibt es für Paulus keine Toleranz (Gal 1,8f.). Wenn es um Ordnung und Anstand in der Gemeinde geht wie im ersten Brief an die Korinther, kann Paulus zu seinen Anweisungen hinzufügen, dass er keine Diskussion, sondern Gehorsam erwartet (1Kor 11,16). Seine Anstandsethik begründet er in diesem Brief mit der Hoffnung auf die Auferstehung der Toten (1Kor 15,32f.). Hier im Philipperbrief, wo es vor allem um die

Liebe geht, formuliert Paulus mit diesen Versen sein „Toleranzedikt". Wer noch nicht so weit ist mit der Gesinnung Christi wie er, bekommt keinen Tadel, sondern Gott wird ihm alles weitere offenbaren. Paulus schreibt: Macht nichts, das wird schon noch kommen. Nur das eine ist wesentlich: Niemand soll unter den „Level" seiner Liebesfähigkeit und Liebeskompetenz, auf den er schon gelangt ist, zurückfallen.

Offensichtlich sind die Liebeskompetenz und der Fortschritt in der Gesinnung Christi mit Wachstum verbunden, das seine Zeit braucht. Paulus gesteht allen, die bereits auf dem Weg der Liebe unterwegs sind, soviel Zeit für das Wachstum zu, wie sie brauchen.

Die Parallelen zwischen dem ersten und dem sechsten Abschnitt sind bemerkenswert. Ohne den Satz „übrigens Brüder, freut euch im Herrn", der das Zentrum des ganzen Briefkorpus bildet, stehen sich 243 zu 243 Wörter nach der wissenschaftlichen Ausgabe des griechischen Textes von Nestle-Aland gegenüber. Hier wie dort berichtet Paulus ausführlich von sich selbst. In 1,12–26 informiert er über seine aktuelle Situation, in 3,1–16 erzählt er viel grundsätzlicher von seinem Verhalten und Bestreben auf dem Weg mit Jesus Christus. Sein Leiden und sein potenzieller Tod sind für Paulus in diesen beiden Abschnitten Schritte auf dem Weg der Gesinnung Christi, die Paulus willkommen heißt. Hier wie dort beginnt und beendet er seinen Selbstbericht, indem er die Philipper explizit mit einbezieht. Sie sollen informiert werden (1,12), ihr Rühmen in Christus Jesus soll größer werden (1,26). Sie werden durch die Wiederholung der Themen fest im Glauben und sollen sich die Gegner betrachten (3,2f.) und sie sind mit Paulus auf dem Weg der Gesinnung Christi (3,15f.). Im ersten Abschnitt thematisiert Paulus, was ihm nützlich zum Heil ist, und im sechsten, was seinem Heil schadet. Nützlich sind für ihn sein Leiden und sogar sein Sterben, schädlich seine Privilegien, vor allem die, die er von Geburt an von Gott empfangen hat. In den parallelen Selbstberichten schreibt er vom Gewinn, der ihm das Sterben ist (1,21), und von dem, was er jetzt als Schaden erachtet (3,7), außerdem davon, dass er Christus gewinnen will (3,8). Die Wörter „Gewinn" und „gewinnen" werden sonst im Brief nie verwendet. Hier wie dort schreibt er von seinem Tod. Christus soll auch durch seinen Tod großgemacht werden am Leib des Paulus (1,20) und er selbst möchte dem Tod Christi gleichgestaltet werden (3,10). Offensichtlich hat Paulus beide Abschnitte auf sprachlicher und inhaltlicher Ebene nicht nur mit dem Hymnus, sondern auch eng miteinander verwoben. Sie sagen dasselbe mit unterschiedlicher Akzentuierung aus. Besonders eindrücklich ist die Parallele von „im Fleisch", die im Deutschen teilweise auch mit „auf Fleisch" übersetzt werden muss, aber im Griechischen wörtlich parallel ist. Diese Wendung kommt im Phil nur in diesen beiden Abschnitten vor. „Im Fleisch" ist die notwendige, positive Voraussetzung, dafür, dass Paulus weiterhin Frucht bringen kann bei den Philippern (1,22.24). Darauf zu vertrauen, ist der ganz falsche Weg (3,3f.): Wer Jesus Christus nachfolgen will, muss ganz Mensch sein und Ja zu sich, seinem Körper und seinen Grenzen sagen. „Im Fleisch" bedeutet auch, dass er nicht perfekt und nicht frei von der Versuchung der Sünde und schon gar nicht sicher vor deren Auswirkungen ist. Der Mensch „im Fleisch" muss noch sterben, um ganz bei Jesus Christus zu sein. Der Mensch „im Fleisch" ist versucht, auf menschliche, weltliche und mitunter auch leibliche Vorteile zu vertrauen. Davor warnt Paulus ausdrücklich. Solch ein Vertrauen unterhöhlt und zerstört das Vertrauen auf Jesus Christus.

4.2 Der Text heute – Themen und Bausteine

Kerstin Offermann

Zwei entscheidende Hinweise zum Verständnis des Philipperbriefes liefert Paulus zu Beginn dieses Textes: Der ganze Brief steht unter dem Vorzeichen der Freude. *Jeder* Gedankengang des Paulus läuft auf die Freude zu und ist von ihr durchdrungen. Die Freude ist *das* Kennzeichen einer christlichen Existenz.

Und: Mit dem Brief und mit seiner Argumentationsstruktur will Paulus die Philipper in ihrem Glauben gewiss machen. Es geht Paulus darum, dass der Glaube der Philipper wächst und reif wird. Paulus ist für die Philipper ein Trainer und Mentor, ein Unterstützer und Lehrer. „Wiederholung ist die Mutter der Pädagogik!" Die Philipper sind auf einem guten Weg. Darin will er sie unterstützen und anspornen.

1. Lebensläufe

Damit kommt der Aspekt der **Biografie** in den Blick: sowohl die des Paulus als auch die der Philipper.

„Wenn man sich nicht die Zeit nimmt, die eigenen Wege zu bedenken, kann man auch den Glauben nicht bewahren" (Berger 719). Die Rückschau auf das eigene Leben wird zur Begegnung mit Jesus Christus. Er hat die Deutungshoheit über sein Leben – auch über die Vergangenheit (vgl. Exegese 1.1). An ihm alleine misst sich, was darin gut und was schlecht war.

Ab V.7 hat man den Eindruck, Paulus würde den Philippern sein Testament vorlegen (wie vorher schon in 1,21–25): die Quintessenz seines Lebens, das testamentarisches Festhalten der eigenen Grundüberzeugungen. Entsprechend kommt sein ganzes Leben noch einmal in den Blick, als Rückblick angesichts von drohendem Abschied und Tod und dem Ausblick auf die Zukunft. Alle drei Perspektiven (Vergangenheit, Gegenwart und Zukunft) sind von Jesus Christus bestimmt.

Paulus spricht von einem gewaltigen **Bruch in seinem Leben**, der alles verändert hat. Gestalten Sie mit den TN ein Vorher-Nachher-Bild von Paulus. Wie war er vor seiner Bekehrung – wie war er danach? Hat tatsächlich *er* sich verändert, d. h., hat Paulus einen anderen Charakter, eine andere Herangehensweise an die Dinge? Oder ist er nicht vielmehr immer noch genauso, wie er vorher war und nur der Bezugsrahmen, in den er sein Leben stellt, hat sich geändert? Achten Sie darauf, dass der Text nicht anti-jüdisch interpretiert wird. *Paulus* wendet zwar *als Jude*, wie in 1Thess 2,15, ein Element des antiken Antisemitismus auf die Juden an (Berger 728), aber das gibt uns nicht das Recht, es ihm gleichzutun. Den Text anti-jüdisch zu lesen, würde auch an der Aussageabsicht von Paulus vorbeigehen. Es geht nicht darum, dass die jüdischen Privilegien an sich falsch oder schlecht oder abzulehnen wären, sondern darum, dass Paulus auf diese Privilegien verzichtet, so wie Jesus auf seine Gottgleichheit verzichtet hat. Ihm geht es darum, all das immer noch radikaler loszulassen, was ihm **vermeintliche Sicherheit und Stärke** verleiht, damit er die Kraft der Auferstehung noch radikaler erlebt. Was wären solche Sicherheiten im Glauben, die wir heute loslassen könnten und sollten, um uns noch mehr in Gottes Hände zu geben und Jesus ähnlicher zu werden, um die Kraft seiner Auferstehung zu erfahren?

Vielleicht haben die TN solche Brüche auch erlebt. Vielleicht war es, wie bei Paulus, ihre **Bekehrung**. Sprechen Sie mit den TN darüber, ob sie von so etwas wie einer Bekehrung berichten können. Was hat sich nach der Bekehrung verändert? Was war vorher wichtig und nachher nicht mehr? Vielleicht war es aber auch gar nicht die Bekehrung, die im Leben der TN alles verändert hat, sondern ein anderes Ereignis: der Tod eines nahen Menschen, ein Umzug, die Geburt der Kinder o. Ä.

 Bitten Sie die TN, sich ihr Leben als eine Linie vorzustellen und eine solche **Lebenslinie** zu zeichnen. In jeder Biografie gibt es solch einschneidende Momente, wie Paulus sie berichtet. Die einschneidenden Erfahrungen der TN mögen andere sein als bei Paulus: Schulabschluss, Berufseinstieg, Hochzeit, Kinder, Berufsende, Tod eines nahen Menschen etc. Bitten Sie die TN, diese Ereignisse an der Linie einzutragen und zurückzudenken: Wonach haben sie sich in den verschiedenen Phasen ihres Lebens ausgestreckt? Was macht sie im Rückblick stolz? Was hat sie ergriffen? Was hat sie begeistert? Wie nah oder fern waren die TN in den Momenten Gott? Welche Rolle spielt Jesus Christus, wenn sie an ihr bisheriges Leben zurückdenken. Bitten Sie die TN, sich Zeit zu nehmen, um eine **Quintessenz** ihres bisherigen Lebens zu formulieren, um sie an ihre Kinder, Enkel oder an die gegenwärtigen Konfirmanden weiterzugeben.

 Lassen Sie den TN Zeit, ihr Leben noch einmal im **Gebet** vor Jesus Christus zu bedenken und es ihm abzugeben: Für die Dinge, mit denen sie hadern und die sie belasten, Jesus um Vergebung und Heilung zu bitten. Jesus für die Dinge, die schön und beglückend waren, zu danken. Für das, was ungeklärt und offen ist, um Beistand, Hilfe und Klärung zu bitten.

2. Christus erkennen

Für Paulus ist das Wichtigste: **Christus zu erkennen**. „Erkennen" ist in der Bibel nie nur ein intellektueller Vorgang, wenn es auch etwas mit Nachdenken zu tun hat. Es geht auch immer um eine tiefe emotionale Bildung und um eine Form der Lebensgestaltung.

 Tragen Sie mit den TN zusammen, welche Synonyme sich im Text (und in den vorherigen Texten) für „Christus erkennen" finden lassen: Christus gewinnen – in Christus sein – Himmelsbürger sein – mit Christus eins sein – Gemeinschaft mit Christus – Gemeinschaft der Leiden – Seinem Tod gleichgestaltet werden.

Christus erkennen, bedeutet für Paulus, Christus immer ähnlicher zu werden, in seiner Kraft-Sphäre zu leben. „Im Herrn" bezeichnet einen Raum, bezeichnet eine Gemeinschaft, bezeichnet das „wie Christus gesinnt sein", mit ihm zu leiden, sich an Christus zu orientieren, sich ihm entsprechend zu verhalten, durch die Kraft seines Geistes. Um dann auch **die Kraft seiner Auferstehung** zu erfahren. Die Kraft der Auferstehung ist die Schöpfungskraft Gottes, die neues Leben und Wesen schafft – schon heute in und unter uns. Die Kraft seiner Auferstehung ist die Kraft, durch die Gemeinschaft entsteht. Es ist die Kraft, die Freude weckt. **Freude ist eine Geistesgabe**. Sie sprudelt zwar in uns, aber sie kommt von außen in uns hinein. Sie ist die Gegenwart des Geistes Christi in uns. Diese intime Verbindung mit Jesus Christus, die wir heute schon erfahren, ist aber nur ein

Schatten dessen, wie es sein wird, ganz bei Jesus Christus zu sein. Paulus sehnt sich danach, auch wenn er ihm jetzt schon so nah ist. Seine Liebe zu Jesus sehnt sich nach vollkommener Einheit. Die ist noch nicht möglich, weil Paulus noch im „**Fleisch**" lebt. Im Fleisch zu leben, also unter den Bedingungen der Existenz auf dieser Erde, in diesem Leben, ist die notwendige, positive Voraussetzung dafür, dass Paulus weiterhin Frucht bringen kann bei den Philippern (1,22.24). Wer Jesus Christus nachfolgen will, muss ganz Mensch sein und ein Ja zu sich und seinem Körper und zu seinen Grenzen haben. Die Existenz im Fleisch ist entweder der Ort der Selbstehrung oder der Ort der Selbsterniedrigung. Es ist der Ort des alltäglichen Gottesdienstes. Im Fleisch zu sein, bedeutet auch, dass er nicht perfekt und nicht frei von der Versuchung der Sünde und schon gar nicht vor deren Auswirkungen ist. Der Mensch im Fleisch muss noch sterben, um ganz bei Jesus Christus zu sein. Der Mensch im Fleisch ist versucht, auf menschliche, weltliche und mitunter auch leibliche Vorteile zu vertrauen. Davor warnt Paulus ausdrücklich. Solch ein Vertrauen unterhöhlt und zerstört das Vertrauen auf Jesus Christus.

3. Vollkommen sein

Wenn Paulus sich also danach ausstreckt, vollkommen sein, und auch die Philipper dazu animieren möchte, den Weg der Vollkommenheit zu gehen, kann das nicht mehr bedeuten, dass er versucht, aus eigener Anstrengung einem göttlichen Ideal zu entsprechen. „Vollkommen" kann sich nur an Jesus Christus orientieren, der genauso wie Paulus wenig vorzuzeigen hat, das vollkommen erscheint. Die Vollkommenheit Christi kommt aus der Kraft seiner Auferstehung, die er passiv erfährt, und sie ist untrennbar an die Gemeinschaft seiner Leiden gebunden.

 Für uns ist vollkommen oft ein Synonym für „perfekt" oder auch – wie es im Text heißt – „makellos". Was ist für uns vollkommen? In einem Popsong (Topic & Ally Brooke – Perfekt) heißt es: „Es gibt immer jemanden, der schöner ist, oder stärker, oder netter, aber du sagst, für dich bin ich perfekt." Vollkommenheit – auch wie Paulus sie meint – hat also was mit Beziehung zu tun, mit Liebe.

 Sehr schön wird das in der Geschichte „Das perfekte Herz" beschrieben. (*Kurzlink:* http://0cn.de/cfk1; Der Text ist auch auf der DVD enthalten)

Vollkommenheit hat auch viel mit der Freude des Geistes Gottes zu tun. Freude ist die Energie, die einen davor bewahrt, die Vollkommenheit in der Gesetzlichkeit zu suchen oder sich in der Selbstgenügsamkeit auszuruhen. Darum betont Paulus immer wieder: Lasst euch die Freude nicht rauben! Sie ist die Kraft der Auferstehung. Sie ist die Energie, die euch auf dem Weg zur Vollkommenheit in der Balance hält.

Gleichzeitig vergleicht Paulus seinen Weg zur Vollkommenheit aber auch mit einem **Wettkampf**, wobei er sich eines Bildes aus der Lebenswelt der Philipper bedient. Der römische Ehren-Wettstreit war an das römisches Bürgerrecht gebunden und damit ein Privileg. Nicht jeder durfte zeigen, was er draufhat. Die Philipper dürfen das, denn sie sind Himmelsbürger. Sie können zeigen, was sie als Himmelsbürger auszeichnet. Vielleicht so, wie Jugendliche bei „Jugend forscht" oder „Jugend musiziert" zeigen können, wie gut sie in dem sind, was sie leidenschaftlich gerne tun und in das sie viel Zeit und Energie investiert haben. Es hat dann auch immer etwas damit zu tun, das sie zeigen, wer sie sind.

Vielleicht könnte für uns heute die Parallele mit Computerspielen hilfreich sein, die für viele Menschen sehr faszinierend sind. Oder auch die Parallele zu anderen Gesellschaftsspielen und Sportwettkämpfen. Es gibt eine Lust daran, besser zu werden, sich zu messen und zu gewinnen, die sicherlich auch den TN vertraut ist.

 Lassen Sie die TN von ihren Erfahrungen bei Wettkämpfen und Spielen erzählen, bei denen sie sich Anerkennung und Ehre erstritten haben. Gibt es für sie dabei eine denkbare Parallele zum Glauben oder zu Gott? Kann man sich bei ihm Ansehen erwerben? Worauf darf man zu Recht stolz sein?

Das Bild des Wettkampfes steht in einer inneren Spannung dazu, dass Paulus gleichzeitig den Stolz auf das Privileg der Beschneidung zurückweist. **Paulus verzichtet darauf, aus der Beschneidung, aus seiner Herkunft oder seiner Leistung seine Daseinsberechtigung vor den Menschen oder vor Gott zu ziehen.** Im Sinne des Christushymnus gibt er jeden Versuch der Selbstdarstellung auf, so wie Christus seine Gottheit loslässt, aber damit ja nicht etwa ihren Wert oder ihre Bedeutung missachtet! So ist auch nicht die Beschneidung oder der Bund zwischen Gott und seinem Volk, für den die Beschneidung ein Zeichen ist, nutzlos. Sie sind ein Privileg. Eben darum gibt Paulus es auf, weil er sich ganz Jesus Christus anvertraut.

4. Tun, was man erkannt hat

Paulus münzt die vielen großen Worte und Gedanken nun in kleine Münzen, in kleine, verständliche Leitsätze um. Das, was ihr erkannt habt, darin bleibt fest. Weicht nicht zurück. Es reicht, wenn ihr das in die Tat umsetzt, was euch klar geworden ist. Auch das hat etwas mit Demut zu tun: das Kleine und Alltägliche zu schätzen, statt nach immer mehr Erkenntnis und tieferer Weisheit zu streben. Noch einmal macht Paulus deutlich, was er mit dem Philipperbrief will: die Philipper in dem unterstützen, bestätigen und bestärken, was sie schon erkannt haben, was sie glauben, was sie bereits leben.

„Wer im Geringsten treu ist, der ist auch im Großen treu; und wer im Geringsten ungerecht ist, der ist auch im Großen ungerecht" (Lukas 16,10).

„Die meisten Menschen haben Schwierigkeiten mit den Bibelstellen, die sie nicht verstehen. Ich für meinen Teil muss zugeben, dass mich gerade diejenigen Bibelstellen beunruhigen, die ich verstehe." Mark Twain

Lieder

EG 342 Es ist das Heil uns kommen her
EG 354 Ich habe nun den Grund gefunden
EG 386 Eins ist not
EG 497 Ich weiß, o Gott, dass all mein Tun
Kommt atmet auf, ihr sollt leben
Wir strecken uns nach dir

Nein, bleib nicht stehn!
Es ist eine göttliche Gnade,
gut zu beginnen.
Es ist eine größere Gnade,
auf dem guten Weg zu bleiben.
Aber die Gnade der Gnaden
ist es, sich nicht zu beugen
und, ob auch zerbrochen und erschöpft,
vorwärts zu gehen bis zum Ziel.

Hélder Câmara, brasilianischer Erzbischof

4.3 Vorschlag für eine Bibelarbeit

Katharina Wiefel-Jenner

Inhaltlicher Schwerpunkt

Glaube wird nicht durch die Herkunft und Bildung bestimmt, sondern von der Sehnsucht nach Christus. Paulus hat mit seiner Bekehrung und Berufung zum Apostel radikal mit dem gebrochen, was sein Glaubensleben zuvor ausmachte. Durch die Begegnung mit Christus prägten ihn neue Werte für sein Leben. Nicht mehr Herkunft und Leistung sind ihm wichtig, sondern wie Christus zu leben, zu denken und zu handeln. Anhand seines eigenen Glaubensweges zeigt Paulus, dass es vor allem darum geht, mit Christus gleichförmig zu werden. Wer glaubt, richtet sich ganz an Christus aus und lässt alles andere hinter sich. Der Hymnus Phil 2,5–11 beschreibt Jesu Weg, an dem sich der Glaubende ausrichten soll. In diesem Abschnitt in Phil 3 zeichnet Paulus nun mithilfe des eigenen Weges das Muster des Hymnus nach und es wird am Beispiel des Apostels erkennbar, wie der Glaubende mit Christus gleichförmig werden kann.

Materialien und Medien

Für alle Teilnehmer Text in drei verschiedenen Übersetzungen:
- Luther 17 / Einheit 17, Basisbibel, Neue Genfer Übersetzung
- Große Papierbögen und Stifte
- Gesangbücher

Zur Gestaltung des Abends

Liturgische Eröffnung

→ Lied: EG 199 Gott hat das erste Wort
→ Gebet:

> *Herr, mein Gott, du Licht der Blinden,*
> *du Kraft der Schwachen,*
> *verschließ uns nicht das Geheimnis deines Gesetzes,*
> *wenn wir anklopfen. Offenbare uns deine Geheimnisse.*
> Augustinus

→ Philipper-Hymnus Phil 2,5–11 (im Wechsel gesprochen).

Auf den Text zugehen (35 min)

Impuls (Kurze Hinführung zum Text Phil 3,1–11)

Paulus warnt in diesem Abschnitt die Gemeinde vor anderen Missionaren, die versucht haben, während seiner Abwesenheit in Philippi Einfluss zu gewinnen. Paulus schreibt leidenschaftlich. Das wirkt sich auch auf seine Wortwahl aus. Er verweist auf seine eigene Biografie, um zu erklären, warum die Lehre der fremden Missionare falsch ist. Von seiner Vergangenheit hat er sich radikal abgewandt und hat nun kein anderes Ziel mehr, als gleichförmig mit Christus zu werden. Das soll der Gemeinde als Beispiel dienen.

Lesen des Texts
Phil 3,1–14 wird Abschnittweise von den Teilnehmern in drei unterschiedlichen Übersetzungen (Luther 17 / Einheit 17, Neue Genfer Übersetzung, Basisbibel) laut vorgelesen. Jeweils nach dem ersten Vorlesen der einzelnen Abschnitte folgt eine kurze Erläuterung. Anschließend wird der Abschnitt in den beiden anderen Übersetzungen vorgelesen.

Phil 3,2–4a
Erläuterung: „Hunde" ist ein besonders verächtlicher Ausdruck für Feinde. „Böse Arbeiter" meint Betrüger und falsche Apostel, die in der Gemeinde mit einem verfälschten Evangelium auftreten. Die Gegner verlangen von der Gemeinde vermutlich, dass sie die Gebote und Verbote des Judentums einhält, wozu auch die Beschneidung bei den Männern gehört. Wie auch im Gal lehnt Paulus es ab, dass der Weg zu Christus die Befolgung des jüdischen Gesetzes und die Beschneidung einschließt.

Phil 3,4b–6
Erläuterung: Paulus argumentiert, dass er selbst ein glühender Vertreter des Judentums war, und gibt Auskunft über seine Familien- und Stammeszugehörigkeit. Mit ironischem Unterton erklärt er, dass er mit seinem Vorleben die Bedingungen der Gegner bestens erfüllen würde. Nach Herkunft, Erziehung und seinem vorherigen Leben sei er ein mustergültiger Pharisäer. Besser als alle anderen würde er das repräsentieren, was die Gegner offensichtlich verlangen.

Phil 3,7–9
Erläuterung: Paulus hat mit seinem vorigen Leben gebrochen. Was zuvor zentral war, ist nun für ihn einen Dreck wert. Aus der Perspektive des Glaubens an Jesus Christus gilt weder seine Herkunft noch seine Erziehung oder seine Leistung etwas (vgl. Phil 2,7 entäußerte sich selbst). All das hält er für Dreck oder Kot. Stattdessen geht es Paulus darum, „in Christus" zu sein. Danach sehnt er sich. „In Christus" muss er nicht mehr selbst vor Gott etwas leisten, sondern Gott selbst gibt ihm die Gerechtigkeit und macht ihn gerecht.

Phil 3,10–11
Erläuterung: Christus selbst ist das Ziel des Glaubens. Es geht Paulus nicht mehr darum, die Gebote und Verbote der Tora einzuhalten und damit vor Gott gerecht zu werden. Das hat Paulus hinter sich gelassen (vgl. 7–9). Paulus will „in Christus" sein. Er möchte mit Christus gleichförmig werden und ganz den Weg mit Christus gehen, d. h. mit Christus leiden, sterben und auferstehen. Der Weg Christi tritt an die Stelle der Gesetzeserfüllung. Der Hymnus Phil 2,5–11 beschreibt diesen neuen Weg des Glaubens.

Phil 3,12–14
Erläuterung: Paulus ist zwar überwältigt von Christus und hat die Kontrolle über den Glauben verloren. Zugleich aber ist er immer noch auf dem Weg zum Glauben. Er ist noch nicht am Ziel. Wie ein Läufer, der zum Lauf ansetzt, bewegt er sich auf Christus zu und vertraut darauf, dass er die Ziellinie erreicht. Wie ein Marathonläufer am Ziel den Lohn oder die Medaille für

die Teilnahme am Rennen entgegennimmt, so erwartet Paulus am Ende seines Glaubenswegs auch den Siegeskranz. Dieser ist das Zeichen dafür, dass er in Christus angekommen ist.

Gelegenheit zu Verständnisfragen
→ Philipper-Hymnus Phil 2,5–11 (im Wechsel gesprochen).

Dem Text begegnen (40 min)

Alte und neue Werte

Impuls
Paulus erläutert am eigenen Beispiel, welche Werte im Glaubensleben für ihn wichtig waren und welche neuen Werte auf dem Weg des Glaubens zählen.
Die drei Werte des Glaubenslebens, von denen er sich abgewandt hat, zählt er auf:
1. Herkunft
   Geburt als Jude, Zugehörigkeit zum Stamm Benjamin
2. Erziehung
   aufgewachsen als Jude und Pharisäer
3. Leistung
   untadeliges Leben, untadelige Gesetzeserfüllung

Austausch
Die Leitung legt drei große Papierbögen mit den Schlagworten Herkunft, Erziehung, Leistung in die Mitte oder heftet sie an die Wand.
Die Teilnehmer bilden Murmelgruppen und suchen im Gespräch miteinander nach Ähnlichkeiten in ihrer eigenen Glaubensbiografie und auch mögliche Parallelen zum Glaubensweg des Apostels. Sie tauschen sich darüber aus, welche Werte für den Glauben wichtig sind und gegen welche Werte sich der Glaube abgrenzt. Jede Gruppe notiert Stichworte zu den eigenen Glaubenswerten. (10 min)
Zusammentragen der Notizen in der gesamten Gruppe und Austausch, wie die Herkunft, christliche Erziehung und der Leistungsanspruch im Glauben wirksam sind. Die Leitung schreibt Stichworte auf die großen Papierbögen. (15 min)
Wenn „junge" Christen teilnehmen (also Menschen, die erst als Erwachsene zum Glauben gekommen sind), dann sollen diese die Gelegenheit erhalten, ihre Außenwahrnehmung auf das Glaubensleben derer, die mit dem Glauben aufgewachsenen sind, mitzuteilen.

Impuls
Nach Paulus radikaler Abkehr vom Alten gilt seine ganze Sehnsucht danach, in Christus zu sein (V10). In 1Kor 13 wird die Sehnsucht als Liebe beschrieben. In der Einleitung zum Philipper-Hymnus 2,5–11 fordert Paulus dazu auf, „so gesinnt wie Christus" zu sein. Der Preis, um in Christus zu sein, ist hoch: Das Bisherige aufgeben, mit Christus leiden, mit Christus sterben. Nur große Sehnsucht, große Liebe, ist bereit ihn zu zahlen. Sie muss bereit sein, die Kontrolle über das eigene Leben an Christus abzugeben. Lohnt eine solche Liebe und Sehnsucht?

Streitgespräch

Teilnehmer teilen sich in zwei Gruppen auf. Die Gruppen erhalten 5 Minuten Zeit, um die Argumente zusammenzutragen:

Gruppe A übernimmt die Rolle von Paulus und überlegt, welche Argumente für die Liebe und das „In-Christus-Sein" sprechen.

Gruppe B übernimmt die Rolle der Vernunft und überlegt, welche Argumente dafür sprechen, die Kontrolle über den Glauben zu behalten.

Streitgespräch zwischen Gruppe A und B

→ Philipper-Hymnus Phil 2,5–11 (im Wechsel gesprochen).

Mit dem Text weitergehen (15 min)

Stimmkollage

Die Verse aus Phil 3,12–15 werden nacheinander in den drei Übersetzungen vorgelesen.

Jeder Teilnehmer sucht sich eine Übersetzung aus. Die Teilnehmer lesen Phil 3,12–15 in ihrer Übersetzung erst leise für sich, dann gleichzeitig mehrfach laut, flüsternd, rufend, werbend, mahnend, jubelnd ... Die Teilnehmer können dabei umhergehen.

Zum Abschluss wird Phil 3,12–14 in der Luther-Übersetzung noch einmal von allen im Chor vorgelesen.

Blitzlicht

Paulus schreibt in Phil 3,1, dass er den Philippern dies schreibt, damit sie im Glauben gewisser werden. Die Teilnehmer sagen abschließend einen Satz, ob der Wunsch des Paulus in Erfüllung gegangen ist. Sind Sie im Glauben gewisser geworden?

Liturgischer Abschluss

→ Philipper-Hymnus Phil 2,5–11 (im Wechsel gesprochen)

→ Ich steh vor dir mit leeren Händen (EG 382 / GL 422)

→ Gebet;

Dir vertrauen wir, Gott des Lebens, und danken dir für dein Wirken in unserem Leben. Du gibst uns neue Kraft. Durch Jesus Christus, dein Wort in unserem Leben. *Vaterunser sprechen.* Amen.

4.4 Bildbetrachtung – „Denn ich habe keinen, der so ganz meines Sinnes ist."

Johannes Beer

Erich Krian: „Denn ich habe keinen, der so ganz meines Sinnes ist."
POM/09/14 (PK 1225) - 23.09.2016, Mischtechnik auf Papier, 24 x 17 cm

Fast das ganze Blatt ist von ribbeligen Strukturen bedeckt. Trotzdem hat dies Bild von Erich Krian eine senkrechte Gliederung. Die Farben dieser Arbeit sind vor allem durch rote und blaue Töne gekennzeichnet. Wenige dunkle, ins Schwarz gehende Bereiche treten herzu.

Auffällig ist im rechten Bilddrittel eine klar abgesetzte Kontur. Vom Helleren zum Dunkleren geht diese sich verjüngend nach oben, wo sie zur Mitte hin abknickt. Durch die deutlich hervorgehobenen Konturen, die durch leichte Farbschatten wie Kanten wirken, bekommt das Ganze eine optische Dreidimensionalität. Es wirkt wie eine massive Eins oder vielleicht noch mehr wie ein Pfeiler, wie ein Brückenträger, wie ein Teil einer tragenden Konstruktion. Links oben im Hintergrund entdecke ich in der blauen Form auf rotem Grund eine anthropomorphe Figur. Sie erinnert mich immer mehr an eine menschliche Gestalt, die sich aber im Rest der blauen Formen auflöst. Sie bildet das optische Gegengewicht zur klaren Struktur und Form des rechten Bilddrittels. Hinter beiden gibt es im obersten Bereich keine ribbelige Struktur, auch wenn der rote, der linke Teil von dem rechten in Weiß gehaltenem deutlich durch eine Linie, die sich fast bis nach unten fortsetzt, getrennt ist.

In diesem Textabschnitt stellt Paulus sein altes Leben seinem neuen Leben in Christus gegenüber. Er beschreibt, dass sich im Glauben und Leben des Glaubens die Maßstäbe verschoben und verändert haben. Was vorher tragend war, ist es plötzlich nicht mehr. Die feste Struktur des Alten bricht ab. Und es führt kein Weg dahin zurück, soll kein Weg dahin zurückführen. Die Brücke, so hoch sie auch aufragt, ist abgeschnitten und trägt nicht mehr. Aber da ist diese Gestalt im rot-blauen Bereich. Undeutlich und fern ist sie. Finden wir, die wir uns mit dem Glauben beschäftigen, uns in dieser Figur wieder? Oder ist da Paulus angedeutet, der Christus in den Bereich der Liebe, in den Bereich des Himmels nachfolgt? Oder dürfen wir gar Christus assoziieren, der mit seiner Liebe das Ziel, den Siegpreis der himmlischen Berufung durch Gott vorgibt?

5 | Mit Brief und Siegel – Phil 3,17–4,3

5.1 Exegese

Peter Wick

1. Phil 3,17–21 Wählt eure Vorbilder sorgfältig aus, ihr Himmelsbürger
(7. Abschnitt des Briefkorpus)

....

17 Werdet meine Mitnachahmer, Brüder, und beobachtet die,
welche so leben, wie ihr uns zum Vorbild habt.

Paulus fordert nicht zur Nachfolge Christi auf, wie das etwa das Markusevangelium tut, sondern zur Nachahmung, zur Imitatio Christi. Die Wendung „werdet meine Mitnachahmer" kann bedeuten, dass die Philipper gemeinsam Paulus imitieren sollen. So eine Aufforderung formuliert er im 1Kor jedoch anders und macht deutlich, dass sie dies tun sollen, weil er Christus nachahmt. „Werdet meine Nachahmer, wie auch ich des Christus" (1Kor 11,1). Deshalb und aufgrund der Wortbedeutung von Mitnachahmer ist es viel wahrscheinlicher, dass Paulus die Philipper auffordert, sich seiner Nachahmung anzuschließen: „Ahmt doch mit mir zusammen Jesus Christus nach." Zugleich schreibt er in 3,17, dass sie „uns" zum Vorbild haben. Wahrscheinlich sind damit Paulus und Timotheus, der in 1,1 als Mitabsender des Briefes und in 2,19–23 als einer vorgestellt worden ist, der wie Paulus so gesinnt ist, wie Jesus Christus es auch war, gemeint. Zugleich sollen sie die beobachten, die wie Paulus und Timotheus Christus gemäß leben. Epaphroditus ist so einer.

Jetzt sagt Paulus es deutlich, was der Leser erst ahnen konnte: Alles, was Paulus in den beiden Selbstberichten und darüber hinaus von sich geschrieben und von Timotheus und Epaphroditus berichtet hat, soll den Philippern als Vorbild dienen. Selbstverständlich sind diese Vorbilder nur insofern Vorbilder, als dass sie selbst sichtbar dem Vorbild von Christus nacheifern, wie es im Hymnus geschildert ist.

Der Mensch lernt mehr durch Vorbilder als durch Worte. Im Philipperbrief geht es auch um die Kompetenz, sich die richtigen Vorbilder auszuwählen. Der Mensch, der von sich behauptet, er braucht keine Vorbilder, wird m. E. wahrscheinlich unbewusst und deshalb unkritisch von Vorbildern beeinflusst. Paulus fordert dazu auf, erstens zu akzeptieren, dass Menschen durch Vorbilder geprägt werden, und zweitens dann in Freiheit die richtigen Vorbilder auszuwählen. Das Kriterium für diese Wahl ist Jesus Christus selbst und die Gesinnung, die ihn auf seinem Weg ans Kreuz geleitet hat.

18 Denn viele leben, von denen ich euch oft gesagt habe, nun aber auch weinend
sage, als die Feinde des Kreuzes Christi. 19 Deren Ende das Verderben ist, deren Gott
der Bauch und deren Ehre in ihrer Schande ist, die auf das Irdische sinnen.

Paulus kommt in 3,18f. wieder auf Gegner zu sprechen. Wie in 3,2f. bleibt ihr Profil unscharf. Offensichtlich dienen sie auch hier als negative Vorbilder. Sie sind Feinde des Kreuzes. Sie wollen also gerade nicht dorthin, wohin die Ausrichtung auf Jesus Christus führt. Wer nicht nach unten will, der will nach oben, weg vom Kreuz. Diese sinnen auf das Irdische. Die irdische Gesinnung will den eigenen Vorteil, die Karriere nach oben, die Ehre, den Erfolg. Doch am Ende werden sie unten sein. Ende und Ziel ist im Griechischen derselbe Begriff. Wer selbstbezogen nach oben strebt, wird sein Ende unten finden. Sie sind anstatt nach unten zum Kreuz nach oben gerichtet und werden ganz unten im „Irdischen" landen. Auch bei ihnen gibt es die drei Folgen der Gesinnung Christi, aber eben spiegelverkehrt im Negativen (s. dazu Einheit 2 und 4):

· **Soteriologische Konsequenz**: Anstatt Heil werden sie Verderben für sich erlangen.
· **Missionarische Konsequenz**: Anstatt für andere Frucht zu bringen, werden sie nur für ihren eigenen Bauch arbeiten.
· **Doxologische Konsequenz**: Anstatt Gott die Ehre zu geben, werden sie ihre eigene Ehre in Schande verkehren.

Jesus ging aufgrund seiner Gesinnung ganz nach unten und landete deshalb zuletzt ganz oben. Ein dynamischer Bogen führte ihn von oben nach unten und dann ganz hoch hinaus. Paulus karikiert die Gegner als solche, die den Bogen gerade in umgekehrter Richtung beschreiten und deshalb zuunterst landen. Ironisch stellt er warnend fest: Wer egoistisch nach oben will, ist irdisch, also nach unten ausgerichtet und wird genau dort auch enden.

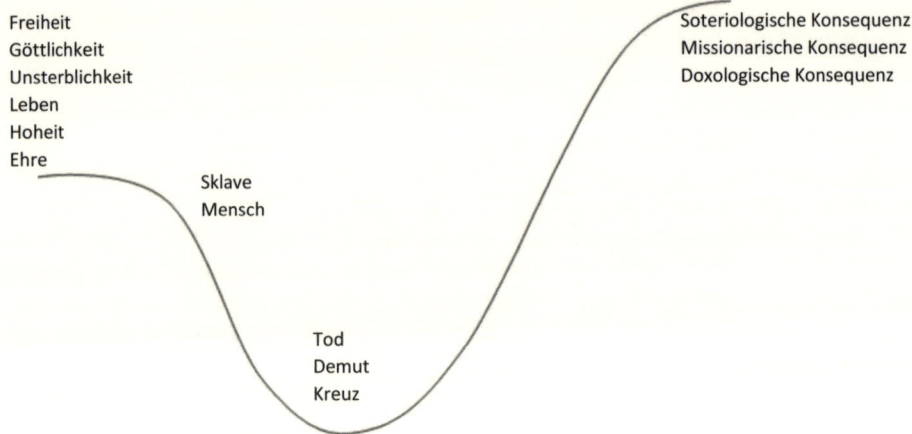

Freiheit
Göttlichkeit
Unsterblichkeit
Leben
Hoheit
Ehre

Sklave
Mensch

Soteriologische Konsequenz
Missionarische Konsequenz
Doxologische Konsequenz

Tod
Demut
Kreuz

20 *Denn unser Bürgerrecht ist in den Himmeln, von wo wir auch den Retter erwarten, den Herrn Jesus Christus,* **21** *der unseren Leib der Erniedrigung mitumgestalten wird gleichgestaltet dem Leib seiner Herrlichkeit entsprechend der Kraft, mit der er sich auch alles unterwerfen kann.*

Auch der zweite und der siebte Abschnitt sind offensichtlich parallel. Paulus nimmt in 3,17–21 das Thema von 1,27–30 auf. Beide Abschnitte enthalten eine allgemeine Weisung zur richtigen Lebensführung bzw. sich die richtigen Vorbilder für den eigenen Lebenswandel zu nehmen. Beide sind etwa gleich lang. 82 Wörter stehen 90 Wörtern gegenüber. Hier wie dort geht es um Gegner, mit denen die Gemeinde in Philippi konfrontiert ist. Diese Gegner werden im Verderben enden (1,28; 3,19). Verderben steht nur in diesen beiden Abschnitten im Brief. „Ihr sollt als Bürger wandeln!" Nur ein einziges Mal in seinen Briefen verwendet Paulus den Begriff *als Bürger wandeln* (1,27). Dasselbe gilt auch für „Bürgerrecht", das Paulus nur in 3,20 verwendet. Beide Worte haben dieselbe Wurzel und beziehen sich auf die Polis als die Stadt der Bürger. Erst durch den Bezug beider Abschnitte aufeinander wird deutlich, dass Paulus die Philipper in 1,27 dazu auffordert, dass sie würdig gemäß ihrem himmlischen Bürgerrecht wandeln sollen. Die Privilegien dieses Bürgerrechts werden in 3,20f entfaltet. Paulus und die Philipper sind noch nicht an ihrem himmlischen Bürgerort, aber sie erwarten von dort ihren Retter, der ihnen als Privileg des himmlischen Bürgerrechts Anteil an der Auferstehung geben wird. Wird dieser Teil des siebten Abschnitts mit dem des zweiten zusammengenommen, wird sichtbar, dass Paulus den Philippern zuspricht, dass auch sie den ganzen Weg des Hymnus gehen werden, von oben nach unten und dann nach ganz oben.

Den Philippern ist als Gnade geschenkt, an Christus zu glauben und für ihn zu leiden. Von oben nach unten führen diese Geschenke in 1,29f. In 3,21 wird diese Bewegung ganz unten aufgenommen und führt nach oben. Jesus Christus wird den Leib der Gläubigen, den Leib der Erniedrigung mitumgestalten und diesen Leib seinem auferstandenen Leib der Herrlichkeit gleichgestalten. Erst durch beide parallele Abschnitte wird sichtbar, dass die Philipper den ganzen Weg Christi gehen werden.

Diese Bewegung drückt Paulus im Griechischen mit Wörtern aus, die oder deren gemeinsame Wurzeln auch im Hymnus vorkommen: Gnade schenken, Erniedrigung / Demut, Gestalt / Aussehen, Herrlichkeit. Allerdings verwendet der Hymnus „Gnade schenken" für die Seite des Aufstiegs, der 2. Abschnitt für die des Abstiegs (s. o. Kapitel 2). Für die anderen Wörter gilt das in umgekehrter Richtung. Nur die Herrlichkeit bildet jeweils den Höhepunkt des Aufstiegs. Wenn Paulus im Hymnus formuliert, dass sich alle dem Herrn Jesus Christus unterwerfen werden, so schreibt er hier, dass Jesus Christus alle unterwerfen kann. Es wird deutlich, dass Paulus diesen Brief beinahe wie ein Musikstück komponiert, in dem die Gesinnung Christi beinahe wie das Thema einer Fuge immer wieder aufgenommen wird.

2. Phil 4,1–3 Größtes Lob und größter Tadel (8. Abschnitt des Briefkorpus)

1 *Daher meine geliebten und ersehnten Brüder, meine Freude und mein Siegeskranz, steht in dieser Weise fest im Herrn, meine Geliebten.* **2** *Euodia ermahne ich und Syntyche ermahne ich, gleich gesinnt zu sein im Herrn.* **3** *Ja, ich bitte auch Dich, aufrichtiger Jochgenosse, nimm dich ihrer an, die mit mir für das Evangelium gekämpft haben zusammen mit Klemens und den übrigen Mitarbeitern, deren Namen im Buch des Lebens sind.*

Dieser achte Abschnitt des Briefkorpus ist voller Fragen, die besonders rätselhaft werden, wenn sie mit der Parallelstelle in der ersten Briefhälfte verglichen werden (2,1–4). Die Parallelen lassen sich leicht erkennen. Sie sind etwa gleich lang. 58 Wörter stehen 53 Wörtern gegenüber. Nur in diesen beiden Perikopen schreibt Paulus „meine Freude" (2,2; 4,1) und fordert dazu auf, „gleich gesinnt zu sein" (2,2; 4,2).

Schon in 2,1f war auffällig: Paulus setzt fünf verschiedene Grundwerte des Evangeliums und der Ekklesia (Zuspruch in Christus, liebevollen Trost, Geist gewirkte Gemeinschaft, emotionale Zuneigung und Erbarmen) in einen Bedingungssatz (vgl. Exegese 2.1). Ob es sie bei den Philippern gibt, hängt davon ab, ob sie seine Freude erfüllen. 4,1 ist nun der Vers des Briefes, mit dem die Philipper am meisten und am höchsten gelobt werden. Sie sind schon seine Freude, sie müssen diese nicht mehr erfüllen. In 2,2 mussten sie das noch, indem sie dieselbe Gesinnung haben sollten. Offensichtlich schreibt ihnen Paulus nun im gleichen Brief, dass sie schon dieselbe Gesinnung haben, sonst wären sie ja nicht seine Freude. Paulus sehnt sich nach ihnen. Sie sind sein Siegeskranz. Paulus argumentiert: Bei der Wiederkunft Christi wird er die Philipper Jesus Christus vorweisen und, weil diese Gemeinde so untadelig ist, dafür den Siegeskranz empfangen. Er verlangt von seinen geliebten Geschwistern gar nichts mehr, außer dass sie feststehen in dem, was sie erreicht haben.

In 4,2–3 hingegen steht die konkreteste Ermahnung des ganzen Briefes, die an zwei Frauen gerichtet ist. Zuerst richtet Paulus sich an Euodia, dann an Syntyche. Sie sollen dieselbe Gesinnung im Herrn haben. Offensichtlich sollen sie so gesinnt sein, wie es ihrem neuen Sein in Christus entspricht. In 2,2–4 betont Paulus, dass diejenigen, die untereinander nicht gleich gesinnt sind wie Christus, sich selbst höher achten als andere und streit- und ruhmsüchtig sind. Euodia und Syntyche sind Mitarbeiterinnen von Paulus und haben zusammen mit ihm gekämpft *(sunathleo)*. Ihr Name steht im Buch des Lebens. Diese Formulierungen zeigen, dass sie aktiv mit Paulus an der Gemeindegründung und am Gemeindeaufbau beteiligt sind und sich dabei hohe Anerkennung verdient haben. Sie sind Gemeindeleiterinnen in Philippi.

Wenn jetzt noch das Problem von 1,1, dass dort die ganze Gemeinde mit dem Brief angesprochen wird und dann auch explizit die Leitung der Gemeinde herangezogen wird, dann können durch die parallele Stellung beider Abschnitte mit all diesen Hinweisen die vielen Rätsel, wie in einem Krimi, gelöst werden. Paulus ist mit der Gemeinde hoch zufrieden. Wie er, so leben auch sie die Gesinnung Christi. Doch in der Gemeindeleitung gibt es einen Konflikt, der dieser Gesinnung zuwiderläuft. Die beiden Gemeindeleiterinnen sind miteinander in Konkurrenzkampf geraten. Ihr Gemeindedienst zeichnet sich durch Zuspruch in Christus, liebevollen Trost, Geistgewirkte Gemeinschaft, emotionale Zuneigung und Erbarmen aus. Doch alles, auch die positiven Früchte ihres Dienstes, stellen sie infrage, wenn sie miteinander im Konkurrenzkampf stehen und jeweils den anderen nicht mehr „Erfolg" gönnen, als sie selbst haben. Spricht er also die ganze Gemeinde wie in 2,1–4 als eine Einheit an, dann muss er sie ermahnen. Wenn er wie in 4,1 nur lobt, meint er die Gemeinde ohne ihre Leitung. Wenn er die Gemeindeleitung extra anspricht, dann muss er wiederum ermahnen (4,2f.) und seinen aufrichtigen Jochgenossen auffordern, sich dieser Frauen anzunehmen.

Viele Exegeten verstehen den Jochgenossen *(syzygos)* als Eigennamen, doch ist dieser Name nicht belegt. Die Verwendung des Adjektivs „aufrichtig" spricht ebenfalls dagegen (vgl. dazu: Wick, Der Philipperbrief, 111, Anm. 302; auf DVD). Paulus bezeichnet im Philipperbrief nur noch den Timotheus als aufrichtig / echt (2,20). Offensichtlich steht der Angesprochene, bildlich gesprochen, mit Paulus zusammen wie ein Ochse in einem Zweiergespann. Er zieht am selben Joch und arbeitet damit auf demselben Feld. Auch er ist ein Leiter der Gemeinde und hat bis jetzt offensichtliche seine Verantwortung gegenüber diesen Frauen noch nicht wahrgenommen. Es ist gut möglich, dass der Jochgenosse ein Aufseher *(episkopos)* ist, da er sich um das Problem von anderen Leitern kümmern soll. Möglich ist auch, dass die beiden Frauen Diakone *(diakonos)* sind. Allerdings wissen wir nicht, wie Paulus diese Leitungsaufgaben voneinander unterschieden hat. So können die beiden Frauen ebenfalls *Aufseherinnen* sein.

Kerstin Offermann

Paulus ist für die Gemeinde ein **Vorbild**. Sie haben an ihm Glauben gelernt. Er ist für sie die Blaupause für ihr Christsein gewesen. Menschen lernen durch Vorbilder. Die wesentlichen Fertigkeiten im Leben haben wir uns bei andern abgeschaut. Daher stammt auch das Dilemma in der Kindererziehung: „Da redest du dir den Mund fusselig und am Ende machen sie dir doch alles nach!" Nun steht aber sein Lebens- und Glaubensentwurf neben dem Entwurf anderer. Es gibt für die Philipper nicht mehr nur ein Vorbild. Sie können zwischen verschiedenen Glaubens- und Lebensentwürfen, zwischen verschiedenen Vorbildern wählen.

1. Vorbild Jesus

Als Entscheidungshilfe für die Philipper sagt Paulus nicht einfach autoritär: „Ich habe recht, wählt mich!" Auch wenn er diese Überzeugung bei den Philippern natürlich erreichen will, bedient er sich aber zweier Argumentationsschritte. Erstens stellt Paulus seinen Lebensentwurf in den Kontext des Lebens Jesu und in die Gemeinschaft mit denen, die so denken und leben, wie er selbst. Er bittet die Philipper: „Prüft, ob mein Glauben und Leben dem **Vorbild Jesu Christi** entspricht." Denn eigentlich geht es ihm ja darum: Dass die Philipper Jesus Christus nachahmen und Jesus Christus gleichgestaltet werden. Wie das alltäglich aussehen kann, dafür sind dann wiederum Paulus und seine Gleichgesinnten wahrnehmbare Vorbilder. Als zweites Argument zeigt er polemisch überspitzt und plakativ, wohin die verschiedenen Lebensentwürfe führen. Das Leben seiner Konkurrenten führt ins Verderben, weil sie ihren Bauch, also sich selbst und ihr Wohlergehen zum Mittelpunkt ihres Lebens machen. Paulus' Lebensentwurf führt zu einem verwandelten, ja **verherrlichten Leib**. Wie beim Hymnus führt der Weg des Verzichtes auf die eigenen Privilegien – hier: auf den eigenen Bauch – letztlich zur Herrlichkeit, wenn auch durch bewussten Verzicht und durch Schmach und Schande und Tod hindurch. Die Christen werden an der Herrlichkeit Anteil haben, und zwar leibhaftig, mit ihrem Körper, also auch mit ihrem „Bauch". Letztlich werden die Menschen auf dem Weg des Paulus (der ja der Weg Jesu ist) das Ziel erreichen, was die anderen zwar anstreben, aber nicht erreichen werden. Und zwar dadurch, dass sie hier und heute darauf verzichten, das Ziel (die Befriedigung ihrer Bedürfnisse und Wünsche) selbst erreichen zu wollen. (Vgl. Themen und Bausteine 4.2 – „Christus erkennen") Der verwandelte Leib entspricht in der Logik des Textes dem himmlischen Bürgerrecht. Die Realität Gottes wird schon hier und heute in der Gemeinde erfahrbar. Jesus Christus realisiert sich „im Fleisch" und „in der Welt" (s.u.).

Paulus tut so, als gäbe es nur die **Alternative** zwischen ganz vorbildlich wie Christus oder ganz verdorben und verkommen. Das scheint aber einer genaueren Prüfung der Gemeinde-Realität nicht standzuhalten. Das gibt es durchaus auch Grautöne, Menschen, die einerseits vorbildlich leben, andererseits aber noch Verbesserungspotenzial haben, wie Evodia und Syntyche. An ihnen zeigt Paulus, wie sich das Vorbild Jesu Christi und sein eigenes im alltäglichen Leben auswirken: prägend und korrigierend. Sie sind **Maß und Überprüfung** des eigenen Lebens. Lebe ich so, wie ich eigentlich leben will? Verglichen mit meinem Vorbild, was könnte ich besser machen? Was sollte ich ändern? Zugleich stiften sie als gemeinsame Vorbilder **Identität und Einheit**: So wollen wir sein. Die Werte, die unser Vorbild verkörpert, sollen unsere gemeinsamen Werte sein. Darüber hinaus sind Vorbilder motivierten: wenn mein Vorbild das geschafft hat, dann schaffe ich das auch! Vorbilder helfen dabei, Entscheidungen zu treffen und **Prioritäten zu setzen**. Vorbilder rufen in Erinnerung, was eigentlich wichtig ist und was aber im geschäftigen Alltag oder in der Mehrheitsmeinung leicht untergeht.

 Sicherlich haben die TN selbst Vorbilder. Das mögen Familienangehörige, Lehrerinnen oder Lehrer, Gemeindeleitende, biblische Figuren oder bekannte Persönlichkeiten sein. Bitten Sie die TN, sich ihre Vorbilder ins Gedächtnis zu rufen. Auf der DVD finden Sie Kurzvorstellungen von geistlichen Vorbildern, die dem Theologiekalender 2017 entnommen sind und mit freundlicher Genehmigung der Agentur Altepost (http://www.agentur-altepost.de/) abgedruckt werden konnten. Drucken Sie den TN die Kurzvorstellungen der Personen von der DVD aus. Ergänzen Sie diese durch die von den TN genannten Vorbilder. Stellen Sie mit den Kurzporträts einen „Wall of Fame" ihrer Gruppe her. Wirken diese Personen auf die TN motivierend? Bitten Sie die TN, sich am Ende des Abends ein Porträt mit nach Hause zu nehmen, als Begleiter für ihren Alltag, zur Orientierung und zur Ermutigung, ihren Weg des Glaubens zu gehen.

Natürlich hatte Dr. Rudi Vorbilder, die seine Haltung stark beeinflussten

Paulus spricht davon, dass die Philipper zu **Mit-Nachahmern Jesu Christi** werden, wie er sie auch als Mit-Leidende anspricht oder als Mit-Arbeitende, als Mit-Kämpfende. Offensichtlich ist auch hierbei die Gemeinschaft innerhalb der Gemeinde die entscheidende Bedingung dafür, dass Christus-Nachahmen gelingen kann. Nachahmer Christi ist man nicht alleine. Wir sind zusammen Mit-Nachahmer Jesu Christi. Die Philipper sind seine Freude, sein Siegeskranz, seine Krone! Gemeinsam stehen sie vor Jesus Christus und gemeinsam werden sie in ihn verwandelt. An anderer Stelle prägt Paulus dafür das Bild: Die Gemeinde ist der Leib Christi. Gemeinsam sind

Christinnen und Christen die Verkörperung Jesus Christi in dieser Welt. Die Gemeinde Jesu Christi ist ein Stück Himmel auf Erden, eine **Kolonie des Himmels**.

2. Himmelsbürger

Das römische Bürgerrecht dient als Metapher für das **himmlische Bürgerrecht**. Wahrscheinlich besaßen nicht alle Christen in Philippi, aber alle von ihnen besaßen ein viel wertvolleres und weitreichenderes Bürgerrecht, nämlich das des Himmels. Dazu einige Hintergrundinformationen zu der Stellung Philippis innerhalb des Römischens Reichs:

„Philippi gehörte zum **Römischen Reich**. Rom war zu der Zeit überbevölkert. Daher hat man andere Städte zu römischen Städten gemacht. Philippi (Griechenland) wurde in diesem Zuge als römische Stadt auserkoren d. h. alle freien Bürger, die in Philippi geboren wurden, bekamen automatisch die römische Staatsangehörigkeit. Damit war ihr Bürgerrecht in Rom. Sie wohnten in Philippi, weit weg von Rom, hatten aber dieselben Rechte wie die Römer. Die Römer erweiterten dadurch ihren Einflussbereich. Die Kolonien standen loyal zum Kaiser. Sie sollten sogar Vorzeigestädte werden, dem Modell Rom nachempfunden. Philippi sollte ein „zweites" Rom werden. Dabei sollten alle mitmachen. Die Privilegien der „römischen" Philipper sollten dazu führen, dass sie halfen, Philippi im Sinne Roms zu verändern." (Blog Martin Preisendanz, Das Bürgerrecht im Himmel (Phil 3,20–21), http://0cn.de/ur4u)

Für die Philipper heißt das: Weil euer Bürgerrecht im Himmel ist, sollt ihr euch nicht etwa aus Philippi zurückziehen und schon jetzt in den Himmel flüchten. Nein, ihr sollt **Philippi im Sinne Gottes verändern**. „So ist denn der Himmel nicht einfach Ort der christlichen Sehnsucht, wohin es alle Glaubenden zieht, sondern Ausgangspunkt des Weges Christi. Nicht also wir zu ihm, sondern er zu uns auf die Erde! Das ist eine wichtige Umdeutung der Tradition, denn nun ist die Welt nicht einfach die Bühne des kosmischen Trauerspiels, sondern Ort der Rettung durch Gott und darum auch Ort der Berufung des Paulus: Hier ist sein Platz, sein Arbeitsfeld. Dementsprechend ist der Himmel zwar der identitätsstiftende Ort der Christen (im Sinne der wahren, eigentlichen Heimat), er ist aber nicht Ziel ihrer Mission, denn **ihr Ziel ist die Welt** (Vandenhoeck & Ruprecht, Christoph Schluep-Meier: Der Philipperbrief, Göttingen-Vluyn, 2014, S. 131).

Als Gemeinde üben wir gemeinsam unser Bürgerrecht im Himmel auszuleben: Nach dem **himmlischen Bürgerrecht** zu leben, muss / kann man lernen und trainieren. Der Himmel und seine Werte sind das, was uns prägt. Wir leben nach den himmlischen Regeln. Dem himmlischen Bürgerrecht korrespondieren die Menschenrechte. Im Wikipedia-Artikel zu den Menschenrechten ist zu lesen: „In einem weiteren Sinne ist der Begriff „Menschenrechte" auch als Erweiterung zu den „Bürgerrechten" zu verstehen: Er steht dann für Grundrechte, die unabhängig von der Staatsangehörigkeit allen Menschen zustehen." (https://de.wikipedia.org/wiki/Menschenrechte) Stehen also die Menschenrechte auch über dem Bürgerrecht des Himmels? So heißt es weiter „Als Menschenrechte werden subjektive Rechte bezeichnet, die jedem Menschen gleichermaßen zustehen. Das Konzept der Menschenrechte geht davon aus, dass alle Menschen allein aufgrund ihres Menschseins mit gleichen Rechten ausgestattet und dass diese egalitär begründeten Rechte universell, unveräußerlich und unteilbar sind." Gilt das auch für die Rechte als Himmelsbürger? Oder ist der Himmel der Ort, an dem sich die Menschenrechte endlich für alle erfüllen, so wie in der Verherrlichung des Leibes durch Christus endlich alle Bedürfnisse des Bauches befriedigt werden?

Die Gemeinde ist der Ort, an dem die **Integration in die Kultur des Himmels** geübt wird. Welche Werte teilen wir und über wir ein? Was sind die Werte, die Paulus den Philippern vermittelt? In der Gemeinde gibt es **Sprachkurse** für „Himmlisch". Ist die Gemeindezugehörigkeit der Himmelspass? Weltliche Bürgerrechte können mitunter auch käuflich erworben oder aberkannt werden. Gilt das auch bei dem himmlischen?

Überlegen Sie mit den TN, welche Analogien
es gibt und welche Analogien sie
angemessen finden.

3. Heimatgefühle

Die Gemeinde als Kolonie der Himmels ist auch **Heimat** und Trost für Heimatlose: „In meines Vaters Hause sind viele Wohnungen. Wenn's nicht so wäre, hätte ich dann zu euch gesagt: Ich gehe hin, euch die Stätte zu bereiten?" (Joh 14,2) „So seid ihr nun nicht mehr Gäste und Fremdlinge, sondern Mitbürger der Heiligen und Gottes Hausgenossen." (Eph 2,19) „Freut euch, dass eure Namen im Himmel geschrieben sind." (Lukas 10,20) Im Buch des Lebens stehen, ist ein anderes Bild für „das himmlische Bürgerrechte haben". Das himmlische Bürgerrecht, die himmlische Heimat sind **Grund zur Freude**!

Was heißt es, keine Heimat zu haben? Spüren Sie mit den TN der Stimmung im Nietzsche-Gedicht nach. Überlegen Sie mit Ihnen, was es bedeutet, keine Heimat zu haben, oder seine Heimat verlassen zu müssen.

Vereinsamt

Die Krähen schrei'n
Und ziehen schwirren Flugs zur Stadt:
Bald wird es schnei'n –
Wohl dem, der jetzt noch – Heimat hat!

Nun stehst du starr,
Schaust rückwärts ach! wie lange schon!
Was bist du, Narr,
Vor Winters in die Welt – entflohn?

Die Welt – ein Tor
Zu tausend Wüsten stumm und kalt!
Wer Das verlor,
Was du verlorst, macht nirgends Halt.

Nun stehst du bleich,
Zur Winter-Wanderschaft verflucht,

> **Dem Rauche gleich,**
> **Der stets nach kältern Himmeln sucht.**
>
> **Flieg', Vogel, schnarr'**
> **Dein Lied im Wüsten-Vogel-Ton! –**
> **Versteck' du Narr,**
> **Dein blutend Herz in Eis und Hohn!**
>
> **Die Krähen schrei'n**
> **Und ziehen schwirren Flugs zur Stadt:**
> **Bald wird es schnei'n –**
> **Weh dem, der keine Heimat hat!**
>
> Friedrich Nietzsche

Wenn der Himmel meine Heimat ist, heißt das dann auch, dass die Gemeinde meine Heimat ist? Die andern können der Himmel auf Erden sein, aber auch die Hölle auf Erden. In der Heimat verhalte ich mich anders, als in der Fremde. Ich teile grundsätzlich die Kultur und die Ansichten der anderen. Es gibt aber auch die Gabe, des nicht Hineinpassens („**The Gift of Not Fitting in**"), die Gemeinden davor bewahrt, im eigenen Saft zu schmoren und ihr Milieu mit dem Reich Gottes zu verwechseln.

 Paulus zeigt den Philippern einen **Blumenstrauß von himmlischem Erleben** (vgl. Phil 2,1/4,1). Wo erlebe ich etwas vom Himmel auf Erden? Bitten Sie die TN, sich gegenseitig von himmlischen Erfahrungen und himmlischen Momenten zu erzählen.

 Schenken Sie den TN „Himmlische". So ist der Name einer Pralinen-Sorte aus der Leysieffer-Manufaktur. https://www.leysieffer.com/shop/pralinen-trueffel/himmlische/. *Kurzlink:* http://0cn.de/3i8n

Die Orientierung am Himmel, soll Mut geben und stark machen, sich himmlisch zu verhalten.

Lieder
EG 151   Der Himmel, der ist
EG 384   Lasst uns mit Jesus ziehn
EG 529   Ich bin ein Gast
Brich herein, süßer Schein
Damit aus Fremden Freunde werden
Der Himmel geht über allen auf
Wir sind nur Gast auf Erden

5.3 Vorschlag für eine Bibelarbeit

Katharina Wiefel-Jenner

Inhaltlicher Schwerpunkt

Als Christen haben wir unser Bürgerrecht im Himmel. Wir sind mit unserer Taufe in das Buch des Lebens eingetragen. Wir haben mit der Taufe nur eine Staatsbürgerschaft, die des Himmels, und können darauf vertrauen, dass wir in Not Schutz und Rettung vom Himmel her erhalten. Christus ist der Retter *(Soter)*, der für seine Himmelsbürger eintritt. Mit der Himmelsbürgerschaft verbunden ist die Verpflichtung dazu, so gesinnt zu sein, wie es Christus entspricht (Phil 2,5). Für die Gemeinde heißt dies konkret, dass sie eine Kolonie des Himmels und „eines Sinnes" sein soll.

Materialien und Medien

- Lückentext
- Große Papierbögen
- Bunte Karten

Zur Gestaltung des Abends

Liturgische Eröffnung

→ Philipper-Hymnus Phil2,5–11 (im Wechsel gesprochen)
→ Gebet:
  Jesus Christus,
  du Retter und Erlöser,
  du sprichst zu uns.
  Dein Wort ist uns nah.
  In deinem Wort sind wir geborgen.
  Verwandle uns durch dein Wort
  und lass uns bei dir zu Hause sein.
  Amen.
→ Lied: Meine engen Grenzen

Auf den Text zugehen (25 min)

Die Teilnehmer füllen in Kleingruppen ein Blatt mit dem Lückentext zum Bibelabschnitt aus. (Der Lückentext ist auch als Vorlage auf der Begleit-DVD zu finden)

Lückentext Phil 3,17–4,3

17 Ahmt mit mir Christus nach, Brüder und Schwestern, und seht auf die, die so wandeln, wie ihr uns zum _____ habt.

18 Denn viele wandeln so, dass ich euch oft von ihnen gesagt habe, nun aber sage ich's auch unter Tränen: Sie sind die Feinde des _____.

19 Ihr Ende ist die Verdammnis, ihr Gott ist der _____ und ihre Ehre ist in ihrer Schande; sie sind _____ gesinnt.

20 Wir aber sind _____ im _____ woher wir auch erwarten den _____, den Herrn Jesus Christus,

21 der unsern geringen Leib _____ wird, dass er gleich werde seinem _____ Leibe nach der Kraft, mit der er sich alle _____untertan machen kann.

4

1 Also, meine lieben Brüder und Schwestern, nach denen ich mich sehne, meine Freude und meine Krone, steht fest in dem Herrn, ihr Lieben.

2 Evodia ermahne ich und Syntyche ermahne ich, dass sie eines _____ seien in dem Herrn.

3 Ja, ich bitte auch dich, mein treuer Gefährte, steh ihnen bei; sie haben mit mir für das _____ gekämpft, zusammen mit Klemens und meinen andern Mitarbeitern, deren _____ im _____ des Lebens stehen.

Setzen Sie in die Lücken diese Worte:

Vorbild – Sinnes – Bauch – irdisch – Heiland – verherrlichen – verwandeln – Dinge – Kreuzes Christi – Evangelium – Himmel – Namen – Bürger – Buch

Der vervollständigte Text wird vorgelesen. Verständnisfragen geklärt

Dem Text begegnen (40 min)

Die Staatsbürgerschaft im Himmel

Stellen Sie sich vor, Sie leben für eine unbestimmte Zeit im Ausland, behalten aber ihre Staatsbürgerschaft. Was erwarten Sie von Ihrer Heimat, worauf haben Sie ein Recht?

→ Auf einem großen Papierbogen werden die Privilegien der eigenen Staatsbürgerschaft notiert.

Stellen Sie sich vor, Sie leben für eine unbestimmte Zeit im Ausland, welche Pflichten müssen Sie noch gegenüber Ihrer Heimat erfüllen.

→ Auf einem großen Papierbogen werden die Pflichten der eigenen Staatsbürgerschaft notiert.

Stellen Sie sich vor, Sie leben für eine unbestimmte Zeit im Ausland, mit wem werden Sie sich vermutlich regelmäßiger treffen?

→ Auf einem großen Papierbogen werden die vermuteten Kontakte notiert.

Impuls: Unser Bürgerrecht im Himmel.

Sacherklärung: Wer in Philippi die römische Bürgerschaft hatte, war besonders privilegiert. Die römischen Bürger in Philippi bildeten eine eigene römische Kolonie und es war attraktiv, die römische Bürgerschaft zu erwerben. Paulus vergleicht die Zugehörigkeit zu Christus mit dem Privileg, Bürger im himmlischen Reich Christi zu sein. Wer zu Christus gehört, bildet eine Kolonie des Himmels. Die Gemeinde in Philippi ist eine himmlische Kolonie. So wie die römischen Bürger besondere Privilegien hatten, so stehen auch den Christen besondere Rechte ihrer himmlischen Bürgerschaft und Zugehörigkeit zu Christus zu. Über die Zugehörigkeit zu den römischen Kolonien wurde Listen geführt. Auch über die Angehörigen der himmlischen Kolonien gibt es eine Liste: das Buch des Lebens.

Lesen Phil 3,20.21
Welche Privilegien sind mit der Bürgerschaft im Himmel verbunden?
→ Auf einem großen Papierbogen werden die vermuteten Privilegien notiert und neben den ersten Bogen mit den „irdischen" Privilegien gelegt.
(Rettung / Erlösung vom Himmel her, Christus ist Heiland, Retter)

Lesen Phil 3,17–4,3
Verbunden mit den Privilegien sind zugleich Pflichten
→ Auf einem großen Papierbogen werden die vermuteten Pflichten notiert und neben den ersten Bogen mit den „irdischen" Privilegien gelegt.
(Eines Sinnes sein, wandeln nach dem Vorbild Christi)

Vergleich beider „Staatsbürgerschaften"
→ Die Teilnehmer bekommen bunte Karten und schreiben die Vorteile als Bürger des Himmels auf: „Ich bin gerne Bürger des Himmels, weil …"
Anschließend lesen die Teilnehmer ihre Antworten vor und legen sie zu den großen Papierbögen.

Mit dem Text weitergehen (20 min)

Die Gemeinde ist eine Kolonie des Himmels
Die Teilnehmer erzählen sich gegenseitig von den Erfahrungen, Himmelsbürger zu sein. Dazu werden die Antworten der Teilnehmer, warum sie gerne Himmelsbürger sind, sortiert. Teilnehmer mit ähnlichen Motiven bilden jeweils eine Gruppe.
Jede Gruppe überlegt für sich, wo sie dieses Motiv in der eigenen Gemeinde verwirklicht findet. Sie wählt eine Geschichte aus, die sie mit der Gesamtgruppe teilt.
Die ausgewählten himmlischen Erlebnisse in der Gemeinde werden erzählt. Zu jeder Geschichte wird eine Kerze / Teelicht angezündet, in die Mitte / auf den Tisch gestellt. Dabei singen die Teilnehmer: Laudate omnes gentes (EG 181,6)

Liturgischer Abschluss
→ Lied EG 153   Der Himmel, der ist
→ Gebet:
      Herr und Gott, wir danken dir für dein Wort.
      Es ist größer als wir. Es schenkt uns Weite.
      Mit deinem Wort sehen wir unser Leben neu.
      Dein Wort verändert uns.
      Lass uns deinem Wort folgen
      durch Jesus Christus. Amen.

5.4 Bildbetrachtung – „Seht auf die, die so leben, wie ihr uns zum Vorbild habt."

Johannes Beer

Erich Krian: „Seht auf die, die so leben, wie ihr uns zum Vorbild habt."
POM/09/08 (PK 1219) - 16.09.2016, Mischtechnik auf Papier, 24 x17 cm

Eine klare waagerechte Kante beherrscht dieses Bild. Im oberen Viertel trennt sie den darunter liegenden Bereich deutlich von dem oberen, in dem sich nur eine kleine rote Farbfläche und eine etwas größere schwarz-braune befinden, die zum Rand hin etwas verwischt wirken. Der untere Bereich ist voller Bewegung, sodass, trotz der völlig anderen Farbigkeit, Assoziationen von bewegtem Wasser und einer klaren Horizontlinie aufkommen. Helle Gelb- und Orangetöne dominieren im unteren Dreiviertel des Bildes über roten, schwarzen und grauen Strukturen, wobei im unteren Viertel des Bildes auch blaue Töne hinzukommen. Die hellen Töne haben ein Gittermuster, das aber wie getupft aussieht und eher an Wellen und darauf widerspiegelndes Licht erinnert. Die dunklen Linien deuten eine kreisförmige Bewegung an, deren Mitte ein bisschen an einen Strudel erinnert. Auf dieses Zentrum hin, das ziemlich weit oben rechts und keineswegs mittig in der sich bewegenden Fläche sitzt, läuft optisch alles zu. Selbst die kleine rote Farbfläche und die etwas größere schwarz-braune aus dem oberen Teil sind, da sie sich unter den rotierenden Strukturen fortsetzen, in die Bewegung eingebunden.

Paulus ruft die Gemeinde zum Nachahmen und Nachleben auf. Er selbst will mit seinem Leben in Christus Vorbild sein. Aber in diesem Abschnitt des Philipperbriefes nennt er auch seine Mitarbeiter als Vorbilder für die Glaubenden. Daraus ergibt sich für die Leserinnen und Leser dieses Briefes die Aufgabe des Mitleidens, Mitarbeitens und Mitkämpfens. Zwar sieht es damit auf den ersten Blick dann so aus, als ob sich alles um Paulus dreht, als ob er der Dreh- und Angelpunkt der Gemeinde ist und sich erst die Mitarbeiter und dann die anderen um ihn drehen, aber dem ist natürlich nicht so. Das Zentrum bleibt das Evangelium und damit letztlich das Buch des Lebens, in dem die Namen geschrieben sind. Dies gibt auch die Farbigkeit vor, die vom verdeckten Dunklen zur Farbe des Lichtes, zur Farbe der Herrlichkeit wechselt. Paulus schreibt: „Seht auf die, die so leben, wie ihr uns zum Vorbild habt."

6 | Mit Hoffnung und Freude – Phil 4,4–9

6.1 Exegese

Peter Wick

Phil 4,4–9 Herrschertugenden (9. Abschnitt des Briefkorpus)

....

4 *Freut euch im Herrn allezeit. Wiederum will ich sagen: Freut euch.* 5 *Eure Güte soll allen Menschen bekannt werden. Der Herr ist nahe.* 6 *Sorgt euch um nichts, sondern in jeder Lage durch Gebet und Bitte mit Danksagung macht eure Anliegen bei Gott bekannt.* 7 *Und der Friede Gottes, der allen Verstand übersteigt, wird eure Herzen und eure Gedanken bewahren in Christus Jesus.*

Die Philipper sind privilegiert. Sie können und müssen ihr Heil nicht selbst im Griff haben. Deshalb dürfen sie sich freuen und müssen sich nicht sorgen. Durch die Gesinnung Christi leben sie aktiv im Heil, über das sie nicht verfügen. Der Abschnitt 4,4–9 handelt von den Privilegien, mit denen sie durch diese Gesinnung ausgestattet sind. Zweimal ruft sie Paulus zur Freude auf. „Freut euch im Herrn allezeit. Wiederum will ich sagen: Freut euch." Alles, was im Brief vorkommt, wird doppelt thematisiert. Der Aufruf zur Freude, der ja auch ein Zentrum des Briefes ausmacht, wird doppelt verdoppelt. So fordert Paulus sie im parallelen Abschnitt in 2,12–18 ebenfalls schon zweimal auf, sich zu freuen. „Dasselbe auch ihr, freut euch und freut euch mit mir" (2,18). Auch wenn es in diesem Brief immer wieder um das Leiden und den Tod geht, ist die Freude nicht hoch genug zu gewichten. Wer das übersieht, kann den Philipperbrief für eine Leidens- und Todesverherrlichung missbrauchen. Doch das Gegenteil ist im Brief der Fall: Paulus weist hier vom Anfang bis zum Schluss einen Weg der Freude.

Ein weiteres Privileg ist die Güte oder Milde. Diese soll allen Menschen bekannt werden. Doch wer soll das tun? Wenn die Philipper die Güte leben, werden immer mehr Menschen diese erkennen. Die Philipper müssen den Menschen die Güte nicht verkündigen, sondern ihr gütiges Verhalten wird das von selbst tun. Doch was ist Güte? Während Paulus den Philipperbrief geschrieben hat, herrschte Kaiser Nero. Zu dessen Amtsantritt verfasste der stoische Philosoph Seneca wenige Jahre zuvor eine kleine Schrift, in der er die höchste Herrschertugend beschrieb: Ein Kaiser muss mit seiner Macht für Recht und Ordnung sorgen und das Gesetz durchsetzen. Doch da er die höchste Macht innehat, kann er noch darüber hinausgehen und Gnade vor Recht walten lassen, indem er zuletzt Milde und Güte übt, begnadigt und auf die Durchsetzung des Rechts in der vollen Härte verzichtet. Die Schrift heißt „de Clementia": Von der Güte. *Clementia* aber ist das lateinische Wort für das hier gebrauchte griechische Wort Güte.

Der parallele Abschnitt zeigt, dass die Philipper Jesus Christus nachahmen sollen, indem sie gehorsame und gute Sklaven werden (2,12–14). Dieser Abschnitt zeigt nun in Ergänzung dazu, dass, wenn die Philipper das tun, die Menschen erkennen, dass sie die höchste Herrschertugend ausüben. Und tatsächlich: Ihre Güte wird wie die eines gütigen Herrschers von immer mehr Menschen wahrgenommen. Dabei wird deutlich, dass der eigentliche Kyrios (Herr) und der höchste Herrscher, Jesus Christus selbst, nahe ist.

Solange die Menschen Jesus Christus nicht kennen, können sie auch keine Gesinnung Christi erkennen. Doch sie erkennen in einem solchen Verhalten die höchste Herrschertugend wieder. Alle Menschen sollen dies erkennen, wie auch alle Glaubenden in Philippi für die Menschen wie Lichter in der Welt leuchten sollen in der Briefparallele (2,15). Wir nehmen beide Abschnitte zusammen und halten fest: Wer die Gesinnung Christi lebt, wird zum Sklaven und zugleich zum tugendhaften Herrscher. Wer nicht über sein Heil verfügt, sondern dies ganz in Gottes Hand weiß, der soll einerseits sein Heil mit Furcht und Zittern bewirken und andererseits sich die ganze Zeit freuen. Wenn Gott das Heil der Glaubenden ganz in seiner Hand hat, dann sollen sich diese nicht auf sich selbst verlassen, sondern immer wieder in Demut zu Gott hinblicken. Und wenn sie das tun, gibt es für sie nur noch Grund zur Freude und nicht zur Sorge, weil Gott selbst für sie sorgt.

Als nächstes Privileg nennt Paulus die Sorgenfreiheit. Menschen denken, dass, wer alles hat, sich nicht sorgen muss. Genau das sollen die Philipper erkennen: Sie gehören dem Herrn, der alles hat und der für sie sorgt. Deshalb sollen sie sich nicht sorgen. Und wenn ihnen ihre Lebensumstände Sorgen machen wollen, dann dürfen sie sich mit jeder Form des Gebets an Gott wenden. Paulus nennt verschiedene Ausdrucksformen des Gebetes: „Sorgt euch um nichts, sondern in jeder Lage durch Gebet und Bitte mit Danksagung macht eure Anliegen bei Gott bekannt" (4,6).

Ein idealer Herrscher verschafft seinem Volk Frieden. So hat es der erste römische Kaiser Augustus für sich beansprucht. Das vierte Privileg ist der Frieden Gottes, den Gott selbst ihnen gibt. Diesem Frieden wohnt eine dynamische Kraft inne. Er bewahrt die Herzen und Gedanken der Glaubenden in Christus Jesus. Dieser Frieden übersteigt den Verstand. Er ist größer als alle Gefahren und Sorgen, die der Verstand erwägen kann, und in ihm ruhen auch die viel besseren Lösungen, als der Verstand sich je ausdenken könnte.

Mit Hilfe des göttlichen Friedens erfüllen die Glaubenden noch ein anderes philosophisches Ideal: Sie übernehmen die innere Herrschaft über sich selbst, indem sie lernen, mit Gottes Hilfe in einem inneren Frieden zu leben. Wer Christus, der Sklave geworden ist, nachahmt, wird zum Herrscher. Höchste Privilegien, nach denen die Menschen trachten, werden ihm von Gott gewährt: Freude, Güte, Sorgenfreiheit, Frieden.

8 *Übrigens Brüder, alles was wahr, was ehrbar, was gerecht, was heilig, was liebenswert und was löblich ist, wenn es irgendeine Tugend und irgendetwas Lobenswertes ist, über das denkt nach.* **9** *Und was ihr bei mir gelernt, empfangen, gehört und gesehen habt, das tut. Und der Gott des Friedens wird mit euch sein.*

Der Abschnitt 4,4–9 ist deutlich zweigeteilt. In 4,8 setzt Paulus von Neuem ein. In beiden Teilen geht es um Tugenden und Ideale, die auch für Menschen in der Regel wichtig sind, die Jesus Christus nicht kennen. Im ersten Teil gewährt Gott den Philippern solche Privilegien. Im zweiten Teil sollen sie selbst über diese nachdenken und ihnen nacheifern. Wieder erscheint das Thema, dass Gott zwar für das Heil und die Rettung ganz zuständig ist, aber darin eingebettet die Menschen aktiv auf dem Weg wandeln sollen, den Gott für sie bereithält. Ab 4,8 erwähnt Paulus philosophische Ideale und Tugenden, über die die Philipper nachdenken sollen. Er zählt einen ganzen Tugendkatalog auf, wobei die meisten Begriffe unter anderem in der stoischen Philosophie eine Rolle spielen. Er verbindet diese Ideale ganz eng mit dem, was er getan und gelehrt hat. Alles, was er in diesem Brief gelehrt und von sich berichtet hat, ist von der Gesinnung Christi durchdrungen. Durch den engen Zusammenhang zwischen V.8 und 9 drückt Paulus aus, dass er all die sittlichen Tugenden eng mit Christus verbindet. Dessen Gesinnung erfüllt die höchsten ethischen Ziele der heidnischen Umwelt. Nochmals ruft er sie dazu auf, sich ihn zum Vorbild zu nehmen. Paulus spricht den Philippern zu, dass der Gott des Friedens mit ihnen sein wird. Beide Teile dieses Abschnittes werden nicht nur durch die philosophischen Tugenden und Ideale und die Privilegien zusammengehalten, sondern auch dadurch, dass der erste mit dem Frieden Gottes und der zweite mit dem Gott des Frieden abschließt. Der zweite Teil ist aktiver ausgerichtet. Wenn sie aktiv auf dem Weg der Gesinnung Christi vorwärtsgehen, wird der Gott des Friedens mit ihnen sein. Der „er wird sein" ist der biblische Gott, der sich dem Mose als der „ich werde sein, der ich sein werde" vorgestellt hat (Ex 3,14).

Der vierte und der neunte Abschnitt stehen also ebenfalls parallel zueinander. 115 Wörter stehen 101 gegenüber. Zwei Gegenpole ergeben erst zusammen das ganze Bild. In der Psalmenpoesie wird solch ein Parallelismus als antithetischer Parallelismus bezeichnet. Das große verbindende Thema ist, dass die Philipper nicht über ihr Heil verfügen. Deshalb sollen sie es einerseits in Abhängigkeit von Gott und Furcht und Zittern bewirken, andererseits können sie alle ihre Sorgen auf Gott abwälzen und sich freuen, denn es ist ja Gott, der ihr Heil vollenden wird. So sollen sie die Gesinnung Christi einerseits wie gute Sklaven, andererseits wie Herrscher und mit den erstrebenswertesten Tugenden der Philosophen leben. An ihrem Lebensstil werden die Menschen ihre eigenen ethischen Ideale realisiert sehen. Sie erkennen ihre Güte (4,5) und nehmen sie als Lichter wahr (2,15).

6.2 Der Text heute - Themen und Bausteine

Kerstin Offermann

1. Freude

Paulus zeigt im Philipperbrief den Weg der Freude. Wie ein roter Faden zieht sich die Bestätigung: „Ich freue mich!" bzw. „Ihr seid meine Freude." und die Aufforderung „Freuet euch!" durch den Brief. Aber kann man denn **zur Freude aufrufen**? Kann man Freude befehlen? Ist Freude nicht ein sich spontan einstellendes Gefühl des Glücks?

 Die TN bekommen zu Beginn eine Karte, auf deren Vorderseite „Freu dich!" steht, auf deren Rückseite „Heul doch!". Welche Seite ist den TN angenehmer? Welche würden Sie auf Ihren Schreibtisch legen, an Ihren Kühlschrank hängen? Welche Wirkung haben die Worte jeweils auf Sie?

Die moderne **Glücksforschung** zeigt, dass man das Glücklichsein sehr wohl einüben kann. Wer lacht und lächelt, bei dem verändern sich auch die Gehirnströme. Sie treten vermehrt in der Region auf, die für das Glücksempfinden zuständig ist. Wer also lächelt oder lacht, motiviert sein Gehirn, Glück zu empfinden. Lächeln steckt an. Menschen mögen Säuglinge so gerne, weil diese sie dazu bringen, sie anzulächeln.

„Ich habe mich entschieden, heute einfach mal glücklich zu sein!"

Jede / jeder von uns hat einen „Freuden-Kasper" in sich, der nur meist von der alltäglichen Geschäftigkeit und den tausendfachen Sorgen und Herausforderungen überlagert wird. Glücksempfindung hat viel mit der Bereitschaft und **Aufmerksamkeit zur Wahrnehmung des Schönen** und Besonderen im Alltäglichen zu tun. Mit Zeit für die eigene Seele. **Freude** ist bei Paulus eine **Frucht des Heiligen Geistes**. Auch der Heilige Geist wartet darauf, dass wir uns für ihn öffnen und ihm Gelegenheit geben, uns zu beschenken.

 Ermutigen Sie die TN, nach dem Schönen im Alltag Ausschau zu halten, bewusst zu fühlen, offen zu sein für ihre Empfindungen: gehen Sie barfuß über eine Wiese, fühlen Sie über einen Baumstamm, riechen Sie den Duft von Blättern oder Blüten. Integrieren Sie eine solche Wahrnehmungsübung in die Bibelwoche. Bitten Sie die TN, mit geschlossenen Augen langsam zu gehen, an Blüten zu riechen, Samtstoffe oder Holz zu fühlen.

 Singen ist eine gute Form der Wahrnehmungsübung und des Raumschaffens für Gott. Nehmen Sie sich in dieser Einheit bewusst Zeit dazu, Lieder der Freude und des Lobes zu singen (in einer entspannten Tonlage! Es soll ja für die TN erfreulich sein!).

 Eine andere Art, in der wir die Wahrnehmung auf das Glück ausrichten, ist es, **Dankbarkeit einzuüben.** „Undank beginnt mit dem Vergessen, aus Vergessen wird Gleichgültigkeit, aus der Gleichgültigkeit wird Unzufriedenheit, aus der Unzufriedenheit Verzweiflung, aus der Verzweiflung der Fluch. Dem Dankbaren zeigt Gott den Weg zu seinem Heil. Lass dich fragen, ob dein Herz durch Undank so träge, so müde, so verzagt geworden ist!?" (Dietrich Bonhoeffer, Konspiration und Haft 1940–1945, DBW Band 16, Seite 493).

 Lassen Sie sich vom Poetry Slam „Licht an" von Sarah Marie (http://0cn.de/fgu7) animieren, selbst Gründe für die Dankbarkeit aufzuschreiben. Legen Sie diese Dankes-Karten im Gebet gemeinsam vor Gott. Legen Sie ein „Dankbuch" aus, in das sich die TN am Anfang oder Ende der Einheiten eintragen können – so wie ein Gästebuch, nur das sich dieses Gäste-Dank-Buch an Gott richtet.

Die stärkste Quelle von Freude und Glück sind gelingende **Beziehungen**. Nicht von ungefähr betont Paulus im Philipperbrief immer wieder die Einheit mit den Philippern. Durch die Verbundenheit steigt die Freude. „Geteiltes Leid ist halbes Leid. Geteilte Freude ist doppelte Freude!" Das Gefühl von Glück stellt sich dann ein, wenn alles **im Lot** ist. Offensichtlich ist bei Paulus doch nicht alles im Lot. Er sitzt doch im Gefängnis! Paulus zeigt den Philippern also einen Weg, auch dann Freude zu erleben, wenn einem das Leben übel mitspielt. Für ihn ist selbst unter diesen schlechten Bedingungen „alles im Lot", weil sein Glück in der Verbindung mit Jesus Christus liegt. Durch diese Verbindung kann er auch den Gegenwind in seinem Leben anders interpretieren. Egal, was kommt, von Jesus Christus kann ihn nichts trennen. Die Widerstände bringen ihn sogar noch näher zu Jesus Christus.
„Bei dir geht's mir gut! – Bibellesen heißt ein Rendezvous mit Jesus Christus haben."
„Freude ist das Innenleben Gottes. Wer sich freut, öffnet sich mit allen Poren einer Verheißung, in deren Licht er schon steht. Er tritt aus dem Mauerwerk seiner Sorgen heraus in die Dimension Gottes." (Klaus Berger, Kommentar zum Neuen Testament, Gütersloh, 2011, S. 733).

 Überlegen Sie mit den TN, welchen Grund zur Freude es auch in schweren Zeiten gibt. Vervollständigen Sie mit den TN den Satz: Ihr könnt euch freuen, weil ... Legen Sie verschiedene Bilder aus von Familie, Liebespaaren, Bäumen, Tieren, Bergen, Sternen, Meer, Essen, Wein, Musik, Kunst, Sport, Wolken, Menschen, die lesen, Menschen in Gruppen, Kirchen ... Bitten Sie die TN, sich ein Bild auszusuchen, das für sie Freude ausdrückt.

 Freude lebt auch aus der Vergegenwärtigung von beglückenden Momenten. Gehen Sie mit den TN auf eine imaginäre Reise zu Begegnungen, zu Augenblicken, in denen die Freude präsent war, zu Momenten der Nähe mit Menschen oder mit Gott. (Text „Phantasiereise" auf der DVD)

 Im Text beziehen sich die Begriffe „Freude – Nähe Jesu Christi – Gebet – Frieden" aufeinander. Schreiben Sie die Begriffe auf Karten. Bitten Sie die TN, die Begriffe einander graphisch zu ordnen. Folgt das eine aus dem anderen? Bilden sie einen Kreis, eine Kette? Welcher Begriff gehört wie nah neben welchen? Was steht zwischen den Begriffen?

Die Freude von Paulus lebt aus der **Nähe des Herrn**. Nähe changiert hier zwischen einem räumlichen und einem zeitlichen Begriff. Jesus Christus ist jetzt schon nah, „in ihm leben, weben und sind wir". Zugleich erwarten die Christen in Kürze das Kommen ihres Herrn, für alle sichtbar beim Tag Christi.
„Die Herren dieser Welt gehen – unser Herr kommt!" (Gustav Heinemann)
Jesus als den Herrn zu bezeichnen, als den Kyrios, ist im römischen Kontext durchaus eine politische Kampfansage. Ein römischer Kardinal soll auf die Frage nach dem Kommen Christi gesagt haben: „Malen Sie den Teufel nicht an die Wand!" Wie realistisch ist für die TN der

politische Anspruch Jesu Christi? Relativiert die Erwartung seines Kommens weltliche Machtansprüche? Ist die Erwartung seines Kommens Grund zur Freude? Freude und Sehnsucht schließen sich nicht aus.

2. Gebet / Sorgenlosigkeit

Im Gebet alles Belastende loslassen und Sorgen abgeben zu können, bringt alles ins Lot, schafft damit Freude und Frieden. „Die Dimension des Gebets gehört derselben Wirklichkeit an wie die Freude" (Klaus Berger, Kommentar zum Neuen Testament, Gütersloh, 2011, S. 733). Gebet ist dabei für Paulus ein Gemeinschaftsphänomen, eine Lebensäußerung der Gemeinde Gottes, in der Menschen sich gegenseitig von dem erzählen, was sie beschäftigt und in der sie füreinander beten.

Drucken Sie unterschiedliche Emoticons (auf DVD) aus.
Bitten Sie die TN zu den verschiedenen Stimmungen etwas von sich zu erzählen. Wie geht es ihnen gerade? Was macht ihnen Sorgen, was freut sie? Was ärgert sie?

Legen Sie ein großes Smiley in die Mitte. Bitten Sie die TN, Sorgen und Nöte auf Stichwortzettel aufzuschreiben. Lesen Sie diese Stichworten vor und legen Sie diese auf das Smiley, bis es ganz verdeckt ist. Formulieren Sie mit den TN gemeinsam aus den Sorgen und Nöten Gebete. Nehmen Sie die Stichworte weg, für die gebetet worden ist, sodass das Smiley wieder sichtbar wird.

Die Aufforderung, die Sorgen an Gott im Gebet abzugeben, begegnet auch sonst in der Bibel: Mt 6,31–33, Lk 12, 22–31, 1 Petr 4,1; 5,7, Ps 55,23 „Die Sorge auf Gott werfen, ist vielleicht einmal ganz wörtlich verstanden worden, wenn man ein aufgeschriebenes Gebet (auf Tonscherben) im Tempel niederlegte" (Klaus Berger, Kommentar zum Neuen Testament, Gütersloh, 2011, S. 734).

Machen Sie mit den TN eine „Sorgen-Werf-Übung". Bitten Sie die TN, ihre Sorgen auf Kieselsteine zu schreiben, die sie dann als ein Gebet in ein großes Gefäß mit Wasser oder Sand werfen, diese Sorge also symbolhaft an Gott abgeben.

Eigentlich geht es Paulus darum, dass die Philipper ihr ganzes Leben Gott anvertrauen sollen, so wie es im Hymnus beschrieben wird, dass Jesus Christus sich ganz in Gottes Hände gegeben hat. Die alltäglichen Sorgen Gott anzuvertrauen, ist eine gute Übung und ein wichtiger Schritt dazu, sein ganzes Leben in Gottes Hände zu legen.
Wenn wir unser Heil nicht im Griff haben und es auch gar nicht im Griff haben sollen, ist es nicht unsere Aufgabe, dann ist es Gottes Sorge und wir brauchen uns nicht sorgen und können uns freuen.
Gebet ist eine logische Folge der Beheimatung im Himmel. Dadurch haben Christen jederzeit freien Zugang zu Gott. Sie können mit Allem zu Gott kommen, auch mit den Sorgen und Nöten der Welt. Darum sind sie dazu berufen, für die Welt zu beten. Fürbitte ist eine wichtige Aufgabe der Gemeinde, eine zentrale Form, in der sie ihr Bürgerrecht im Himmel hier auf Erden ausüben.

3. Tugend

Wie Freude so ist auch Liebe nicht bloß ein Gefühl, sondern auch eine Verhaltensweise. Paulus beschreibt Werte und Tugenden, denen man nacheifern und über die man nachdenken soll. Im ersten Teil seines Briefes hat er den Philippern diese Tugenden als Gaben Gottes zugesprochen (vgl. Kapitel 2), nun bezeichnet er sie als Aufgabe für die Philipper. Sie sollen sich an diesen Tugenden und Werten, d. h. auch am Guten und an Gott selbst orientieren. Was ist für uns gut? Welche Tugenden sind für uns erstrebenswert? Wie orientiere ich mich am Guten?

 Zu Vers 8 finden Sie auf der DVD Bilder eines „Bible Art Journaling". Nutzen Sie diese als Gesprächsgrundlage oder ermöglichen Sie den TN, selbst ein Bible Art Journaling zum Text zu gestalten.

In Mt 25,21–23 wird die Freude als (eschatologische) Folge des Gehorsams (im Kleinen) beschrieben. So könnte man auch hier Freude, Sorglosigkeit, Güte / Milde, Frieden als Folge des vertrauensvollen Weges mit Jesus Christus verstehen. Die Philipper verhalten sich so, weil sie Himmelsbürger sind. Sie sind Söhne und Töchter des wahren Kyrios, wahre Königskinder, daher verkörpern sie auch königliche Tugenden. Die Freude ist ein Stück Himmel auf Erden, die Liebe nimmt die Ewigkeit vorweg.

4. Kanzelsegen

Vers 7 ist den TN aus dem sonntäglichen Gottesdienst als Kanzelsegen vertraut. Auch zu diesem Vers gibt es auf der DVD ein Bible Art Journaling. Nutzen Sie es als Gesprächsgrundlage. Was bedeuten den TN diese vertrauten Worte? Oder ermöglichen Sie den TN, selbst ein Bible Art Journaling zum Text zu gestalten.

Der Kanzelsegen macht deutlich, dass nicht unsere menschliche Vernunft, sondern Gottes Friede Heil bewirkt. (Erläuterungen zu Kanzelliturgie, Kanzelgruß und Kanzelsegen finden sich auf der Seite „Der Evangelische Gottesdienst", *Kurzlink:* http://0cn.de/6xwh.) Er entlastet unsere Vernunft. Wir müssen nicht das ganze Bild sehen. Wir tragen nicht die ganze Verantwortung.

Geben Sie die TN den Segen als Zuspruch am Ende der Einheit mit nach Hause (gerne auch schriftlich).

Lieder

EG 239   Freut euch in dem Herrn
EG 269   Christus ist König
EG 359   In dem Herren freuet euch
EG 396   Jesu meine Freude
EG 398   In Dir ist Freude
EG 421   Verleih uns Frieden gnädiglich
EG 430   Gib Frieden
EG 433   Hevenu shalom allechem
EG 435   Dona nobis pacem

EG 436 Herr, gib uns deinen Frieden
Jesus Christus herrscht als König
Wenn die Last der Welt dir zu schaffen macht

6.3 Vorschlag für eine Bibelarbeit

Stephan Zeipelt

Inhaltlicher Schwerpunkt

Freude und Naherwartung sind in diesem Textabschnitt eng verzahnt. Dazu eine Mahnung zu Tugenden, die in einer Gemeinschaft wie die der Philipper untereinander und mit Paulus zugrunde liegen. In der Einheit soll spürbar werden, dass Freude auch in negativen Lebenszusammenhängen einen Grund hat.

Raumgestaltung

Die Teilnehmenden sitzen in einem Stuhlkreis um eine gestaltete Mitte. Der Text sollte allen zugänglich sein. Entweder mit Hilfe von Bibeln, Kopien oder dem Teilnehmerheft.

Materialien und Medien

- Evtl. Beamer
- Internetzugang
- Leinwand
- Laptop für eine mögliche Präsentation zu Beginn.
- Tücher, die die Mitte folgendermaßen in Szene setzen:
  Ein (grünes) Tuch in der Mitte, darum zwei (blaue) Tücher in zwei Halbkreisen, die sich an den Enden berühren, darum noch einmal zwei (gelbe) Tücher, die sich wiederum in Halbkreisen an den Enden berühren.
- Begriffe auf Zetteln, die nach und nach in die Mitte gelegt werden.
- Vorbereitete Überraschungseier (s. u.)

Zur Gestaltung des Abends

Liturgische Eröffnung

→ Begrüßung
→ Lied (z. B. EG 66 Jesus ist kommen)
→ Gebet

Auf den Text zugehen (20 min)

Wenn möglich, wird nach dem Liturgischen Einstieg ein Videoclip gezeigt: die bekannte „Ode an die Freude" von Beethoven-Schiller interpretiert von „Mr. Bean" Rowan Atkinson. Mit diesem Clip wird schon auf das Motiv der Freude eingegangen. Zu finden ist er unter folgender Adresse (aufgerufen am 12. April 2018):

https://www.youtube.com/watch?v=v_nHRMGv0yE (*Kurzlink:* http://0cn.de/weq6)

Danach (bzw. zum Einstieg, wenn das Video nicht gezeigt wird) sollen die Teilnehmenden sich im Stillen kurz mit der Frage befassen: „Was macht mir Spaß?". Wenn sie etwas für sich gefunden haben, wird dies (je nach Gruppengröße) entweder dem Nachbarn, in einer Kleingruppe oder in der gesamten Gruppe vorgestellt. Und zwar entweder als „typische Handbewegung" oder pantomimisch, in Umschreibung nach dem Spiel „Tabu", d. h. der Begriff / die Sache selbst darf nicht genannt werden, oder auch gezeichnet nach dem Prinzip „Montagsmaler".

Nachdem alle ihre „Sache" vorgestellt haben und die Auflösung erfolgte, schließt sich eine weitere Runde an mit der Frage: „Was macht mir Freude?"

Danach gibt es eine kurze Austauschrunde mit den Fragen:

1. Ist Spaß anders als Freude?
2. Worin liegen Unterschiede?

Für mich ist es eine Hilfe, den Unterschied mit dem Aussprechen der Worte selbst zu erklären: Bei „Freude" gehen meine Mundwinkel leicht nach oben, bei „Spaß" ist der Mund weit geöffnet: Freude entlockt mir zufriedene leise Heiterkeit, Spaß laute Begeisterung, die aber nicht so nachhaltig ist.

Alternative Gestaltungsmöglichkeit

Man könnte auch noch verschiedene Smiley-Emojis vorstellen und sie von den Teilnehmenden zuordnen lassen, welche am ehesten den Worten Freude / Spaß / Heiterkeit / Glücksgefühl / Befriedigung / Zufriedenheit / Vergnügen etc. zugeordnet werden können.

Dem Text begegnen (30 min)

Der Text Phil 4,4–7 (die Verse 8+9 kommen etwas später) wird ein erstes Mal langsam gelesen. Was macht Paulus so fröhlich? Wie aus den Abenden zuvor bekannt ist, ist er zur Zeit der Abfassung des Briefes im Gefängnis und hat vielleicht sogar den Tod vor Augen. Dennoch ruft er die Philipper auf: „Freuet euch!"

Die Teilnehmenden tauschen sich darüber aus, wie Paulus den Vers 4 betont hätte, wenn er ihn uns vorlesen würde:

· **Als Befehl**? „Freut euch!" gefälligst – auf der Stelle – und zwar immer. Grinsen – lachen – strahlen. Dahinten auch! (Helm ab zur Freude!)
· **Als Flehen**? „Nun freut euch doch!" Bitte, bitte.
  Vielleicht wie diese Stimmung manchmal an Heiligabend. Die ganze Familie ist da – alles soll „fröhliche Weihnacht" sein, alle Spannungen zugedeckt werden: „Nun freut euch doch!" und habt euch doch lieb! Wenigstens heute Abend! Bitttte!
· **Als Aufmunterung**? „Freut euch mit mir – Kopf hoch!" Macht mit bei der Freude!

Wenn Freude wie das Letztere verstanden wird, stellen sich mehrere Fragen:

1. Wie äußert sich Freude?
2. Wie kann ich Freude empfinden auch in schweren Zeiten?
3. Was ist der eigentliche Grund der Freude?

In Kleingruppen (ca. 4 TN) tauschen sich die Teilnehmenden über diese Fragen aus.

Bei der anschließenden näheren Textbetrachtung fällt auf, dass sie dort beantwortet werden: In der Mitte, im Zentrum steht der Satz: „Der Herr ist nahe!" (Ein Zettel mit diesem Zitat wird auf das Tuch in der Mitte gelegt.) Hat Paulus es eher räumlich gemeint: Der Herr ist immer ganz in der Nähe, steht dir bei, hilft dir und hält dich? Oder hat er es eher zeitlich gemeint: Der Herr kommt bald wieder, der Tag ist schon nahe herbeigerückt? Er kommt auf uns zu? *(kurzer Austausch)*

Die Antwort muss wohl einfach „Ja" lauten. Sowohl als auch. So steht dieser Satz im Zentrum wie das Kreuz im Hymnus.

Darum – quasi als innere Schalen die Verse 5a und 6: Zwei Aufforderungen: „Eure Güte lasst allen kundwerden" und „Sorget nicht, sondern betet". (Auf das eine im Halbkreis liegende Tuch in der Mitte wird ein Zettel mit „Güte", auf das andere einer mit „Gebet" gelegt.) Hier werden zwei Richtungen beschrieben: einmal hin zu den Menschen und einmal hin zu Gott.

Die Teilnehmenden tauschen sich über ihre Erfahrungen zu diesen Punkten aus:
Güte / Hinwendung zu den Menschen
- Wie und wo kann ich Menschen Güte zukommen lassen? (Zuhilfenahme der Verse 8+9, die jetzt gelesen werden: Welche konkreten Haltungen und Handlungen können wir darin erkennen)
- Ist meine Motivation wie bei Paulus, dass der Herr nahe ist?
- Was ist mit den Menschen, die meine Güte nicht verdient haben?

Gebet
- Habe ich schon Gott angefleht?
- Wie ist es mit dem Sorgen (evtl. vgl. Mt 6,19–34)?
- Kommen wir mit allen Sorgen zu Gott?
- Was ist mit (noch) nicht erhörten Gebeten?

Bei beiden Blickrichtungen schauen wir jeweils von uns weg. Was haben aber wir eigentlich davon, so ausgerichtet zu sein? Im Anschluss werden die Verse 4 und 7 genauer betrachtet. Sie stellen die äußeren Schalen zum Zentrum dar:
Auf das eine im Halbkreis liegende äußere Tuch wird ein Zettel mit „Freude", auf das andere einer mit „Frieden" gelegt.

Freude:
V4: *Freuet euch:* Der Aufruf des Paulus zur Freude ist machbar, weil er von der Mitte und durch die andere äußere Schale (V7) gehalten wird.

Friede:
V7: *Friede:* Der Schalom Gottes ist umfassend und wird auch in der Nachahmung Christi spürbar. Trotz Leiderfahrung ist Freude möglich. So hat es Paulus erfahren und möchte es anderen mitgeben, denn er weiß, dass wir vieles mit unserem Verstand nicht erfassen können. Dieser Vers ist gleichzeitig der Kanzelsegen. Die Übersetzung der neuen Lutherbibel 2017 ist da hilfreicher und genauer als die von 1984, weil es nicht mehr heißt „bewahre", sondern „wird bewahren": Hier ist kein Wunsch formuliert, sondern eine Zusage!

Friede und Freude werden von außen zugesprochen. Darum können wir nach außen wirken: zu den Menschen in Verbindung mit Gott. Gehalten durch Gottes Zusage, dass er nahe ist und uns entgegenkommt.

Die Farben der Tücher sind so gewählt, weil zusammengemischt aus Blau und Gelb, Grün wird. (Man könnte auch andere Farben wählen, aber eben so, dass aus den beiden Kreisen die Farbe der Mitte entsteht.

Mit dem Text weitergehen (15 Min)
Wie kann ich die Freude festhalten im Alltag? Wie kann ich unterstützen und wie werde ich unterstützt?
Eine Idee: Jeder Teilnehmer erstellt ein persönliches Fürbittenbuch: Jedem Wochentag werden Personen zugewiesen, für die in der nächsten Zeit gebetet wird. Z. B. Sonntag: Familie / Montag: Freunde / Dienstag: Kollegen / Mittwoch: Welt / Donnerstag: Bekannte und ehemalige Freunde / Freitag: Arbeitsbezüge, Gemeinde, Projekte / Samstag: Aufträge, mit denen ich mich beschäftige.
Damit verbunden ist der Wunsch, dass jeder Teilnehmende bei den anderen auf der Liste steht. In einem Partnergespräch können auch persönliche Sorgen und Anliegen auf die Liste des anderen kommen.
Als Give-Away: Jeder Teilnehmende bekommt ein Überraschungsei.
Entweder ein „gewöhnliches": Zwei Schalen Schokolade (für Freude und Frieden), die gelben beiden Hälften des inneren Plastikeis (für Güte und Gebet) und die innere Überraschung für „Der Herr ist nahe".

Oder die Eier sind vorher präpariert:
Die Eier werden ausgepackt und die Schokoladenhälften mit einem Messer vorsichtig zerteilt. Die eigentliche Überraschung wird durch ein Holzkreuz oder einen Zettel mit „Der Herr ist nahe" ersetzt. Die Hälften des inneren gelben Eis werden mit „Güte" und „Gebet" beschriftet. Dann werden die Schokoladenhälften wieder „zusammengesetzt" (Tipp: Ränder leicht erwärmen) und das Ei wird in das ursprüngliche Papier wieder eingewickelt (kann auch noch beschriftet oder beklebt werden).

Liturgischer Abschluss
→ Als (gemeinsamer) Psalm wird das Gedicht von Hanns Dieter Hüsch: „Ich bin vergnügt, erlöst, befreit" gelesen.
→ Lied: EG 398 In dir ist Freude (Lied zur Bibelwoche)
→ Segen

6.4 Bildbetrachtung – „Was ihr gelernt, empfangen, gehört und gesehen habt."

Johannes Beer

Erich Krian: „Was ihr gelernt, empfangen, gehört und gesehen habt."
POM/09/09 (PK 1220) - 18.09.2016, Mischtechnik auf Papier, 24 x 17 cm

Ein blaues Feld in der Mitte, flankiert von roten Streifen, dominiert dieses Bild von Erich Krian. Senkrechte Linien und Kanten gliedern das Blatt, obwohl die Hintergrundstrukturen durchzulaufen scheinen. Es beginnt links mit einem roten Streifen, der auch graue und einige blaue Töne enthält. Dann folgt ein heller Streifen, der das Rot bis zum lichten Rosa zurücknimmt. In der Mitte dann der blaue Bereich, hinter dem allerdings auch schwarze und rote Töne liegen, die durch die Strukturen des Blauen hindurchscheinen. Es folgt, noch teilweise vom blauen Bereich überlagert, wieder ein schmaler Streifen in kräftigem Rot, der seinerseits wiederum über einen recht schmalen Streifen in Schwarz- und Grautönen hinüberragt. Den Abschluss bilden ein heller Streifen mit roten und rosa Einsprengseln und ein sehr schmaler Streifen in kräftigem Himmelblau. Die rote Form, die im oberen Teil des linken Streifens und im weißen Streifen hervortritt, schimmert auch hinter dem rosa Streifen und dem blauen Feld durch. Die Form bewegt sich von links unten nach rechts oben. Dadurch, dass der linke und die vier rechten Streifen nicht bis nach oben gehen und gleichzeitig der blaue Mittelbereich unten ins Weiß ausfasert, bekommt die Arbeit eine zusätzliche, aufstrebende Dynamik, wobei gleichzeitig das Blaue herabzufließen scheint.

Paulus fordert in diesem Abschnitt zur Freude auf und begründet diese Freude durch den Herrn. Er spricht von der Nähe Gottes, vom baldigen Kommen des Herrn. Er will die Freude spür- und erlebbar haben und setzt damit Akzente gegen ein sauertöpfisches Christentum. Leiden, Klagen und Verzweiflung haben Angesichts der Nähe des Herrn ihre Bedeutung verloren. Paulus schreibt vom Gebet und dem Danken gegenüber Gott, von der Güte und vom Frieden. All diese Freude können wir auf diesem Bild in den Farben der Liebe und des Himmels wiederfinden. Auch die beiden Bewegungen des Textes, das Aufstrebende der Gebete und der Hinwendung zu Gott und das Herabstrebende des Kommens des Herrn haben wir im Bilde gesehen. Paulus schreibt „Was ihr gelernt und empfangen und gehört und gesehen habt an mir, das tut; so wird der Gott des Friedens mit euch sein."

7.1 Exegese

Peter Wick

1. Phil 4,10–20 Der gesteigerte Dank (10. Abschnitt des Briefkorpus)

10 *Ich habe mich aber im Herrn sehr gefreut, dass ihr wieder einmal auf-geblüht seid, eure Gesinnung auf mich auszurichten, denn ihr seid auch da-rauf gesinnt gewesen, ihr hattet aber keine Gelegenheit.*

In 4,10–20 dankt Paulus für die materielle Unterstützung, die ihm die Philipper schon mehr-fach, nun aber auch wieder durch Epaphroditus, zukommen ließen. Es ist anzunehmen, dass sie ihm Geld gesandt haben, da sich dieses am einfachsten transportieren lässt. Er „dankt" ohne „danke" zu sagen. Nachdem er zweimal seinen Dank relativiert hat, wird er ihn zu einem großen Lob steigern. Schon in 4,10 wird deutlich, wie sehr Paulus die Philipper lobt. Zweimal benutzt er das Schlüsselwort dieses Briefes „gesinnt zu sein". Sie haben mit ihrer Unterstüt-zung gezeigt, dass sie ihre Gesinnung auf Paulus ausgerichtet haben, ja Paulus weiß, dass sie immer auf ihn ausgerichtet sind. Das bedeutet in der sprachlichen und inhaltlichen Vernet-zung dieses Briefes, dass sie Paulus höher achten als sich selbst und die Gesinnung Christi leben. Auch wenn man wie Jesus Christus gesinnt ist, muss man dennoch Gelegenheit zur Tat finden. Mit Epaphroditus ist ihnen das kreativ gelungen. Indirekt spricht Paulus ihnen so auch Liebeskompetenz zu und damit das, worum er Gott am Anfang des Briefes für sie gebe-ten hat (1,9–11).

11 *Nicht weil ich Mangel habe, sage ich das, denn ich habe gelernt, in dem, was ich bin, un-abhängig zu sein.* **12** *Ich weiß, sowohl erniedrigt zu sein als auch Überfluss zu haben, in jedes und in alles bin ich eingeweiht, sowohl satt zu sein, als auch zu hungern, sowohl Überfluss zu haben als auch Mangel zu leiden.* **13** *Alles vermag ich durch den, der mich stark macht.*

Paulus schränkt seinen Dank sofort ein. Er hätte ihre Gabe gar nicht gebraucht, um sich zu freuen. Dies sagt er nicht ausdrücklich so. Doch wiederum macht er es durch das, was er zuvor geschrieben hat, deutlich. Er freut sich allezeit (vgl. 4,4) und braucht dafür keine Gabe. Er hat gelernt, Christus nachzuahmen. Wer das tut, beschreitet die Kurven des Weges Christi. Durch die Selbsthingabe führt diese Kurve von oben nach unten, darauf folgt die Erhöhung durch Gott. Auch diese wird nicht als Ziel festgeklammert, sondern wieder in Selbsterniedri-gung hingegeben, worauf Gott erneut erhöhen kann. Paulus bildet diese Bewegung sprachlich ab. Die Wörter „erniedrigt zu sein" und „Überfluss zu haben" – und dann wieder oben einset-zend – „satt zu sein, zu hungern, Überfluss zu haben und Mangel zu leiden", werden zur Kurzbeschreibung des Weges, auf dem Paulus geht. Er ist mit oben und unten vertraut und braucht deshalb auch keine unmittelbare Befreiung daraus, wenn er unten ist, weil Gott ihn zu allem befähigt hat. „Alles vermag ich durch den, der mich stark macht." Dieser Satz gilt für seine Nachahmung von Jesus Christus. Dabei hat er eines der wichtigsten Ziele der stoi-schen Philosophie erreicht. Er ist eigenständig, das heißt selbstgenügsam und damit unab-hängig von äußeren Einflüssen. Sein Glück und seine Freude hängen nicht von den äußeren

Umständen und deshalb auch nicht von den Gaben der Philipper ab. Doch nicht nur philosophisch, sondern auch religiös bewegt er sich als einer, der sich erniedrigt, auf höchster Ebene. Er ist in jedes und in alles eingeweiht. So könnte in Philippi oder in Rom nur ein Anhänger von Mysterienkulten sprechen, der in die höchsten Stufen dieser Kulte initiiert ist.

14 *Jedenfalls habt ihr gut daran getan, zusammen Anteil zu nehmen an meiner Trübsal.* **15** *Ihr wisst aber auch, Philipper, dass am Anfang des Evangeliums, als ich aus Mazedonien wegging, keine Gemeinde Anteil genommen hat an der Abrechnung von Geben und Nehmen als ihr allein.* **16** *Denn auch in Thessaloniki habt ihr das eine und das andere Mal etwas für meinen Bedarf gesandt.*

Mit diesem Satz nimmt Paulus seinen Dank wieder auf. „Zusammen Anteil nehmen" (*synkoinoneo*) bedeutet wörtlich „Mitgemeinschaft zu haben". Im Vorwort (1,7) hat Paulus die Philipper mit dem Substantiv „Mitgemeinschafter" bezeichnet. Offensichtlich nimmt Paulus nun das Gemeinschaftsthema, das den ganzen Brief durchzogen hat, nochmals explizit auf. Gemeinschaft bedeutet für Paulus, aktiv zu geben und zu nehmen. Die Philipper haben von ihm nicht nur das Evangelium angenommen, sondern wurden dann selbst zu Gebenden gegenüber Paulus.

In 4,15 unterstreicht Paulus diese Aussage. Die Philipper fingen an, Paulus materiell zu unterstützen, unmittelbar nachdem er bei ihnen die Gemeinde gegründet hatte und weitergezogen war nach Thessaloniki. Wiederum sagt er ebenfalls mit der Wortwurzel von Koinonia, dass sie Anteil genommen haben bzw. sich in die Gemeinschaft investiert haben (*koinoneo*). Offensichtlich haben die Philipper ihn schon öfters unterstützt. Paulus schreibt nun in einer ganz ökonomischen Sprache, als ob ihre Gemeinschaft eine Handelsgemeinschaft wäre, bei der abgerechnet würde, wer wie viel dem anderen gegeben und zurückgegeben hat. Er schreibt von der „Abrechnung von Geben und Nehmen", von der „Rechnung des Gebens und Nehmens".

17 *Nicht dass ich die Gabe suche, sondern ich suche die Frucht,*
die sich zugunsten eurer Rechnung mehrt.

Nochmals schränkt Paulus seinen Dank ein. Er strebt gar nicht danach, eine Gabe zu erhalten, sondern er strebt nach der Frucht für die Philipper. Wenn sie Gaben geben, dann wird das bei ihnen auf der Rechnung gutgeschrieben, wie Paulus ganz ökonomisch festhält.

Wie ist das zu verstehen? Wiederum steht der Hymnus im Hintergrund und weist den Weg zum richtigen Verständnis. Wenn die Philipper Paulus von dem geben, was sie haben, ist auch dies eine Kenosis, eine Selbstentäußerung. Auch diese Hingabe wird eine missionarische und eine soteriologische Folge für die Geber haben. Paulus umschreibt sie mit den Worten „Frucht, die sich zugunsten eurer Rechnung mehrt". Ihre Gabe wird Frucht bringen für das Evangelium und eine Auswirkung auf andere Menschen haben. Gott wird ihnen das zum Heil anrechnen. Paulus verheißt ihnen damit aber nicht nur Segen von Gott, sondern zeigt, dass auch er ihr Interesse höher achtet als sein eigenes.

Er schränkt also seinen Dank zweimal ein mit folgenden Begründungen: Eure Gabe erfreut mich, ich brauche sie aber nicht, um mich zu freuen. Eure Gabe freut mich, weil euer Geben euch zuletzt selbst zugutekommt. Paulus macht dies einerseits aus rhetorischen Gründen. Umso höher wird er sie beim dritten Mal ab V.18 loben. Andererseits gibt es aber auch einen inhaltlichen Grund. Paulus hat im Philipperbrief deutlich gemacht, dass er das lebt, was er verkündigt. In anderen Briefen betont er dasselbe in Bezug auf die Gabe des Evangeliums. Gott schenkt seine Gnade in Christus gratis und frei an alle Menschen, obwohl sie diese nicht verdient haben und auch nicht bezahlen können. Obwohl Paulus von der Tora her das Recht hat, für die Evangeliumsverkündigung Geld zu nehmen (1Kor 9,9–10), verzichtet er darauf, weil er durch sein eigenes Leben demonstrieren will, dass das Evangelium „kostenfrei" (1Kor 9,18; 2Kor 11,7) ist. Geld anzunehmen von einer Gemeinde, lässt Paulus in einen Widerspruch zu diesem Grundsatz geraten. Er kann mit einer gewissen Ironie den Korinthern schreiben, dass er andere Gemeinden „beraubt" hat (2Kor 11,8), als er von ihnen Geld für seinen Dienst an ihnen angenommen hat. Wahrscheinlich spielt er damit auch auf die Gaben der Philipper an. Wenn Paulus die Gabe der Philipper annimmt, muss er sich selbst ändern.

Wenn wir versuchen, ein Gesamtbild von den Aussagen des Paulus zu gewinnen, dann hat sich mit den Philippern Folgendes abgespielt: Bei der Gemeindegründung hat Paulus von ihnen keine Unterstützung angenommen, sondern ihnen gepredigt und existenziell demonstriert, dass das Evangelium ein Gnadengeschenk Gottes ist, für das der Mensch nichts tun kann. Kaum hat er Philippi verlassen und ist in Richtung Thessaloniki abgereist, fingen die Philipper an, Geld zusammenzulegen und haben ihm dies nachgesendet. Sie haben dies mehr als einmal getan und vor Kurzem wieder durch Epaphroditus. Paulus stand vor der Wahl, seinem Vorbild für das kostenfreie Evangelium treu zu bleiben und das Geld abzulehnen. Dann aber hätte er sich der Koinonia mit den Philippern verweigert, denn es kann keine wirkliche Gemeinschaft zwischen ihm und der Gemeinde entstehen, wenn er nur gibt, aber nicht auch annimmt. So hat sich Paulus um der Gemeinschaft willen zu einem Kompromiss entschlossen hinsichtlich seiner Vorbildsfunktion. Offensichtlich hat er dies immer im Wissen darum gemacht, dass, was auch immer er tut, dies auch die anderen Gemeinden erfahren werden, wie 2Kor 11,8 zeigt.

Rhetorisch drücken seine Einschränkungen des Dankes nochmals sein Zögern und Überlegen aus, was er wählen soll. In seiner Liebeskompetenz hat er sich gegen das eigene Ideal, kein Geld von den Gemeinden anzunehmen, und für die Gemeinschaft entschieden. So gesehen verändert die Koinonia die an ihr Beteiligten. Dies gilt sogar für Paulus.

18 *Ich habe aber alles empfangen und ich habe Überfluss. Ich habe die Fülle, weil ich von Epaphroditus eure Gaben empfangen habe, einen wohlriechenden Duft.*

Mit „ich habe alles empfangen" quittiert Paulus mit der zu seiner Zeit dafür vorgesehenen Formel den Empfang der Unterstützung. Er macht deutlich, dass er durch Epaphroditus alles empfangen hat. Dann steigert er die Quittung zur Aussage: Ich habe Überfluss. Mit einer weiteren Steigerung schreibt er, dass er dank ihrer Gabe die Fülle hat. Er ist – wörtlich übersetzt – erfüllt. Daraufhin steigert er sein Lob und seine Freude nochmals mit kultischer Sprache: Ihre Gabe ist ein wohlriechender Duft. So werden in der Hebräischen Bibel seit dem Opfer Noahs die Opfer beschrieben, die Gott gefallen (Gen 8,21; Ex 29,18 u. a.).

Im Epheserbrief steht ein Satz, der Licht auf 4,18 wirft: „Werdet nun Nachahmer Gottes als geliebte Kinder und wandelt in Liebe, wie auch Christus euch geliebt und sich selbst hingegeben hat für uns als Gabe und Schlachtopfer für Gott zu einem wohlriechenden Duft" (Eph 5,1f.).

Das Leben von Jesus Christus wird metaphorisch als kultischer Gottesdienst beschrieben. Die Selbsthingabe Christi ist hier die Gabe und das Opfer, das für Gott zu einem wohlriechenden

Geruch wird. Die Glaubenden sollen zu Nachahmer Gottes werden. Im Philipperbrief ahmen die Philipper zusammen mit Paulus Christus nach und geben sich selbst hin. Ihre finanziellen Gaben entstammen ihrer Christus gemäßen Gesinnung. Metaphorisch gesprochen haben sie dadurch einen kultischen Gottesdienst gefeiert und vor allem ein Schlachtopfer dargebracht, das Gott mit Wohlgefallen annimmt. Ihre Gabe an Paulus ist auch eine Gabe an Gott.

Im Paralleltext (2,19–30) hat Paulus geschrieben, dass die Philipper noch in seiner Schuld stehen. Um diese Schuld zu begleichen, haben sie den Epaphroditus zu Paulus gesandt, damit er an ihrer Stelle Paulus dienen soll. Er ist Dienstverpflichteter (*leitourgos* / Liturg) der Philipper für den Bedarf des Paulus (2,25). Er wollte den Mangel ihrer Dienstverpflichtung (*leitourgia* / Liturgie) gegenüber Paulus ausfüllen (2,30). Schon hier hat Paulus kultisches Vokabular benutzt. Denn im Bibel-Griechischen lagen Paulus Liturgie und Liturg als Fachwörter für den Tempeldienst vor. Mit ihrem Geben, Schenken und Investieren feiern die Philipper – bildlich gesprochen – Gottesdienst. Als die Philipper den Epaphroditus gesandt haben, war das Geben und Nehmen zwischen Paulus noch unausgeglichen. Er sollte den Mangel ihrer Dienstverpflichtung ausfüllen. Nachdem nun Paulus alles empfangen hat, ist er im Überfluss und erfüllt. Das Verb „füllen" (4,18) bezieht sich auf 2,30 (ausfüllen). Nachdem Paulus alles erhalten hat, ist jeder Mangel ausgeglichen. Er rechnet ihnen vor, dass sie nun gleich viel oder sogar mehr gegeben haben als er ihnen gegeben hat.

19 *Mein Gott aber wird ausfüllen all euren Bedarf gemäß seinem Reichtum in Herrlichkeit in Christus Jesus.*

Paulus spricht ihnen eine Verheißung zu. Durch ihre Gabe haben die Philipper sich selbst hingegeben. Alle Konsequenzen des Weges Christi werden sichtbar bei den Philippern, die mit ihren Gaben Christus nachahmen. Als missionarische Folge macht Paulus deutlich, dass ihn diese Gabe in seinem Dienst am Evangelium stärkt. Hier spricht er ihnen die soteriologische Folge zu. Wie sie jeden Mangel des Paulus ausgefüllt haben (4,18), wird Gott nun auch all ihren Bedarf ausfüllen. Sie haben von den beschränkten Mitteln gegeben, die sie haben, Gott aber wird ihnen nach seinem unbeschränkten Reichtum erst recht geben und sie so erhöhen.

20 *Unserem Gott und Vater sei die Herrlichkeit bis zu den Zeitaltern der Zeitalter, Amen.*

Der letzte Satz des 10. Abschnitts sagt, dass das Handeln der Philipper letztendlich zur dritten, doxologischen Folge und damit zur Verherrlichung Gottes führt. Ihm wird die ganze Doxa / Herrlichkeit gegeben. Zugleich findet das Briefkorpus mit V.20 seinen Abschluss. Der hier nachgezeichnete Weg Christi ans Kreuz und die Erhöhung durch Gott, der ganze Inhalt des Briefes, der durch diesen Weg geprägt ist, aber auch die kunstvolle Form des Briefes sowie Paulus, Timotheus, Epaphroditus und die Philipper dienen der Ehre Gottes. Dreimal hat Paulus die Verherrlichung Gottes explizit an einem entscheidenden Punkt des Briefes genannt: Außer dem Briefende hat er am Ende des Vorworts damit ausgesagt, dass der ganze Brief auf die Verherrlichung Gottes ausgerichtet ist (1,11), und am Schluss des Hymnus wird deutlich, dass der Weg Christi und die Reaktion Gottes darauf schlussendlich zur Verherrlichung Gottes führen (2,11). So mündet der ganze Brief in ein großes Lob der Philipper, welches wiederum zur Verherrlichung Gottes des Vaters führt.

Manche Parallelen zwischen 2,19–30 und 4,10–20 wurden bereits genannt. Nur in diesen beiden Abschnitten spielt Epaphroditus eine Rolle und nur hier verwendet Paulus den Begriff Bedarf. Die Philipper sorgen für den Bedarf des Paulus (2,25; 4,16) und Gott für den der Philipper (4,19). Nur hier wird „gesendet". Paulus will Timotheus (2,19.23) senden und sendet den Epaphroditus (2,25.28). Die Philipper haben mehrfach eine Unterstützung an Paulus gesandt (4,16).

In 2,30 blickt Paulus auf einen Mangel zurück, den es im Verhältnis von Geben und Nehmen zwischen den Philippern und Paulus gegeben hat (2,30). Worte mit derselben Wurzel erscheinen nur noch in 4,11 und in 4,12. Paulus braucht die Gabe der Philipper nicht, weil er an einem Mangel leiden würde (4,11), denn er ist eingeweiht in die Fähigkeit, Mangel zu leiden (4,12). 173 Wörter stehen 169 Wörtern gegenüber.

2. Phil 4,21–23 Grüße und Segen (Postskript)

21 *Grüßt alle Heiligen in Christus Jesus. Die Brüder, die mit mir sind, grü-* *ßen euch.* **22** *Alle Heiligen grüßen euch, besonders aber die aus dem Haus des* *Kaisers.* **23** *Die Gnade des Herrn Jesus Christus sei mit eurem Geist.*

Die Rede ist beendet, doch der Brief muss noch seinen Abschluss (Postskript) finden. Die Briefschreibekunst verlangt, dass Paulus ein Postskript mit Grüßen und guten Wünschen schreibt. Wieder hält er sich an die formalen Gepflogenheiten seiner Zeit, indem er sie kreativ abwandelt. Der Brief ist an alle Heiligen in Philippi gerichtet (1,1). Nun sollen die Philipper alle Heiligen grüßen. Das bedeutet, dass die Philipper auch die Glaubenden in anderen Gemeinden in der Nähe von Philippi grüßen und sie diesen vielleicht auch den Brief zeigen sollen. Alle Brüder, die bei Paulus sind, grüßen die Philipper. Was die wohl gedacht haben, als Paulus in diesem Brief geschrieben hat, dass er nur Timotheus und Epaphroditus hat, die die Gesinnung Christi leben? Allerdings hat er diese Aussage auf die Briefboten beschränkt. Alle Heiligen grüßen die Philipper. Paulus unterscheidet offensichtlich zwischen den Brüdern, die bei ihm sind, und allen Heiligen, die am Ort seiner Gefangenschaft leben. Offensichtlich gibt es Brüder, die ihm direkt beistehen und nahe sind, und einen weiteren Kreis von allen Glaubenden vor Ort. Von Letzteren grüßen die aus dem Haus des Kaisers ganz besonders. Auch wenn es vorstellbar ist, dass Angehörige aus dem Haushalt des Kaisers in einer anderen Stadt wohnen, so ist dies doch am einfachsten als ein Hinweis auf Rom zu verstehen. Offensichtlich gibt es für Paulus drei Kreise der Beziehung. Im Innersten stehen die Brüder, die ihm direkt in der Gefangenschaft beistehen, dann folgen die aus dem Haus des Kaisers und alle Heiligen in Rom.

Als Abschluss spricht er ihnen die Gnade des Herrn Jesus Christus zu. Im Anfangssegen von 1,2 wird Gott der Vater, der Herr Jesus Christus, die Gnade und der Frieden erwähnt, im Schlusssegen nur der Herr Jesus Christus, die Gnade und der Geist der Philipper. Nimmt man beide Segen zusammen, so hat man hier Vater, Sohn und Geist, doch nicht den Heiligen Geist, sondern den Geist der Philipper, die allerdings – und das setzt Paulus in diesem Brief immer voraus – den Heiligen Geist haben.

Kerstin Offermann

1. Gaben als Frucht des Evangeliums

Durch Gaben entsteht **Gemeinschaft.** Sie sind ein Ausdruck von Liebe, von gegenseitiger Sorge, sie sind eine Frucht des Evangeliums. Die Philipper haben von Paulus nicht nur das Evangelium angenommen, sondern wurden selbst zu Gebenden gegenüber Paulus. Das Evangelium, also die Botschaft von der sich selbst verschenkenden Liebe Gottes verändert Menschen. Es macht Menschen freigiebig. Schenken und sich beschenken lassen will aber auch geübt werden. Beides ist Ausdruck von Liebe. Mit jeder echten Gabe gibt der Gebende auch ein Stück von sich selbst. Es gehört auch Demut dazu, sich beschenken zu lassen. Wenn die Gabe als Ausdruck der Liebe gegeben und angenommen wird, zeugt das von **Liebeskompetenz.**

Geschenke sind eine der fünf „Muttersprachen" der Liebe. Nach Gary Chapman drückt jeder Mensch seine Liebe in mindestens einer dieser Sprachen aus und versteht auch in einer Sprache am besten, dass er geliebt wird. Neben Geschenken sind die anderen Sprachen: Lob und Anerkennung, Zweisamkeit, Hilfsbereitschaft und Zärtlichkeit. Zur reifen Liebe gehört es auch, nicht nur die eigene Sprache, sondern auch die anderen Sprachen zu sprechen, auch wenn sie einem wie eine Fremdsprache erscheinen mögen – um des Anderen willen.

Wenn Geschenke nicht aus Liebe gegeben werden, oder nicht mit Liebe empfangen werden, dann entwickelt sich unter der Hand daraus eine Handelsbeziehung. Dann droht die Gefahr von Bestechung und Korruption, dann werden Geschenke zur Verpflichtung und es droht eine Spirale der gegenseitigen Überbietung durch Geschenke, bei der Geschenke zu Machtinstrumenten werden. Dann sind Gaben keine Frucht des Evangeliums mehr.

Eine Gabe muss auch **angenommen werden**, damit eine Beziehung zustande kommt. Jesus wäscht seinen Jüngern die Füße und sagt zu Petrus: Wenn ich dich nicht wasche, so hast du kein Teil an mir (Joh 13, 8). Nicht angenommene oder nicht wertgeschätzte Geschenke können Menschen zutiefst kränken und verletzen, weil der Gebende selbst und seine Liebe damit zurückgewiesen werden. Grade an den Geschenken, die Kinder ihren Eltern oder Großeltern machen, und wie diese die Geschenke ihrer Kinder oder Enkelkinder wertschätzen, wird deutlich, wie sehr Geschenke Ausdruck von Beziehung sind.

 Bitten Sie die TN, davon zu erzählen, an welche Geschenke sie sich erinnern, welche ihnen wertvoll sind. Bringen Sie das Beispiel von Geschenken zwischen Großeltern und Enkelkindern ein.

Wenn Kinder für ihre Eltern etwas als Geschenk kaufen, haben sie das Geld dafür oft ja von den Eltern als Taschengeld bekommen. Wäre es da nicht sinnvoller, auf solche Geschenke zu verzichten? In Polen ist es verboten, dass Schulkinder den Lehrern etwas schenken, mit der Begründung, dass die Lehrer genug Geld hätten, sich alles selbst zu kaufen. Finden die TN ein solches Verbot sinnvoll, nachvollziehbar, weise?

Bedürftig zu sein ist eine Grundbedingung von Gemeinschaft. Die eigene Bedürftigkeit ist eine Entsprechung mit der Gesinnung Christi. Sich von andern abhängig zu machen und auf andere angewiesen zu sein, bedeutet Jesus Christus ähnlich zu werden.

Demütig sein, kann auch bedeuten, seine eigene Bedürftigkeit zu zeigen und **sich beschenken lassen.**

 Bitten Sie die TN zu einem kurzes Rollenspiel.
Person A will Person B ein Geschenk machen.
Person B nimmt das Geschenk nicht an. Wie geht es beiden dabei?

Ein zurückgewiesenes Geschenk erzeugt den Schmerz verweigerter Liebe. Das ist der Schmerz Gottes mit uns.

 Es bietet sich an, den TN in der heutigen Einheit etwas zu schenken. Besorgen Sie für jede und jeden TN eine Kleinigkeit und packen sie diese liebevoll ein. Überreichen Sie den TN das Geschenk am Ende der Einheit.

2. Füreinander Sorgen

Die Gemeinde Jesu Christi ist bedürftig und reich zugleich. Die Ökumene der weltweiten Kirche ist eine Form der Ökonomie Gottes. Viele Gemeinden haben **Partnergemeinden** oder Partnerprojekte in andern Teilen der Welt. Oft ist es so, dass unsere Gemeinden die anderen finanziell unterstützen. Dafür bekommen die westlichen Gemeinden aber von ihren Partnergemeinden Lebens- und Glaubensfreude zurück. Vielleicht sind es die vermeintlich armen Partnergemeinden, die unsere Gemeinden geistlich am Leben erhalten.

Die bayrische Landeskirche hat versucht eine Gemeindeplattform zu installieren, bei der ärmeren Gemeinden von reicheren Gemeinden solidarisch unterstützt werden sollten. Das hat leider nicht funktioniert, weil keine Gemeinde ärmer sein wollte.

Die Not und Bedürftigkeit anderer Menschen wahrzunehmen, sich davon berühren zu lassen und etwas dagegen zu unternehmen, ist eine Frucht des Evangeliums. Dabei bedeutet Liebeskompetenz, für den anderen zu sorgen, ohne ihn zum Objekt meiner Hilfe zu machen. In der Diakonie Deutschland gibt es 2018 die **Kampagne „Unerhört!"** (https://www.diakonie.de/unerhoert/). Der Begriff ist bewusst zweideutig: Es gibt viele in unserer Gesellschaft, die „unerhört" sind − denen keiner zuhört, oder deren Art zu leben oder zu denken unerhört zu sein scheint, weil sie anders und damit unbequem sind. „Nur wer zuhört, kann ins Gespräch kommen und Antworten geben. Um die Verlassenen wieder in die Gesellschaft zu integrieren, müssen wir ihnen zuhören" (Ulrich Lilie, Präsident der Diakonie Deutschland). Zugleich die Bereitschaft Zuzuhören, die Bereitschaft zur Begegnung ist auch eine Gabe und eine Frucht des Evangeliums.

Lob

Ich habe ein Geheimnis entdeckt:

Wir loben einander zu selten.

Kinder wachsen nicht ohne Lob.

Wir lassen einander nur gelten

Mit jener schweigenden Toleranz,

Die die Fremdheit zwischen uns steigert.

Und jeder wartet auf das Wort.

Das einer dem andern verweigert.

aus: Eva Strittmatter. Sämtliche Gedichte. Erw. Neuausgabe Abdruck mit freundlicher Genehmigung
© Aufbau Verlag GmbH & Co. KG, Berlin 1975, 2015 (Das Gedicht erschien erstmals 1975 in E.S.:
Mondschnee liegt auf den Wiese, im Aufbau-Verlag, Berlin und Weimar)

3. Leben in Fülle

„Überreich werden" ist für Paulus ein wichtiges Wort, weil es angesichts der oft tristen Gegenwart die Gemeinde unter dem Aspekt betrachtet, wie reich, getröstet und gesegnet die Christen schon jetzt sind. Auch wenn Christinnen und Christen nicht unbedingt objektiv als die Reichen gelten, sind sie es doch von Gott her.

Paulus ist erfüllt. Das ist das Gegenbild dazu, dass er sich selbst genau wie Jesus Christus entleert hat. Dieses Vakuum füllt Gott mit dem Reichtum seiner Herrlichkeit!

Gott ist der Ausgleichende, der den Mangel, der durch die Gabe entstanden ist, ausgleichen wird. Er beschenkt die Schenkenden (vgl. Mk 10,28–30 – Wer für das Evangelium investiert, bekommt hundertfach zurück, was er eingesetzt hat). Die Philipper geben etwas, aber der eigentliche Reichtum kommt aus der Frucht der Gemeinschaft mit Paulus und mit Christus. Wir sind beschenkt, reich, wir haben viel zu geben – wir geben viel und sind deshalb reich beschenkt.

 Bitten Sie die TN, im Text die Passagen mit einer Farbe zu unterstreichen, in denen von Mangel und Bedürftigkeit die Rede ist. Mit einer andern Farbe bitten Sie die TN, die Passagen zu markieren, in denen von Fülle und Reichtum die Rede ist. Was fällt auf? (vgl. als Anregung das Arbeitsblatt „Textbilanz" auf der DVD)

 Jede Gemeinde ist bedürftig und reich zugleich. Bitten Sie die TN, aufzuschreiben, was der Reichtum ihrer Gemeinde ist, welches ihre Ressourcen sind, womit sie beschenkt worden sind und wo ihre Bedürftigkeit liegt.

 Zu Vers 19 „Mein Gott aber wird all eurem Mangel aufhelfen, nach dem Reichtum seiner Barmherzigkeit" gibt es auf der DVD einige Beispiele von Bible Art Journaling. Bitten Sie die TN, selbst den Vers im Stil des Bible Art Journaling zu gestalten. (vgl. Anregungen im *praise&pray*-Heft auf der DVD) Teilen Sie den TN das praise&pray-Heft aus und bitten Sie die TN, eine der Seiten zu gestalten.

 Phil 4,10–13 ist der Text für den ökumenischen Bibelsonntag. Die Materialien dazu finden Sie in diesem Heft und auf der DVD.

Lieder

EG 58   Nun lasst und gehn und treten
EG 64   Der du die Zeit in Händen hast
EG 65   Von guten Mächten wunderbar geborgen
EG 318   O gläubig Herz, gebenedeit
EG 368   In all meinen Taten
EG 370   Warum sollt ich mich denn grämen
EG 374   Ich steh in meines Herrn Hand
EG 401   Liebe, die du mich zum Bilde
Bewahre uns Gott, behüte uns Gott
Du bist meine Zuflucht, du bist meine Hoffnung
Gott gab uns Atem
Komm, Herr, segne uns

Rita Müller-Fieberg

Inhaltlicher Schwerpunkt

Das Wechselspiel von Geben und Nehmen, von Schenken und Beschenktwerden ist von universaler anthropologischer Bedeutung und besitzt zugleich auch eine tiefe theologische Dimension. „Mit allem Nötigen" bereits beschenkt von der Gnade Gottes in Christus, können sich der Apostel Paulus und die Philipper einander öffnen. Aus ihrer Angewiesenheit aufeinander, in gegenseitigem Geben und Nehmen erwächst ihre Gemeinschaft und Freundschaft.

Raumgestaltung

Stuhlkreis mit einer genügend großen Mitte und einer Öffnung für die Positionierung der Stellwand

Materialien und Medien

- ggf. Liedblatt
- ein großes, wirkungsvoll eingepacktes Geschenkpaket auf einem schönen Tuch
- im Geschenkpaket: Karten mit Redewendungen zum Thema „Schenken und Beschenktwerden"
- Bibeltext (DVD, Teilnehmerheft) und Stifte in zwei Farben für die TN
- Stellwand mit Papier und dicke Stifte
- zwei Plakate mit Impulszitaten (s. u.)
- eine Papierkarte pro TN

Zur Gestaltung des Abends

Liturgische Eröffnung

→ Lied: Hineh ma tov (Das Liederbuch, Lieder zwischen Himmel und Erde, Nr. 269)
→ Einleitung:
Wie kann Wirklichkeit werden, was in diesem Lied besungen wird – eine friedliche, in Gott gegründete Gemeinschaft von Brüdern und Schwestern? Der heutige Text eröffnet diesbezüglich interessante Perspektiven – und er zeigt in besonderer Weise, warum der Philipperbrief auch ein „Freundschaftsbrief" genannt wird.

Auf den Text zugehen: Vom Schenken und Beschenktwerden (ca. 20 min)

In der Mitte des Stuhlkreises steht ein Geschenkpaket auf einem großen Tuch. L bittet eine/n TN, das Paket auszupacken und mit dem Paket zu den anderen TN zu gehen. Alle dürfen sich aus dem offenen Paket eine Karte ziehen.

Auf den Karten befinden sich Redewendungen zum Thema „Schenken und Beschenktwerden". Eine diesbezüglich eindrucksvolle Sammlung (aus der auch die Zitate der folgenden Fragestellungen stammen) befindet sich auf der Seite: www.aphorismen.de, Stichwort: Schenken (*Kurzlink:* http://0cn.de/45x6)

Die TN lesen ihre gezogene Karte vor und legen sie auf das Tuch in der Mitte.

Im Anschluss daran findet ein Austausch statt. Als mögliche Fragestellungen könnten sich in dieser Gesprächsrunde u. a. ergeben:

· „Schenken ist der einzig Brauch, der uns aus dem Paradies blieb ...": Welche Geschenke haben mir in meinem Leben viel bedeutet / waren für mich ein Stück „Paradies auf Erden"?
· „Kleine Geschenke erhalten die Freundschaft": Wie wichtig sind Geschenke für eine Beziehung – in ihrer Entstehung wie auch in ihrem Fortbestand?
· „Geben ist seliger als Nehmen" (Apg 20,35): Was fällt mir leichter – Schenken oder ein Geschenk anzunehmen?
· „Geschenke sind wie Angelhaken" (Martial): Gab es Geschenke, durch die ich mich in meiner Freiheit eingeengt fühlte / die mich unter Druck gesetzt haben? Habe ich schon einmal ein Geschenk nicht angenommen bzw. wurde eines meiner Geschenke zurückgewiesen?

Dem Text begegnen: „Gemeinschaft im Geben und Nehmen" (Phil 4,15) (ca. 40 min)

a) Zweifache Textlektüre
Briefe waren damals eine moderne Kommunikationsform. Sie wurden vorgelesen und machten ihren Schreiber quasi gegenwärtig, auch wenn er selbst nicht vor Ort sein konnte. Insofern soll der Textabschnitt zur Erstlektüre laut von einem als „Paulus" Sprechenden vorgelesen werden. In einem zweiten Lektüregang erhalten die TN das Textblatt. Zu zweit lesen sie den Text erneut und unterstreichen dabei mit verschiedenen Farben Begriffe und Wendungen, die sich zum einen auf Paulus und zum anderen auf die Philipper beziehen.

b) Paulus und die Philipper: Koinonia in Christus
Die Textmarkierungen können in das folgende Gespräch eingebracht werden, bei dem sukzessive an der Stellwand die folgende Skizze entsteht. Wichtige Stichpunkte zu den einzelnen Oberbegriffen können während des Gesprächs in das jeweilige Textfeld eingefügt werden.

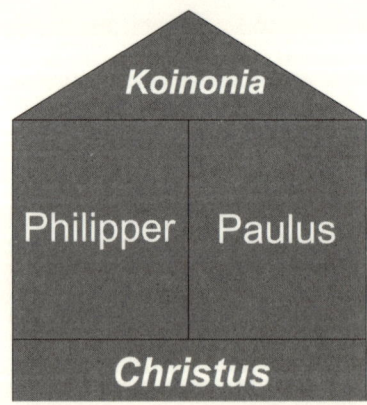

Die Philipper
· zeichnen sich durch ihre eifrige Fürsorge für Paulus aus (V.10)
· finden immer wieder Gelegenheit, den Apostel in seinem Bedarf materiell zu unterstützen (V. 16.18)
· nehmen Anteil an der Bedrängnis des Paulus (V.14)
· verherrlichen Gott, indem sie Paulus beschenken (vgl. die kultische Sprache in V.18; vgl. V.19f)

Paulus

· betont seine Genügsamkeit und Unabhängigkeit von den Umständen (V. 11f; vgl. die Oppositionen „niedrig / hoch sein", „satt sein / hungern", „Überfluss haben / Mangel leiden")
· bedarf der Gaben anderer nicht (vgl. hierzu auch 1Kor 9,18; 2Kor 11,7: Paulus verkündet das Evangelium „gratis", ohne Entgelt)
· nimmt die Gaben der Philipper dennoch an und hat nun „Fülle" und „Überfluss" (V.18)
· gibt um der Beziehung zu den Philippern willen sein Ideal der Autonomie auf

Christus

· schenkt aus Gottes Fülle alles, was nötig ist (V.19)
· ist als der zuerst „gratis" / aus Gnade Schenkende Fundament der Gemeinschaft
· „ermächtigt" Menschen zur Unabhängigkeit (V.13)
· verweist gleichzeitig auf die Notwendigkeit, sich der eigenen Bedürftigkeit und der Gabe zu öffnen (vgl. auch die Aussage in Joh 13,8 zu Petrus bei der Fußwaschung: „Wenn ich dich nicht wasche, so hast du kein Teil an mir.")

Koinonia

· ist Gemeinschaft durch Teilhabe aneinander im Geben und Nehmen (V.15)
· hat verändernde Kraft (vgl. die Abkehr des Paulus von seinem ursprünglichen Ideal)
· ist Frucht (V. 17) des Sich-aufeinander-Einlassens

Mit dem Text weitergehen: Die verändernde Kraft der Koinonia (ca. 30 min)

a) „Koinonia – Im Hier und Heute!"

Zwei Impulszitate auf Plakaten werden in die Mitte gelegt:

· „Ist jemand in Christus, so ist er eine neue Kreatur; das Alte ist vergangen, siehe, Neues ist geworden." (2Kor 5,17)
· „Wer alleine ein neuer Mensch werden will, bleibt beim alten. Der neue Mensch ist die Gemeinschaft." (Dietrich Bonhoeffer)

In Anknüpfung an die bisherigen Arbeitsschritte und vor dem Hintergrund der beiden Zitate erfolgt ein Austausch, wie eine „Gemeinschaft im Geben und Nehmen" für Christ/innen in der heutigen Gemeinde im gegenseitigen Aufeinander-Verwiesensein gelingen kann.

b) *Einander zum Geschenk werden*

Jede/r TN schreibt auf eine Papierkarte etwas, das er den anderen Gesprächsteilnehmer/innen im Sinne stärkender Ermutigung sagen möchte. Die Karten werden in der Geschenkkiste gesammelt, gemischt und wieder an die TN ausgeteilt, sodass alle ein kleines Geschenk des Zuspruchs mit nach Hause nehmen können.

Liturgischer Abschluss

→ Text:

In der Gemeinschaft kann ein Mensch erst richtig klar über sich werden und sich nicht mehr als den Riesen seiner Träume oder den Zwerg seiner Ängste sehen, sondern als Mensch, der – Teil eines Ganzen – zu ihrem Wohl seinen Beitrag leistet. In solchem Boden können wir Wurzeln schlagen und wachsen: nicht mehr allein – wie im Tod –, sondern lebendig als Mensch unter Menschen. (Richard Beauvais)

→ Vaterunser
Als Zeichen der Gemeinschaft der Christen aller Länder und Konfessionen, als Zeichen unserer Angewiesenheit auf Gott und aufeinander und mit den offenen Händen derer, die sich beschenken lassen und beschenken können, beten wir zum Abschluss das Gebet unseres Herrn Jesus Christus: „Vater unser im Himmel..."

→ Lied: Gut, dass wir einander haben (Das Liederbuch. Lieder zwischen Himmel und Erde, Nr. 258)

7.4 Bildbetrachtung – „Nicht, dass ich das Geschenk suche, sondern ich suche die Frucht."

Johannes Beer

Erich Krian: „Nicht, dass ich das Geschenk suche, sondern ich suche die Frucht." POM/09/16 - 25.09.2016, Mischtechnik auf Papier, 32 x 24 cm

Verwischte Farben und Strukturen dominieren diese helle Arbeit von Erich Krian. Auf den ersten Blick wirkt es fast, als habe ein alter Scheibenwischer seine Schlieren hinterlassen, durch die wir nur noch unklar Formen und Farben erkennen können. Dann aber sehen wir, wie sich um die gebogenen Strukturen, die nach oben ausgerichtet sind, das ganze Bild aufbaut. Begrenzt sind diese gebogenen Linien links und rechts von blauen getupften Bereichen, die sich zum Rand hin verdichten und so eine lichte Öffnung zur Mitte und nach oben hin haben. Von unten schiebt sich ein orangenes Feld hinter die gebogenen Striche. Rechts und links nehmen schmale Felder die schrägen Linien der blauen Begrenzung auf und verstärken so die Orientierung nach oben auf die Öffnung der gebogenen Strukturen hin. Unklar bleibt allerdings, ob die Bewegung aufstrebend ist oder doch die Gegenbewegung des von dort Herabkommenden im Vordergrund steht. Die Seiten sind in hellen Ockertönen gehalten, wobei dunkle Felder und auch ein oran-

gener Bereich dahinterliegen. Ganz links sind wiederum helle, blaue Strukturen.

Paulus dankt der Gemeinde in Philippi für ihre Unterstützung, die er als Geschenk versteht. Zu einem Geschenk gehört immer das Geben und das Nehmen. Es ist also zum einen die Bewegung des Gebenden, der etwas von sich weg gibt. Und es ist zum anderen die Bewegung des Nehmenden, der etwas annimmt. Beide Perspektiven gehören zusammen und können doch nur von einem Außenstehenden gleichzeitig wahrgenommen werden.

Das Geschenk der Gemeinde, die Unterstützung des Paulus, ist von ihm nicht eingefordert und ist offenbar weit mehr als nur finanzieller Art. Ausdrücklich spricht Paulus die Unterstützung der Philipper in der Gemeinschaft mit ihm und Unterstützung durch Gebete an. Dies ist es, was ihn hocherfreut. Dies ist es, was er nicht so sehr als Geschenk für sich betrachtet, obwohl es genau das ist, sondern als Frucht ihres Glaubens. Dies beides, die Freude und die Frucht des Glaubens, spiegelt sich in den hellen Farben und besonders den Blautönen. Paulus schreibt: „Nicht, dass ich das Geschenk suche, sondern ich suche die Frucht, damit sie euch reichlich angerechnet wird."

Übersicht der Bibelwoche

Text 1: Phil 1,1–26 „Mit Gewinn" **Gemeinschaft** als zentrales Thema des Briefes; Was schafft Gemeinschaft? Gemeinschaft mit/durch Christus? Gebet als Ausdruck von Gemeinschaft **Verkündigung des Evangeliums** als gemeinsame Aufgabe der Gemeinde Brief aus dem **Gefängnis** – Verfolgung – Verachtung um Christi willen	**Text 4**: Phil 3,1–16 „Mit neuen Werten" **Biografie** und Glauben, Bekehrung" – Brüche im Leben, die alles verändern Glauben als **Wettstreit**, als Kampf **Tun**, was man erkannt hat! **Vollkommen** sein?
Text 2: Phil 1,27–2,11 „Mit größter Ehre" **Einheit in der Gemeinde** Ökumene Liturgisches Einüben von Einheit: Lieder, Credo, Anbetung Christusnachfolge, Revolutionäres Konzept von Leben, Trinität	**Text 5**: Phil 3,17–21 und 4,1–3 „Mit Brief und Siegel" **Himmlisches Bürgerrecht** – Leben im Himmel? Heimat Menschliche **Vorbilder** – Nachahmer Christi
Text 3: Phil 2,12–30 „Mit Furcht und Zittern" **Ineinander von menschlichem Wirken und göttlichem Wirken** Festhalten am **Wort des Lebens**, am Evangelium von Jesus Christus **Tag Christi** – Perspektive der Ewigkeit	**Text 6**: Phil 4,4–9 „Mit Hoffnung und Freude" **Freude** **Gebet** Sorgelosigkeit Tugend <hr> **Text 7**: Phil 4,10–23 „Mit allem Nötigen" **Geben** und Empfangen Füreinander da sein **Gaben** der Gemeinde **Leben in Fülle** und Dankbarkeit

Ökumenischer Bibelsonntag 2019:
„...weil der, der bei mir ist, mich stark macht!" (Phil 4,13)

Gottesdienstentwurf der Arbeitsgemeinschaft christlicher Kirchen (ACK) in Deutschland

erarbeitet von: B. Densky (BEFG), Dr. M. Linnenborn (Röm.-Kath.), R. Raab-Zerger (AMG), S. Morrison (SELK); C. Miron (Griech.-Orth.), J.-H. Wanink (Alt.-Reform.), A. Werner-Hoenen (Ev.-Luth.)

Einführende Überlegungen

Er lässt sich so feiern, wie in diesem liturgischen Ablauf abgedruckt. Die Arbeitsgruppe zeigt an einzelnen Stellen alternative Möglichkeiten auf und stellt damit Gottesdienst-Bausteine für den ökumenischen Bibelsonntag zur Verfügung die anregen sollen, vor Ort einen eigen geprägten Gottesdienstablauf zu erarbeiten, der im ökumenischen Feiern den Gott ehrt, der uns durch seine begleitende Gegenwart Wege öffnet und stark macht.

Abkürzungen

EG	Evangelisches Gesangbuch
GL	Gotteslob
GEmK	Gesangbuch der methodistischen Kirche
Thuma Mina	Internationales Ökumenisches Liederbuch, München 1995
L	Liturg/Liturgin
G	Gemeinde

Versammelt in Jesu Namen (Eröffnung und Anrufung)

Präludium/Lied

EG 168, 1–3 / GL 704   Du hast uns, Herr, gerufen

Liturgische Eröffnung

(Alternativ kann entsprechend der jeweiligen Tradition der Gemeinde(n) vor Ort eröffnet werden – z. B. mit Bibelwort: Wochenspruch, Tageslosung und Gebet)

L: Im Namen des Vaters und des Sohnes und des Heiligen Geistes.
G: Amen
L: Gnade sei mit euch und Friede von Gott, unserem Vater, und dem Herrn Jesus Christus. (1Kor 1,3)
L: Lasset uns beten:
Liebender Gott, in deinen Sohn Jesus Christus sagst du uns Deine Nähe zu, so sendest du uns in die Welt. Wir bitten dich für diesen Gottesdienst und für unser Zeugnis in der Welt:
G: Hilf uns deine Liebe zu bezeugen.
L: Amen

Einführung in den Gottesdienst

L: Eine lebendige christliche Gemeinde oder Gemeinschaft lebt aus dem Wort Gottes, schöpft daraus Kraft für das konkrete Leben aus dem Glauben und für den Dienst am Nächsten. Das will uns der Ökumenische Bibelsonntag wieder neu bewusst machen. Frère Roger Schutz, der Gründer der ökumenischen Gemeinschaft von Taizé sagte einmal: „Lebe, was du vom Evangelium verstanden hast, auch wenn es noch so wenig ist. Aber lebe es!"
Wir sind mit unseren persönlichen Anliegen zu diesem Gottesdienst gekommen, aber auch mit der Sehnsucht nach der wachsenden Einheit aller, die an Christus glauben. Jesus Christus sagt uns seine Gegenwart zu und schenkt die Gewissheit, dass er uns stärkt, ja stark macht, weil er bei uns ist. Jesus Christus macht uns durch seinen Heiligen Geist Mut, weiter in seiner Nachfolge / auf diesem Weg voranzuschreiten. Er will unsere Hoffnung auf die Einheit neu stärken. Ihn grüßen wir in unserer Mitte und bitten ihn um sein Erbarmen.

Kyrie

(Die Gemeinde antwortet mit einem gesprochenen oder gesungenen Kyrie – z.B. GL 156 / EG 178.12 oder GL 157 / EG 178.11 oder GL 155 / EG 178.9)

L: Herr Jesus Christus, du hast uns als deine Gemeinde versammelt, du kennst unsere Sehnsucht nach der Einheit im Glauben. – Herr, erbarme dich.
G: Herr, erbarme dich.
L: Herr Jesus Christus, du bist in unserer Mitte gegenwärtig in deinem Wort, das uns stark macht im Glauben, in der Hoffnung und in der Liebe. – Christus, erbarme dich.
G: Christus, erbarme dich.
L: Herr Jesus Christus, du sendest uns aus, dass wir die Botschaft deiner Liebe in die Welt tragen und den Menschen bezeugen, dass du unsere Kraft und unser Leben bist. – Herr, erbarme dich.

G: Herr, erbarme dich.

L: Der Herr erbarme sich unser. Er nehme von uns, was uns trennt von ihm und voneinander, unsere Sünde und Schuld, und führe uns zum ewigen Leben. Amen.

Lied (Auswahl)

EG 179 / GL 170	Allein Gott in der Höh sei Ehr
EG (Bayern) 615 / GL 383	Ich lobe meinen Gott, der aus der Tiefe mich holt
EG 288 / GL 144	Nun jauchzt dem Herren alle Welt

Tagesgebet

L: Lasst uns beten.
Gott, du bist da.
Deine Gegenwart umhüllt und durchdringt uns
wie die Luft, die wir atmen,
ohne die wir nicht leben können.
Gib, dass wir dir ganz vertrauen
und leben ohne Angst.
Darum bitten wir durch Jesus Christus, unseren Bruder und Herrn.
(Vgl. Messbuch; © www.staeko.net, 306)

Alternativ:

L: Gott.
Wir danken dir,
dass du uns hier zusammengeführt hast.
Lass uns erkennen, was wir sind.
Lass uns glauben, was wir beten.
Lass uns tun, was du uns sagst.
Darum bitten wir durch Jesus Christus, unseren Bruder und Herrn.
(Vgl. Messbuch; © www.staeko.net, 309)

„... weil der, der bei mir ist, mich stark macht (Phil. 4,13)" – Gottes Wort hören (Verkündigung)

Schriftlesung

Philipper 4,10–13 (Neue Genfer Übersetzung)

Psalm (gelesen oder gesungen)

Psalm 23 oder Psalm 91,1–3 (4) + 9–16

Gesungen:	EG (Bayern) 594 / GEmK 86	Der Herr mein Hirte führt mich
EG (Bayern) 697 / GL 365	Meine Hoffnung und meine Freude	
Alternativ:	EG 182 / GL 483	Halleluja
(Strophen sind teilweise verschieden in EG und GL)		

Ökumenischer Bibelsonntag 2019:

7.4 „…weil der, der bei mir ist, mich stark macht!" (Phil 4,13)

Evangelium

Johannes 14, 23–27

L: Wir hören Worte aus dem Evangelium des Johannes. Jesus sendet seinen Geist aus. Es ist der Geist, von dem Paulus im Römerbrief (im achten Kapitel) schreibt, dass er unserer Schwachheit aufhilft.

Predigtvorschlag

Eine ausformulierte Predigt und Andachten / Impulse finden sich auf der DVD

Gnade sei mit euch und Friede, von Gott unserem Vater, und von dem Herrn, Jesus Christus. Amen.

Der Predigttext steht im Brief des Paulus an die Christen und Christinnen in Philippi im vierten Kapitel.

Text vorlesen

Gebet

Ganz nahe ist dein Wort, unser Gott, ganz nahe deine Gnade. Mache uns offen und empfänglich für Jesus Christus, der zu uns kommt, um uns zu suchen und zu retten. Darum bitten dich durch ihn, unseren Herrn. Amen.

In den olympischen Sommerspielen 2000 in Sydney gewann eine junge Frau, Laura Wilkenson, die Goldmedaille im Turmspringen, obwohl sie kurz vorher ihren Fuß an mehreren Stellen gebrochen hatte. Im Interview danach wurde sie gefragt, wie sie das denn geschafft habe. Ihre Antwort, die sie vor laufender Kamera gab: „Alles vermag ich durch den, der mich stark macht." Ihr Beispiel imponiert sehr, nicht nur weil das ein kühnes Glaubenszeugnis war, sondern auch, weil sie in einer relativ hoffnungslosen Situation, in der viele andere aufgegeben hätten, weitermachte und sogar Siegerin wurde. Wie viele andere Menschen sich durch das Mut machende Wort des Apostels haben trösten und bewegen lassen, wie viele in ihrer misslichen Lage weitermachten, *„weil der, der bei mir ist, mich stark macht"*, wissen wir natürlich nicht. Vielleicht sind es die Christen und Christinnen unserer Zeit, die verfolgt werden, die wegen ihres Glaubens in Angst leben oder in einer Gefängniszelle sitzen, die um ihr Leben fürchten, wenn sie zum Gottesdienst gehen. Und vielleicht sind es die Menschen, die hier und heute neben uns sitzen, ein jeder von ihnen mit seinen oder ihren besonderen Herausforderungen. Es könnten auch wir selbst sein, wenn uns unsere Schuld drückt, wenn uns die nächste schlechte Nachricht erreicht oder die nächste Krise sich anbahnt. Wir sollen und dürfen das vor Augen haben, was Paulus schrieb und was so vielen anderen Menschen weitergeholfen hat: Kraft für die nächsten Schritte, *„weil der, der bei mir ist, mich stark macht!"*

Wenn wir diesen wunderbaren Bibelvers in seinem Zusammenhang anschauen, merken wir, dass es nicht etwa eine persönliche Not oder Stresssituation war, die Paulus zu diesen Worten bewog. Ganz im Gegenteil: Er litt keinen Mangel. Und das war wiederum keine Momentaufnahme seiner Versorgungssituation, auch nicht etwa ein Aufatmen, nachdem er seinen Kontoauszug gesehen hat. Vielmehr war es das Resultat seines Gottvertrauens, das was geschieht, wenn er grundsätzlich feststellen kann: „der bei mir ist, macht mich stark!" Wir wissen durch andere Stellen im Neuen Testament, dass Paulus in anderen Situationen oft Mangel gelitten hatte, auch Not und jede Menge Angst. Überfluss anscheinend auch, d.h.: reichliches Essen, das Gefühl der Geborgenheit bei guten Freunden oder der Sicherheit hinter geschützten Mauern, das Wissen darum, dass alles vorhanden ist, was man für die nächste Zeit braucht. Dass Christus bei ihm war und ihn stark machte, hat ihm anscheinend die Fähigkeit gegeben, durch diese Dinge nicht zu sehr mitgenommen zu sein, sich durch sie nicht bestimmen zu lassen. Die Not hat ihn nicht zu sehr runtergezogen, und der Überfluss nicht zu sehr berauscht. Sein Wohlbefinden hing nicht von diesen Dingen ab. Aus dem Grunde konnte er sagen, dass er keinen Mangel leidet.

Davon können, ja, müssen auch wir lernen. Wie viele Menschen auch unserer Zeit suchen Fluchtwege aus dem Mangel heraus! Sie betrinken sich oder geben sich die Nadel, damit sie im Rausch sagen können: Mir geht's gut, ich leide keinen Mangel. Oder sie liegen lange wach im Bett oder sind bei der Arbeit—und vielleicht auch im Gottesdienst—völlig unkonzentriert, weil die Gedanken und Sorgen im Kopf rotieren und sie nicht loslassen. Die gegenteilige Gefahr besteht aber auch: Uns den guten Zeiten zu sehr hinzugeben. Zu taub und empfindungslos zu werden, weil wir alles zu Genüge haben. Aus lauter Sattheit untätig zu werden. Und natürlich auch vor so viel Wohlstand Gott zu vergessen, und seinen Christus, „der mich stark macht". Haben wir diesen vor den Augen des Glaubens, und wissen wir darum, dass er uns stark macht, dann wird unser Mangel nicht weniger und unser Überfluss nicht mehr, aber wir werden eine durchaus gesündere Haltung dazu haben und uns nicht dadurch zu sehr rauf- oder runterziehen lassen. Wir stehen sozusagen über dem Mangel und Überfluss, auch wenn wir mittendrin stecken. Wir nehmen sie wahr, aber sie nehmen uns nicht in Besitz. Damit kommen wir zum letzten Punkt. Wenn wir drüberstehen können, genau weil ein jeder und eine jede von uns sage kann: „der bei mir ist, macht mich stark!", sind wir erst recht in der Lage, die Gemeinschaft, die wir mit anderen Christen und Christinnen haben, mit Leben zu füllen, auch der Not, die wir um uns erkennen, zu begegnen. Diese Bibelstelle beginnt mit der großen Freude, die Paulus spürt, weil die Gemeinde in Philippi ihn in seiner Tätigkeit unterstützt hat. Wörtlich aus der Ursprache: Sie hat ihr Für-ihn-Denken aufblühen lassen. Das ist ein starkes und pastellfarben schönes Bild für die gelebte Gemeinschaft, denn dann wird nicht einfach an einen Mitchristen, eine Mitchristin erinnert, sondern fürsorglich an diesen Menschen gedacht. Dieses fürsorgliche Denken zu erleben ist wie eine herrliche Blüte zu sehen, so die Wortwahl des Paulus. Es erfüllt das Herz mit Freude! Paulus selbst war zwar nicht der Geber dieser Unterstützung, sondern deren Empfänger, und seine Worte darüber, dass er keinen Mangel leidet, schrieb er in der Freude über die empfangene Unterstützung, und nicht um die Gemeinde in Philippi zur Unterstützung seiner Tätigkeit zu bewegen. Dennoch ist es gerade dadurch, dass wir Christus bei uns wissen, und mit seiner Kraft ebenso Mangel und Überfluss anders erleben, dass wir andere unterstützen können—dass wir unseren Glaubensgeschwistern und unseren Mitmenschen in Not helfen und unser „Für-sie Denken aufblühen lassen" können. Mit dem Wissen um Christus an der Seite und in seiner Kraft müssen wir nämlich nicht horten, um noch reicher zu werden, auch nicht mit weißen Fingerknöcheln das festhalten, was weniger zu werden droht. Vielmehr können wir teilen: unsere Zeit, unsere Kraft, unser Essen, unser Geld, weil wir wissen, wer bei uns ist und welche Kraft Christus gibt in guten und in schlechten Zeiten. Das ist gelebte Gemeinschaft für unsere Glaubensgeschwister und spürbare Hilfe für andere Menschen in Not. Gelebte Gemeinschaft ist es auch, wenn wir diese Unterstützung einer Missionsgesellschaft oder der Caritas und Diakonie zukommen lassen—so ähnlich wie es die Gemeinde in Philippi bei Paulus tat.

Ökumenischer Bibelsonntag 2019:

7.4 „...weil der, der bei mir ist, mich stark macht!" (Phil 4,13)

Egal aber wen wir unterstützen und wie: Für die Menschen, die etwas von uns empfangen haben, ist unsere Hilfe auch eine sehr große Freude und so schön wie die herrliche Blüte am Baum. Und diese Freude kann letztendlich ermöglicht werden, *„weil der, der bei mir ist, mich stark macht!"*
Amen.

Instrumentalmusik oder Chor

Im Glauben antworten (Bekenntnis)

Kreative Möglichkeit
Karten liegen bereit, auf denen jede/jeder notieren kann:
- Wo habe ich erlebt, dass Christus mich stark gemacht hat?
- Wo bitte ich darum, dass Christus bei mir ist und mir hilft?

Danach sollte entweder die Möglichkeit angeboten werden, ...
- ... dass jede(r) ihre/seine Karte in der Stille (bei Musik) nach vorne bringen und auf dem Altar oder beim Kreuz mit einem stillen Gebet ablegen kann,
- ... oder darüber miteinander ins Gespräch zu kommen (z. B. mit dem Sitznachbarn, oder in Kleingruppen, Bienenkörben etc.).

Glaubensbekenntnis
- Nicänum – *in ökumenischer Fassung, wo orthodoxe Christen mitfeiern*; GL 586, EG (Bayern) 904, EG (Baden) 882. *In der ökumenischen Fassung entfällt im Artikel über den Heiligen Geist das erste „und dem Sohn". Es heißt: „der aus dem Vater hervorgeht".*
- Apostolisches Glaubensbekenntnis oder gesungen: GL 355 / EG 184 – Wir glauben Gott im höchsten Thron
- oder ein anderes Bekenntnislied

Fürbitten mit Gebetsruf
(Der Gebetsruf kann gesprochen oder gesungen werden)
Gesprochen: Auf das „Christus, höre uns!" antwortet die Gemeinde: „Christus, erhöre uns!" *Nach jeder Fürbitte – vor dem „Christus, höre uns!" – sollte auf einen Moment der Stille geachtet werden. Das „Christus, höre uns! – Christus, erhöre uns!" entfällt, wenn die Gemeinde mit einem der folgenden Kehrverse antwortet.*

Gesungen: z.B. GL 632,1   Erhöre uns Herr
Oder: „Sende, Gott, dein Licht" (im TH).

L: Lasst uns nun Fürbitte halten und unsere Bitten unserem Herrn Jesus Christus anvertrauen.
L: Beten wir für alle Frauen und Männer, die in der Politik der Staaten und in den christlichen Kirchen Verantwortung für den Weg in die Zukunft tragen: um die Erfahrung der Stärkung durch den Heiligen Geist, der die Welt und die Kirchen erneuern und zur Einheit führen will. *(Stille)* Christus, höre uns.
G: Christus, erhöre uns! oder z. B. „Sende, Gott, dein Licht"

L: Lasst uns beten für unsere christlichen Schwestern und Brüder, die in Bedrängnis, Unfreiheit oder Verfolgung leben: um Hilfe und neue Hoffnung in ihrer Not. *(Stille)* Christus, höre uns.

G: Christus, erhöre uns! oder z. B. „Sende, Gott, dein Licht"

L: Beten wir für alle, die mit Sorgen in die Zukunft blicken, die sich nach Frieden und ein Ende von Gewalt sehnen: um Beistand und immer neue Kraft für den Alltag ihres Lebens. *(Stille)* Christus, höre uns.

G: Christus, erhöre uns! oder z. B. „Sende, Gott, dein Licht"

L: Lasst uns beten für jene, die sich unbewusst nach Gott sehnen, die aber keinen Zugang zum Glauben und zu einer christlichen Gemeinschaft finden: um die Begegnung mit Menschen, die ihnen Gottes Güte erfahrbar werden lassen. *(Stille)* Christus, höre uns.

G: Christus, erhöre uns! oder z. B. „Sende, Gott, dein Licht"

L: In einem Moment der Stille sprechen wir in unserem Herzen unsere persönlichen Anliegen aus.

Vater unser

L: Alle unsere Bitten fassen wir zusammen in dem Gebet, das der Herr uns gelehrt hat.

oder:

L: Wir haben den Geist empfangen, der uns zu Kindern Gottes macht. Darum wagen wir zu sprechen:

G: Vater unser im Himmel ...

Friedensgruß

L: Wie es uns das Evangelium zusagt, stärkt uns Christus immer wieder neu mit der Zusage seines Friedens. Der Friede des Herrn sei allezeit mit euch

G: Und mit deinem Geiste.

L: Gebt einander ein Zeichen des Friedens und der Versöhnung.

oder:

L: Wie uns das Evangelium zusagt, ist Christus mit seinem Frieden bei uns. Hören wir noch einmal die Zusage seines Friedens (Joh 14,27): „Frieden lasse ich euch, meinen Frieden gebe ich euch."

L: Gebt einander ein Zeichen des Friedens.

Kollekte (den Kollektenzweck legt jede Gemeinde vor Ort fest)

L: Dankbar für den Frieden den Christus uns schenkt und den wir miteinander teilen, wissen wir uns mit denen verbunden, die (Konkretion vor Ort z. B.: die nicht im Frieden leben / unserer Partnergemeinde etc.). Mit unserer Kollekte zeigen wir ihnen unsere Verbundenheit.

Lied (Auswahl)

EG 396 / GL786   Jesu meine Freude

Ökumenischer Bibelsonntag 2019:

7.4 „...weil der, der bei mir ist, mich stark macht!" (Phil 4,13)

EG 170 / GL 451   Komm Herr, segne uns, dass wir uns nicht trennen
EG 268 / GEmK 411   Strahlen brechen viele aus einem Licht
EG (Bayern) 651 / GL 445 Ubi caritas

Raum für Mitteilungen

Sendung und Segen

Segen
L: Geht mit dem Segen dessen, der uns (euch) stark macht.
L: Der Friede Gottes, der alles Verstehen übersteigt,
bewahre unsere (eure) Herzen und Gedanken
in der Gemeinschaft mit Christus Jesus. –
Und so segne uns (euch) der allmächtige Gott,
der Vater und der Sohn und der Heilige Geist.

G: Amen.

Postludium oder Gemeindelied

Medienempfehlungen

Roland Kohm

Die verzeichneten Kurzspielfilme kreisen um die jeweiligen Themen, ohne sie direkt zu illustrieren. Sie können eine pointierende und auch kontrastierende Einführung in die Fragestellung sein. Filme setzen Gesprächsimpulse und laden zur Auseinandersetzung ein. Die Filmbetrachtung ermöglicht das Thema als gemeinsam erlebte Geschichte wahrzunehmen und sich darüber auszutauschen. Im Bezug und im Vergleich zur Bibel lassen sich bestätigende Sachverhalte finden und auch neue Perspektiven auf den biblischen Text entdecken.
Für das erste Thema gibt es eine Auswahl von Dokumentarfilmen zum Thema Gefangenschaft.

1. Mit größter Ehre (Phil 1,12–26)

Foul
Mediennummer des Ökumenischen Medienladens: **DVK1529**
Methode-Film, Norwegen 2014, 6 min, farbig, Kurzspielfilm, ab 10 Jahren
Der Film zeigt den Tagesablauf eines 10-jährigen Mädchens im winterlichen Norwegen. In dieser Zeit macht sie vielfältige Erfahrungen des Mobbings, der Ausgrenzung und des Alleinseins. Ihr einziger Gefährte ist ein roter Ball, von dem sie immer wieder auf unfaire Weise getrennt wird. Trotz allem bleibt der Widerstandswille des Mädchens ungebrochen.
Anregungen und Fragen zur Diskussion
· Welche Beeinträchtigungen erlebt das Mädchen?
· Wie verhält sie sich dabei?
· Was gibt ihr Mut weiterzumachen?
· Welcher Mut und Zuspruch kann aus der Bibel erfahren werden?

Dokumentarfilme zum Thema Gefangenschaft und Bedrohung

Der Priesterblock
Mediennummer des Ökumenischen Medienladens: **DVK210**
Max Kronawitter, Deutschland 2005 (FWU), 18 min., farbig, Dokumentarfilm, ab 14 Jahren
Der Dokumentarfilm beschreibt das Leben im Priesterblock Dachau. Gerade unter den unmenschlichen Bedingungen des KZ konnte sich der Glaube bewähren. Die Solidarität unter den Priestern und auch deren mutiges Eintreten für andere Gefangene sind Beispiele unverzagten Glaubens in Zeiten der Gefangenschaft.

Karl Leisner
Mediennummer des Ökumenischen Medienladens: **DVK1440**

Max Kronawitter, Deutschland 2015, 63 / 29 min farbig + schwarz-weiß, Dokumentarfilm 1 DVD, 1 CD-ROM, ab 14 Jahren
Karl Leisner gehört zu den bekanntesten Häftlingen des KZ Dachau. Seine geheime Priesterweihe im Lager empfinden viele Mitgefangene als „Wunder in einer gnadenlosen Zeit". Die Handauflegung durch den französischen Bischof Piguet wird zur Handreichung der Feinde.

Liebe ist stark wie der Tod – Die Welt des Dietrich Bonhoeffer

Mediennummer des Ökumenischen Medienladens: **DVK307**

Gerold Hofmann, Deutschland 2006, 30 min, farbig, Dokumentarfilm, ab 14 Jahren

Die Dokumentation widmet sich dem Leben des evangelischen Theologen und Pfarrers Dietrich Bonhoeffer.

Wer glaubt, der flieht nicht ... – Dietrich Bonhoeffer

Mediennummer des Ökumenischen Medienladens: **DVK216**

Hellmut Sitó Schlingensiepen, Deutschland 2005, 23 min, schwarz-weiß., Dokumentarfilm, ab 14 Jahren

Dokumentation über Dietrich Bonhoeffer, die sich besonders mit seiner aktiven politischen Rolle als Christ auseinandersetzt.

Bonhoeffer

Mediennummer des Ökumenischen Medienladens: **DVK223**

Martin Doblmeier, USA 2003, 90 min, farbig, Dokumentarfilm, ab 14 Jahren

Das Leben des evangelischen Theologen und Pazifisten Dietrich Bonhoeffer erzählt dieser dramatische Dokumentarfilm in chronologischer Abfolge mit teils bekanntem, teils weniger bekanntem Archivmaterial.

Anregungen und Fragen zu den Dokumentarfilmen
· Wie erfahren die Gefangenen Gemeinschaft?
· Was gibt Ihnen Zuversicht?
· Wie gehen sie mit dem Tod und dem Sterben um?

2. Mit Gewinn (Phil 1,27–2,11)

Balance

Mediennummer des Ökumenischen Medienladens: **DVK051**

Chr. und W. Lauenstein, BRD 1989, 8 min, farbig, Puppentrickfilm, ab 10 Jahren

Fünf Figuren bewegen sich auf einer schwebenden Plattform. Jede von ihnen weiß: Nur wenn sich alle gleichmäßig verteilen, bleibt das Gleichgewicht gewahrt. Es beginnt ein Spiel, bei dem mit jedem Schritt die Balance mehr in Gefahr gerät. Der Film zeigt anschaulich, wie Gemeinschaft misslingen kann. *(Oscar-Preisträger 1990)*

Anregungen und Fragen zur Diskussion
· Welche Motive treiben die Figuren an?
· Warum können sie sich nicht auf ein gemeinsames Vorgehen einigen?
· Wie hätte die Geschichte anders ausgehen können? Was hätte zur Einheit beigetragen?
· Wo steht der Film im Gegensatz zu den Aussagen der Bibel?

3. Mit Furcht und Zittern (Phil 2,12–30)

Rolltreppe

Mediennummer des Ökumenischen Medienladens: **DVK1529**

Christopher Nielsen, Norwegen 2014, 10 min, farbig, Animationsfilm, didaktische DVD, ab 14 Jahren.
Drei Männer steigen entgegen der Fahrtrichtung eine Rolltreppe hinauf, um weit oben ein nicht näher bestimmtes Ziel zu erreichen. Einer bekommt Zweifel und fragt sich, ob nicht das Ziel unten ist, wohin sie die Rolltreppe führen würde. Ein Film, der beklemmend die Spannung und Zerrissenheit des Menschen darstellt.

Anregungen und Fragen zur Diskussion
· Wie hätten Sie sich entschieden?
· Wo liegt für Sie das wahre Ziel? Was lohnt wirklich die Mühe?
· Was motiviert Menschen in dieser Ungewissheit durchzuhalten?
· Was sagt Paulus zum wahren Weg?
· Wie gehen Christen mit Zweifel und Ungewissheit um?

4. Mit neuen Werten (Phil 3,1–16)

Biagio Conte in Palermo – Ein Franziskus von heute

Mediennummer des Ökumenischen Medienladens: **DVK437**

Gino Cadeggianini, Deutschland 2002, 45 min, farbig, Dokumentarfilm, ab 12 Jahren
Biagio Conte, Sohn eines reichen Bauunternehmers in der sizilianischen Hauptstadt Palermo, verlässt eines Tages ohne Geld und Ausweispapiere seine Familie und lebt als Bettler. Am Grab des Heiligen Franziskus von Assisi beschließt er, nur noch für die Ärmsten zu leben. In Palermo gründet er die „Mission der Hoffnung und Nächstenliebe", die sich den Ärmsten der Stadt widmet.

Anregungen und Fragen zur Diskussion
· Was veranlasst Biagio Conte mit seinem bisherigen Leben als reicher Unternehmer zu brechen?
· Was sind seine die Motive seiner Wandlung?
· Worin besteht seine Freude, dem Nächsten zu dienen?
· Welche Parallelen gibt es zu Paulus Geschichte?

Am Boden der Tatsachen

Monika Tenhündfeld, Deutschland 2017, 4 min., Animation, ab 6 Jahren
Eine Hummel fliegt glücklich umher und lauscht durch Zufall einem Professor, der einen Vortrag über die vermeintliche Flugunfähigkeit der Hummeln hält. Dies bringt das Insekt zunächst in eine existenzielle Krise, dann aber schöpft sie neues Vertrauen und glaubt, durch Wände fliegen zu können. Ein lustiger Film über die Kraft der Worte und falscher Gläubigkeit ohne Maß.

Anregungen und Fragen zur Diskussion
· Wie wirken die Worte auf die Hummel?

- Welche Rolle spielen Selbstvertrauen und Glaubwürdigkeit in dem Film?
- Kennen Sie das aus dem eigenen Alltag?
- Warum ist Maßhalten und Kritikfähigkeit auch im Glauben ratsam?

7. Mit allem Nötigen (Phil 4,10–23)

Watu Wote – All of Us

Katja Benrath, Deutschland, Kenia 2017, Kurzspielfilm, 22 min, OmU, ab 16 Jahren.
Eine Christin (Jua) fährt mit einem Bus in den Norden von Kenia. Der Bus wird von Terroristen der islamischen Al-Shabaab überfallen, die Christen töten wollen. Die islamischen Passagiere weigern sich, die Frau und andere Christen auszuliefern. Sie geben Jua als Muslima aus und verstricken die Terroristen in eine Diskussion über den Sinn ihres Angriffs. Bei dem Überfall wird ein Mann erschossen und ein Lehrer, der sich unter Lebensgefahr für Menschlichkeit einsetzt, wird schwer verletzt. Er stirbt später an den Folgen. Der Film ist eine Erinnerung und Hommage an ein außergewöhnliches Beispiel von Zivilcourage und Menschlichkeit, das sich 2015 in Kenia ereignet hat.

Anregungen und Fragen zur Diskussion
- Wie verändert sich die Beziehungen der Menschen durch die Geschehnisse?
- Wo und über welche Personen ist Nächstenliebe im Film präsent?
- Welche Hoffnung und Freude spricht aus den Schlussbildern des Films?
- Welchen Beitrag kann der Einzelne zu einer friedvollen Welt leisten?

Ob die aufgeführten Titel in der regional zuständigen Evangelischen oder Katholischen Medienzentrale entliehen werden können bzw. als Download verfügbar sind, muss jeweils erfragt werden. Entleihe und Download:
- Für die Evangelischen Landeskirchen bzw. Diözesen: Medienportal der Evangelischen und Katholischen Medienzentralen: www.medienzentralen.de
- Für den Bereich der Evang. Landeskirche Württemberg bzw. der Diözese Rottenburg-Stuttgart ausschließlich über: Ökumenischen Medienladen, Augustenstraße 124, 70197 Stuttgart, Tel.: 0711/222 76-68 bis -70, Fax - 71,info@oekumenischer-medienladen.de, Internet: www.oekumenischer-medienladen.de.
Die Anschriften der kirchlichen Medienzentralen sind im Internet ebenfalls verzeichnet unter: www.medienzentralen.de

Literaturempfehlungen

Hans-Joachim Eckstein: „Wie will die Bibel verstanden werden?" SCM Hänssler, Holzgerlingen, 2016 (2. völlig neu bearbeitete und stark erweiterte Auflage von „Gesund im Glauben")

Eckstein nimmt die Leser mit hinein in das Denken der frühen Christen. Welche Fragen haben die frühen Christen beschäftigt und zu welchen Antworten sind sie gekommen? Kaleidoskopartig stellt Eckstein zentrale Themen des Neuen Testamentes nebeneinander. Er macht dabei sowohl die Fragestellungen als auch die Antworten in ihrer Vielschichtigkeit innerhalb des Neuen Testamentes nachvollziehbar. Die Theologie und Sichtweise von Paulus nimmt eine prominente Stellung in der Darstellung ein. Eckstein behandelt die Themen: Jesu Tod, Vergebung der Sünden, Glauben und Gesundheit, Freiheit, Gemeinde. Er nähert sich also seiner Fragestellung, wie die Bibel verstanden werden will, inhaltlich und thematisch. Beispielhaft zeichnet er die Argumentationsgänge der Bibel nach. Seine inhaltlichen Ausführungen flankiert und erläutert Eckstein in einem letzten Kapitel, in dem er erhellend darstellt, wie sich aus der Theologie von Paulus ein Schriftverständnis ableiten lässt, das auch für die heutigen Herausforderungen im Umgang mit der Bibel richtungsweisend ist. Ecksteins Darstellungen sind sowohl im thematischen wie im hinteren theoretischen Teil inhaltlich klar und sprachlich verständlich. Die thematischen Abhandlungen bleiben aber leider meist auf der Ebene der Darstellung des neutestamentlichen Denkens. Eine Adaption der Fragen und Antworten auf die heutige Situation wird von Eckstein nur hier und da angedeutet, aber nicht konsequent ausgeführt. Auch hätte man sich als Lesende gewünscht, dass Eckstein einen inneren Faden zwischen den einzelnen Kapiteln und Themen aufzeigen würde. So mutet das Buch wie ein durchaus gelungener Aufsatzband an, dessen einzelne Kapitel je für sich interessant und erhellend sind. Eckstein bietet zu einzelne thematischen Fragestellungen die Sichtweise einer neutestamentlichen – vor allem paulinischen Theologie – verständlich und kurz einer an der Bibel interessierten Leserschaft dar. Hilfreich für die Lektüre und für die Auseinandersetzung mit den Themen ist das Glossar im hinteren Teil des Buches. „Was sagt die Bibel zu …" wäre allerdings ein angemessener Titel des Buches gewesen.

**Michael Herbst: „Lebendig! Vom Geheimnis mündigen Christseins".
SCM Hänssler, Holzgerlingen, 2018**

„Wenn Jesus nur etwas weniger „vollmundig" über das Beten gesprochen hätte! … Doch Jesus hat seinen Jüngern starke Worte mit auf den Weg gegeben: ‚Für alles, worum ihr im Gebet bittet, gilt: Glaubt fest daran, dass ihr es bekommt, dann wird es euch geschenkt. Oder noch kürzer: Bittet und es wird euch gegeben!'" (207). Wie mit solchen Verheißungen umgehen? Wie weiter beten, wenn seit Jahren scheinbar nichts passiert? Oder: Wie als Christ/in im Alltag leben, wie einen gesunden Umgang mit dem Thema „Sex" entwickeln, wie finanziell über die Runden kommen, wie Arbeit und Freizeit in Balance halten, wie den Kindern gerecht werden, wie schwierige Entscheidungen treffen und wie als Christ/in Zeuge/in sein – unverkrampft, natürlich und einladend?

Michael Herbst hat mit „Lebendig. Vom Geheimnis mündigen Christsein" im Bereich der Literatur zum Thema Nachfolge, Jüngerschaft, Christsein im Alltag einen absoluten Volltreffer gelandet und einen Standard gesetzt, an dem sich andere werden messen lassen müssen. Erfrischend, fröhlich, leicht und oftmals mit einem Augenzwinkern liest sich dieses Buch, ohne jemals oberflächlich zu sein – im Gegenteil: Dem Theologieprofessor gelingt es, die Zutaten Theologievorlesung – Bibelarbeit – persönliches Zeugnis so miteinander zu kombinieren, dass ein ermutigendes, lebensbejahendes und lebbares Christsein vorgestellt wird. Immer wieder wird Michael Herbst auch als Person greifbar, seine Geschichte zum Thema, sein Scheitern und Lernen. Und seine Liebe zu Werder Bremen.

Auf nahezu jeder Seite dieses Buches spürt man die Liebe des Autors zu einem Gott, zu dem hin er auf dem Weg ist, den er gerne besser kennenlernen möchte, in dessen Liebe er mehr leben und aus dessen Liebe heraus er seinen Alltag mehr und mehr gestalten möchte.

Wer sich ebenfalls auf dieses Abenteuer einlassen möchte, ist mit „Lebendig. Vom Geheimnis mündigen Christsein" sicherlich sehr, sehr gut beraten. Vielleicht zuerst alleine, dann – wie von Herbst empfohlen – in der Kleingruppe oder im Hauskreis, jedenfalls aber: Unbedingt lesen.
Dr. Werner Engel

Hans-Joachim Simm (Hg.): „Aspekte der Bibel. Themen, Figuren, Motive".
Verlag Herder, Freiburg im Breisgau, 2017.

Das Buch ist ein Aufsatzband, der in einer erstaunlichen Bandbreite facettenreich und gelehrt Einblicke in die Vielfalt der biblischen Texte, ihrer Interpretation und kulturellen Adaption gewährt. Viele der Artikel sind Bestandteil des Hörspiel-Projektes „Die Bibel. Das Projekt" des HR2-Kultur-Senders. (Rezension s. u.) Die Artikel folgen dem Aufbau der Bibel. Sie orientieren sich jeweils an einzelnen biblischen Büchern oder Personen. Die Geschichten und Personen reflektieren sie unter sehr unterschiedlichen Aspekten: religionswissenschaftlich, kulturell, kunsthistorisch, sprachwissenschaftlich oder auch biographisch-persönlich, je nach der besonderen Betrachtungs- und Herangehensweise der Autorinnen und Autoren. Musikstücke, Bilder, Filme, die von biblischen Texten motiviert wurden, werden dabei genauso befragt wie religionsgeschichtliche Parallelen, philosophische Interpretationen und sprachwissenschaftliche Erkenntnisse. Dabei sind die Aufsätze sprachlich durchaus anspruchsvoll. Das Buch ist also nicht unbedingt eine entspannende Lektüre für zwischendurch, sondern setzt sich auf hohem intellektuellen Niveau mit seiner Thematik auseinander. Die Reflexionen auf bestimmte biblische Personen oder Geschichten in ihrem zeitgeschichtlichen Rahmen und angesichts ihrer kulturgeschichtlichen Wirkung werden begleitet von Aufsätzen über die Entstehung der Bibel, über die Sprache und Bildwelt der Bibel und über die Lebensbedingungen zur Zeit der Entstehung der Bibel. Zudem gibt es auch einen Horizont auf die Bibel als Buch in seiner Bedeutung für unsere Kultur, sowohl hinsichtlich ihrer Bedeutung für die Reformation als auch für den Widerstand der Bekennenden Kirche, festgemacht an der Person Dietrich Bonhoeffers. Die Lektüre wird durch ein ausführliches Bibelstellenregister erleichtert. Eine Vorstellung der Autorinnen und Autoren ermöglicht eine Einschätzung des Gelesenen auf dem biographischen Hintergrund des Schreibenden.

Wer sich intensiv mit der Vielfalt der Bibel auseinandersetzen, oder in die Lebenswelt eines biblischen Buches eintauchen möchte, für den ist dieser Sammelband eine Fundgrube unerwarteter Zugänge und neuer Erkenntnisse.

„Team unser" – Ein biblisches Teambildungs-Kartenset. Biblisches Wissen trifft auf Teamentwicklung
Entwickelt von der Agentur gobasil (gobasil.com) für die Evangelische Landeskirche Hannover
Dieses Kartenset stellt 25 biblische Personen in originellen und inspirierenden Kurz-Porträts mit pfiffiger Bildgebung vor und wird durch anregenden Spiel- und Gesprächsideen ergänzt.

Der Umgang dieser historischen Persönlichkeiten mit verschiedenen Lebenssituationen, die uns heute so – oder so ähnlich – auch passieren könnten, soll dabei helfen, als Team ins Gespräch zu kommen. Das Set regt dazu an, von diesen Personen zu lernen, zu diskutieren, woran man sich stößt, mit welchen Gedanken man sich anfreunden kann, wen man sich ins Team wünschen und von wem man wohl welchen Rat bekommen würde ...

Zum Kartenset gibt es ein Workbook mit Andachten zu jeder Person und verschiedenen Fragestellungen, Schwerpunktthemen und Vertiefungen.

„Team unser" ist geeignet für Teams in und außerhalb der Kirche, aber auch für kreative Bibelarbeiten oder im Konfirmandenunterricht.

Bildbeispiele finden sich auf der DVD

„Die Bibel. Das Projekt." der Hörverlag, München 2016

Das Projekt entstand aus der Idee, kreative Denker, Regisseure, Schriftsteller, Schauspieler nach ihrer ganz persönlichen Sicht auf eine biblische Geschichte zu befragen und sie zu bitten, diese Geschichte künstlerisch in einem Hörspiel umzusetzen. Dabei waren sie in der Inszenierung völlig frei. Die einzige Vorgabe war, einen Bezug zu Heute herzustellen. Die Reaktion war überwältigend positiv. Offensichtlich reizt die Bibel nach wie vor dazu, sich mit ihr auseinanderzusetzen. Die Ergebnisse spiegeln sowohl die Vielfalt der Zugänge als auch eine große Kompetenz im Umgang mit der Bibel, wie man sie sonst oft nur Theologen zuspricht. Hier wird deutlich, dass jeder, der sich ernsthaft auf die Bibel einzulassen bereit ist, eine eigene Kompetenz im Blick auf die Bibel mitbringt. Diese Erkenntnis trägt wesentlich zum Charme des Projektes bei.

Die Beiträge wurden im HR2-Kultur-Radio ausgestrahlt und auch als Veranstaltungs-Event an verschiedenen Locations inszeniert. Alle 21 Hörspiele sind nun auf DVD in einer ansprechend gestalteten Kassette erhältlich, im Set mit einem Begleitbuch. Neben der Vorstellung des Projektes und der künstlerischen Akteure, der Autorinnen und Autoren, Regisseurinnen und Regisseure, Sprecherinnen und Sprecher finden sich dort auch 21 Essays, die zu den biblischen Geschichten Hintergrundinformationen liefern. Beinahe jedes Buch der Bibel ist in einem Hörspiel umgesetzt worden. Wichtige biblische Personen begegnen verfremdet in heutigem Kontext.

Offensichtlich hat die Bibel tatsächlich dieses Potenzial, sich im Heute zu aktualisieren. Gerne haben sich die Künstler der Herausforderung gestellt, zu entdecken, was für sie selbst in diesen alten Texten drinsteckt – sowohl an Ärgerlichem als auch an Herausforderndem als auch als Kommentar zur Gegenwart. Die Ergebnisse dieser künstlerischen Auseinandersetzung sind sehr politisch, sehr menschlich. Es gibt viel Drama. Es handelt vom Scheitern, von Sehnsucht und von Schuld. Viele Hörspiele sind daher keine einfache Kost, wie ja auch die Bibel über weite Strecken keine einfache Kost ist.

Es finden sich Klanginstallationen unter den Hörspielen und Text-Collagen, Dialoge zwischen Kunstwerken aus Film, Malerei oder darstellender Kunst und Bibeltexten. Immer wieder kommen die Bibeltexte auch in Zitaten selbst zu Wort. Die Hörspiele rekurrieren auf den aktuellen philosophisch-künstlerischen Diskurs und gesellschaftspolitischen Herausforderungen wie Kindesmissbrauch, Flüchtlingssituation, Missbrauch politischer Macht und politische Umstürze, Terrorismus. Die Hörspiele sind kritisch, anregend, verstörend, fesseln, dramatisch, ernst, aufrüttelnd. Von der Schöpfungsgeschichte bis zur Apokalypse ist jedes Hörspiel ein Kunstwerk für sich, jedes zwischen 60–90 Minuten lang. Der Diskurs zwischen Glaube und

Wissenschaft wird zum Thema. Es geht um Fragen der Zukunft und des Zusammenlebens der Menschheit, um Fragen der Ethik und der Moral. Die Hörspiele sind sowohl Glaubenszeugnisse als auch Zeugnisse der Suche nach Gott, der Auseinandersetzung mit dem unmöglichen Gedanken „Gott". Da gibt es Gespräche zwischen Maria Magdalena und Simon Petrus, eine Therapie für Abraham, Sarah und Hagar, ein Pfingsterlebnis bei einem Philologen-Kongress, Ringen mit Gott in „Gods own Country", ein Weltuntergangsszenario einer modernen Sintflut. Die Hörspiele zeugen von theologischer Tiefe und kritischer Aktualität. Man braucht wie beim Bibellesen selber auch hier Neugier und Geduld, um Querverbindungen zu verstehen. Die Autorinnen und Autoren ringen mit Gott. Leider kommt der Hoffnungsaspekt der Bibel dabei oft etwas zu kurz. Vor allem die dramatische und tragische Seite des Lebens kommt zu Wort, die sich natürlich authentisch in der Bibel wiederfinden lässt, der aber doch die biblischen Zeugnisse auch immer eine Hoffnungsperspektive an die Seite stellen. Womöglich ist es gerade angesichts der angestrebten Aktualität der Hörspiele schwer, authentisch und glaubwürdig von Hoffnung zu reden. Das wäre eine bleibende Herausforderung, die zu einem kreativen Umgang und einer künstlerischen Fortsetzung der Hörspiele einlädt.

Arbeitshilfen zur Bibelwoche 2018/2019

Peter Wick / Kerstin Offermann
„Mit Paulus glauben"
Exegesen, Anregungen und Bibelarbeiten zum Philipperbrief
Ökumenische Bibelwoche 2018/2019
Arbeitsbuch
Texte zur Bibel 34
kartoniert, s/w-Abbildungen, 16,5 x 23,5 cm, 160 Seiten, ISBN 978–3-7615–6551–3,
Best.-Nr. 156 319, WGS 1543, € 24,00 (D) / € 23,70 (A) / sFr 34,50

Wolfgang Baur
„Mit Paulus glauben"
Zugänge zum Philipperbrief
Ökumenische Bibelwoche 2018/2019
Teilnehmerheft
geheftet, durchgehend farbig, 16,5 x 24 cm, 48 Seiten, ISBN 978–3-7615–6550–6,
Best.-Nr. 156 318, WGS 1543, ca. € 2,30 (D) / € 2,40 (A) / sFr 3,50, Mengenpreise für Endkunden: Ab 10 Ex. € 1,95 (D), ab 25 Ex. € 1,85 (D), ab 50 Ex. € 1,75 (D)

Klaus Teschner
Ich danke meinem Gott, sooft ich an euch denke
Der Gemeinde zur Bibelwoche - Sieben Bibelarbeiten zum Philipperbrief
Ökumenische Bibelwoche 2018/2019
geheftet, 14,8 x 21 cm, ca. 48 Seiten, ISBN 978–3-7615–6321–2, Best.-Nr. 156 321, WGS 1543,
€ 3,50 (D) / € 3,60 (A) / sFr 5,50, Mengenpreise für Endkunden: ab 10 Ex. € 3,30 (D), ab 25 Ex.
€ 3,10 (D), ab 50 Ex. € 2,90 (D)

Plakat zur Bibelwoche
DIN A3, mit Platz für individuellen Eindruck
ISBN 978–3-7615–6556–8, Best.-Nr. 156 320, WGS 1543, € 3,99 (D) / € 4,20 (A) / sFr 5,90

Flyer
Bibelwoche 2018/2019
Best.-Nr. 9255, DIN lang, gratis

Zu beziehen bei:
Neukirchener Verlagsgesellschaft mbH, Postfach 10 12 65, 47497 Neukirchen-Vluyn
Fon: 02845 / 392–218, Fax: 02845 / 33689
E-Mail: info@nvg-medien.de, Internet: www.nvg-medien.de

Weitere Materialien

Katharina Wiefel-Jenner
„Freut euch – sorgt euch nicht"
Auslegungen zu sieben Abschnitten aus dem Philipperbrief
Gemeindeheft zur 81. Bibelwoche 2018/19
Hrsg. vom Gemeindedienst der Evangelischen Kirche in Mitteldeutschland in Zusammenarbeit mit der Arbeitsgemeinschaft Missionarische Dienste, Berlin
ca. 32 Seiten; € 0,55 (Staffelpreise)

Auslieferung über:
Gemeindedienst der EKM, Zinzendorfplatz 3, 99192 Neudietendorf, Fon: 036202 / 7717–90,
Fax: 036202 / 7717–98, E-Mail: gemeindedienst@ekmd.de, www.gemeindedienst-ekm.de

K. Müller / M. Uhlig / T. Hilsberg
„Dienend leiten"
Arbeitshilfe mit DVD zur Bibelwoche zum Philipperbrief
Broschüre, 21 x 29,7 cm, 76 Seiten, Art.-Nr.: 6746, € 9,90, Mengenrabatt

Ab 01.09.2018 zu beziehen bei:
www.shop.ekiba.de
Amt für Missionarische Dienste, Blumenstraße 1–7, 76133 Karlsruhe
Fax: 0721 / 9175–25311, E-Mail: amd@ekiba.de, www.ekiba.de/amd

Bibel aktuell 151
Philipperbrief – Freiheit im Glauben
Impulse für lebensbezogene Bibelarbeit
Hrsg. vom Amt für missionarische Dienste der Evangelischen Landeskirche in Württemberg

21 x 29,7 cm, 32 Seiten – mit Impulskarten für Bibelgespräche
6,00 Euro zzgl. Versandkosten
Phil 1, 1–26 – Die Freude eines Gefangenen
Phil 1, 27–2, 11 – „Unterm Strich zähl ich …"
Phil 2, 12–30 – Schicksalsgemeinschaft
Phil 3, 17–4, 3 – Aufs Ziel schauen
Phil 4, 4–9 – Grund zur Freude
Phil 4, 10–23 – Geben und Nehmen

Zu beziehen bei:
Dagmar Loncaric, Evang. Bildungszentrum
Amt für Missionarische Dienste, Grüninger Str. 25, 70599 Stuttgart
Tel. 0711–45804-9402, E-Mail: Dagmar.Loncaric@elk-wue.de
www.missionarische-dienste.de

Inhalt der DVD

1. **Texte zur Bibel und Teilnehmerheft**

2. **Bibelübersetzungen**
   BasisBibel, Einheitsübersetzung, Lutherbibel (revidiert 2017), Neue Genfer Übersetzung, Zuercher Bibel

3. **Materialien und Ergänzungen zu den Abenden**
   1. Phil 1,1-16: Artikel aus Bibelreport 2-2018 zum Thema Irak, Reminiszere-Handreichung der EKD
   2. Phil 1,27-30_2,1-11: Zitate zum Thema „Glück"
   4. Phil 3,1-16: Text „Das perfekte Herz"
   5. Phil 3,17-21_4,1-3: Geistliche Vorbilder aus dem Theologiekalender der Agentur Altepost
   6. Phil 4,4-9: Bible Art Journaling, Emoticons, Text „Phantasiereise"
   7. Phil 4,10-23: Bible Art Journaling zu Phil 4,19, Textbilanz
   Fotos aus Philippi
   Dissertation von Prof. Dr. Wick – „Der Philipperbrief"
   Strukturübersicht des Philipperbriefs
   Textparallelen innerhalb des Philipperbriefs

4. **Bilder zur Bibelwoche von Erich Krian**

5. **Cartoons von Johann Mayr**

6. **Jugendbibelwoche (Katjana Pogorzelski / Sven Körber / Stephan Zeipelt)**

7. **Meine Woche mit der Bibel (Kerstin Offermann)**

8. **Öffentlichkeitsarbeit**
   Grafik-Elemente (Plakat zur Bibelwoche, Buchcover)
   Einladungstext zur Bibelwoche: Gemeindebriefartikel

9. **Ökumenischer Bibelsonntag (Arbeitsgruppe der ACK)**
   Andacht zu Philipper 4,10-23 von J.-H. Wanink
   Kindergottesdienst zum Bibelsonntag
   Predigtvorschlag von Scott M.

10. **Bible Art Journaling**

11. **praise&pray**

12. **Wie starte ich eine Bibelwoche? (Kerstin Offermann / Wolfgang Baur)**

13. **Linkliste**

14. **Autorenverzeichnis**

15. **Medienempfehlungen**

16. **Literaturliste**

Vorschau auf die 83. Bibelwoche 2019/2020

I Dtn 31.1–13; 34,1–12
II Dtn 5,1–22
III Dtn 6,4–9; 6,20–25
IV Dtn 7,1–10; 28,45–47
V Dtn 8
VI Dtn 10,17–19; 15,1–15
VII Dtn 30

Autorenverzeichnis

Peter Wick

wurde in Basel geboren und ist Professor am Lehrstuhl für Exegese und Theologie des Neuen Testaments und Geschichte des Urchristentums an der Ruhr-Universität Bochum. Er durfte sich während seiner Promotionsarbeit drei Jahre lang vollberuflich mit dem Philipperbrief beschäftigen. Er lebt mit seiner Familie in Hattingen an der Ruhr.

Kerstin Offermann

ist leidenschaftliche Pfarrerin, verheiratet, zwei Kindern, lebt in Greifenstein in Hessen. Sie ist begeistert davon, dass durch die Bibeltexte immer wieder überraschend Gott redet, und begeistert dafür, mit andern zusammen diese Entdeckung zu machen.

Wolfgang Baur

ist Stellvertretender Direktor des Katholischen Bibelwerks e. V. und verheiratet mit einer evangelischen Theologin. Das ökumenische Paar hat drei erwachsene Kinder. Seit dem gemeinsamen Studium in Jerusalem sind zwei Überzeugungen immer präsent: Die Bibel ist Grundlage allen Glaubens und Lebens als Christen, und wir verstehen diese Urkunde des Glaubens am besten, wenn wir sie aus ganz unterschiedlichen Perspektiven (ökumenisch und auch interreligiös) gemeinsam entdecken. Dafür bietet die Bibelwoche eine großartige Chance.

Johannes Beer

lebt und arbeitet als Pfarrer in Herford. Er ist verheiratet und hat zwei Kinder. Kunst und Bibel gehören unbedingt zu seinem Leben. Mit Begeisterung arbeitet er in diesem Spannungsfeld.

Bernd Densky

ist Teil der ACK-Arbeitsgruppe* für den Ökumenischen Bibelsonntag. Er ist verheiratet, hat vier erwachsene Kinder und war nach seinem Magisterstudium an der evangelischen Fakultät der Philipps-Universität in Marburg seit 1984 Gemeindepastor von mehreren Gemeinden des Bundes Evangelisch-Freikirchlicher Gemeinden. In all den Jahren war er auch Delegierter seiner Kirche in den regionalen ACKs und in der Bundes-ACK.

Katharina Falkenhagen

Pfarrerin in Frankfurt (Oder), geb. 1966, verheiratet, 7 Kinder. Die Bibelwoche inspiriert mich zum persönlichen Bibelstudium im turbulenten Alltag von Familie und Pfarramt. Die intesive Beschäftigung mit einem biblischen Buch gibt der Gemeinde und mir die Chance, die jeweiligen Texte genau anzuschauen und in den persönlichen Alltag hinein sprechen zu lassen. Die Bibelwoche leistet für mich einen wichtigen Beitrag zur modernen "Inneren Mission".

Michael Jahnke

ist Referent bei der Deutschen Bibelgesellschaft in der Abteilung „Bibel im Leben" und lebt derzeit zwischen dem Arbeitsort Stuttgart und dem Familienwohnsitz am Niederrhein. Er staunt immer wieder darüber, wie die Bibel in den Alltag passt, und mächte andere Menschen einladen, auch zu Staunenden zu werden.

Sven Körber

ist als Religionspädagoge im Amt für missionarische Dienste der Ev. Kirche von Westfalen für die Werkstatt Bibel in Dortmund zuständig. Es fasziniert ihn, immer wieder neu zu entdecken, wie die Botschaft der Bibel im Alltag erfrischend aktuell bleibt: „Gott ist mit uns."

Roland Kohm

arbeitet als Medienpädagoge im Evangelischen Medienhaus in Stuttgart und widmet sich seit über 20 Jahren der kirchlichen Filmbildung. Auf Kursen und Veranstaltungen erlebt er immer wieder, wie Kurzfilme zu intensiven Gesprächen über den Glauben anregen.

Dörte Melzer

ist Diplom-Bibliothekarin, leitet die Büchereifachstelle der Evangelischen Kirche von Westfalen und lebt in Bielefeld. Sie freut sich, wenn sie außerhalb der Bibel literarische Texte findet, die die biblische Botschaft mit neuen Worten und in anderem Kontext erzählen oder durch sprachliche Verfremdung aufmerken lasse und zum Nachdenken anregen.

Rita Müller-Fieberg

verheiratet, zwei Kinder, kommt aus Bergisch Gladbach (NRW). Ob in der Lehrerfortbildung, mit Studierenden, mit "kleinen" oder "großen" Menschen: Bleibend spannend findet sie, dass wir beim Hören auf die Bibel eigentlich alle immer wieder gemeinsam Lernende und Beschenkte sind.

Katjana Pogorzelski

hat Theologie studiert, und ist von April bis September 2018 Sondervikarin im Amt für Missionarische Dienste in Dortmund. Für sie ist die Bibel eine kostbare Quelle ihrer Spiritualität, da sie einen abenteuerlicher Raum eröffnet, in dem sie immer wieder neu von Gott angesprochen und inspiriert wird.

Kerstin-Dominika Urban

arbeitet im Amt für Gemeindedienst in Nürnberg als Referentin im Bereich Öffentlichkeitsarbeit und Kirchentag. Ihr liegt die Verknüpfung von biblischen Texten und Alltagserfahrungen am Herzen.

Katharina Wiefel-Jenner

ist Pfarrerin und lebt in Berlin. Mit Leidenschaftlich unterrichtet sie vor allem die Menschen, die selbst mit Leidenschaft in ihren Gemeinden predigen, mit anderen Gottesdienste feiern und selbst unterrichten. Bibellesen gehört für sie zur Basis des Lebens und Arbeitens in der Gemeinde. Deswegen müssen alle bei ihr damit rechnen, dass sie durch sie regelmäßig an den großen Schatz der Bibel erinnert werden und auch an die Bedeutung der biblischen Überlieferung für alles im Leben.

Stephan Zeipelt

lebt mit seiner Frau und seinen beiden Kindern in der Fußballhauptstadt Dortmund. Er ist Pfarrer der schönsten Pfarrstelle der westfälischen Landeskirche: in der Werkstatt Bibel des Amtes für missionarische Dienste darf er mit allen Altersgruppen die Bibel und ihre Inhalte vorstellen und Menschen zeigen, wie aktuell Gott in seinem Wort heute zu jedem redet.